님의 소중한 미래를 위해
이 책을 드립니다.

나의 첫 인공지능 수업

ARTIFICIAL INTELLIGENCE

인공지능이 궁금한 사람이라면 꼭 알아야 할 기본

나의 첫 인공지능 수업

김진우 지음

메이트북스

메이트북스 우리는 책이 독자를 위한 것임을 잊지 않는다.
우리는 독자의 꿈을 사랑하고,
그 꿈이 실현될 수 있는 도구를 세상에 내놓는다.

나의 첫 인공지능 수업

초판 1쇄 발행 2022년 1월 3일 | **지은이** 김진우
펴낸곳 ㈜원앤원콘텐츠그룹 | **펴낸이** 강현규 · 정영훈
책임편집 오희라 | **편집** 안정연 | **디자인** 최정아
마케팅 김형진 · 이강희 · 차승환 | **경영지원** 최향숙 | **홍보** 이선미 · 정채훈
등록번호 제301-2006-001호 | **등록일자** 2013년 5월 24일
주소 04607 서울시 중구 다산로 139 랜더스빌딩 5층 | **전화** (02)2234-7117
팩스 (02)2234-1086 | **홈페이지** matebooks.co.kr | **이메일** khg0109@hanmail.net
값 18,000원 | **ISBN** 979-11-6002-365-7 03320

미래를 이해하는 사람들이
미래를 차지한다.

• 비벡 와드와(미래학자) •

인공지능 기술의 무한한 가능성에 대비할 때입니다

인공지능이라는 말은 우리가 일상에서 흔히 접하는 단어가 되었습니다. 인터넷에서도, 텔레비전에서도, 기업과 정부에서도 모두 인공지능을 이야기합니다. 시선을 해외로 돌려보면 중국과 미국 그리고 유럽 등에서도 인공지능의 열기가 뜨겁게 느껴집니다. 많은 사람이 인공지능을 말하지만 이 기술이 어떤 것이며, 우리 삶에 어떤 영향을 주는지를 포괄적으로 이해하는 경우는 별로 없습니다. 각자 이해한 범위에서 말할 뿐입니다. 그래서 자칫 편향되거나 왜곡된 지식을 가지고 있을 수 있습니다.

미래를 준비하는 우리는 앞으로 인공지능과 함께 살아야 합니다. 앞으로 개발되어야 할 인공지능 기술도 많고, 활용 분야도 지금보다 더 많이 발굴해야 합니다. 그래서 현재 인공지능 기술의 수준을 편향되게 이해하기보다 전체 그림을 보고 무한한 가능성에 대비하는 것이 바람직합니다. 인공지능 기술에 대해 세부적으로 설명하면 너무 복잡하고 전문적인 내용이 많습니다. 그래서 이 책에서는 인공지능 기술에 대해 전체 맥락을 이해하는 데 중점을 두고, 복잡한 설명이나 난해한 해석은 배제했습니다.

인공지능이라는 기술은 최근 갑자기 나타난 것이 아닙니다. 이 기술이 나타나기까지는 그전에 많은 지식과 기술, 발명 그리고 사회적 변화가 있었습니다. 인간은 자신이 열망하는 것에 대해 상상 속 이야기를 만들어내고, 그 열망을 실현하고자 탐구활동을 많이 합니다. 이렇게 탐구하면서 발견한 지식을 후대로 전하고, 축적한 지식으로 새로운 기술을 끊임없이 개발해왔습니다. 인류 사회는 지난 수천 년 동안 이런 과정을 거치며 오늘날에 이르렀습니다.

사람처럼 말하고 행동하는 '인공 인간'에 대한 신화는 기원전부터 있었습니다. 즉 인공지능에 대한 열망과 상상은 수천 년 전으로 거슬러 올라갑니다. 물론 당시 기술로는 실현이 불가능했지만 지난 수천 년 동안 축적된 지식, 기술, 실패에서 배운 교훈 그리고 사람들의 인식과 사회의 변화가 없었다면 지금의 인공지능 기술은 탄생하기 힘들었습니다. 최신 첨단기술도 이를 탄생시키기 위해 밑거름이 된 과거의 지식과 기술을 결코 간과해서는 안 됩니다.

인공지능은 컴퓨터 과학만으로 되는 것은 아닙니다. 이 책에서 설명하겠지만 수학, 통계학, 물리학, 뇌 과학, 생물학, 언어학 그리고 최근에는 윤리학 등 다양한 학문이 서로 지식을 교류하며 발전합니다. 이런 이유로 기술을 개발하는 데는 다양한 학문적 배경이 필요하고, 인공지능의 세부 기술도 특성이 매우 다양합니다. 이렇게 다양한 인공지능 기술을 한 문장으로 정의한다는 것은 이제 큰 의미가 없을지도 모릅니다. 그 대신에 전문가 수준은 아니더라도 기술의 전체 맥락을 이해하는 것이 더 중요합니다.

수많은 첨단 기술 중에서 유독 인공지능에 대한 열기와 기대가 큰 이유는 이 기술이 보여주는 잠재력 때문입니다. 이때까지 경험하지 못했던 모습을 인공지능이 보여주면서 우리 생활에 빠르게 다가오고 있으며, 사람이 그 편리함을 체험하고 있습니다. 또 다른 잠재력은 인공지능이 다른 산업의 기술들을 한 단계 더 뛰어난 성능을 내도록 도와준다는 것입니다. 다른 기술들이 직면한 문제를 인공지능이 하나씩 해결해주면서 많은 기업이 인공지능 기술 도입에 열광하고 있습니다. 우리의 실생활뿐만 아니라 산업 경쟁력을 높이는 데도 크게 기여할 수 있는 점이 부각되면서 많은 나라에서 대대적으로 투자하고 있고, 기업들은 인공지능 전문가를 찾아 해외로 나서고 있습니다.

하지만 누군가 나쁜 의도로 인공지능 기술을 개발해 사람들에게 피해를 주거나 인공지능이 스스로 판단해 잘못하면 누가 그 책임을 져야 하는지 등 다양한 우려의 목소리가 나오고 있습니다. 실제 잘못 작동하는 인공지능이 사회 문제가 된 적도 있습니다. 워낙 뛰어난 성능을 보이는 기술이라 잘못되면 그 피해는 심각할 수 있습니다. 사람들은 이러한 문제를 논의하기 시작했고 AI 윤리나 규제, 처벌 규정을 정하는 등 다양한 움직임이 세계적으로 확산되고 있습니다.

인공지능 기술 경쟁은 이미 시작되었으며, 많은 국가와 기업이 기술 주도권을 잡으려 발벗고 나서고 있습니다. 그런데 문제는 이 분야의 인재가 절대적으로 부족하다는 것입니다. 현재 세계 대학에서 배출되는 인공지능 전공자는 사회가 요구하는 인원에 턱없이 부족하고, 이 기술의 상용화에 필요한 다양한 인재도 절대적으로 부족합니다. 따라서 인재를 육성하는 일이 모든 국가가 직면한 가장 시급한 문제입니다.

많은 사람이 과연 미래 인공지능은 어떤 수준까지 발전할 수 있을지 궁금해하고 예측하고자 합니다. 그런데 인공지능 기술을 연구하고, 설계·개발하는 일은 사람이 합니다. 따라서 적절한 질문은 '과연 우리는 미래의 인공지능을 어떤 수준으로 만들고 싶은가'입니다. 미래사회 발전 방향의 주도권을 사람이 쥐고 가는 것이 중요합니다.

인공지능은 지금도 계속 발전중입니다. 따라서 다양한 정보를 습득해 지식의 폭을 넓히고 관심 있는 영역에 대해 지식의 깊이를 더하는 노력이 필요합니다. 우리 모두가 지적 성장을 하는 데는 '호기심'과 '성실함', 2가지 요소가 중요합니다. 아무쪼록 이 책이 여러분의 시야를 넓히고 지식을 더하는 데 도움이 되었으면 합니다.

끝으로 이 책을 집필하는 데 큰 도움을 주신 메이트북스와 집필 내용을 검토해준 사랑하는 딸 혜나에게도 감사의 마음을 전합니다.

김진우

CONTENTS

006 **프롤로그_**인공지능 기술의 무한한 가능성에 대비할 때입니다

PART 1

인공지능이란 무엇인가?

017 **인공지능이란 무엇인가?**
인공지능, 그것이 궁금하다 | 자동화 시스템과 자율 시스템은 무엇이 다를까? |
인공지능의 2가지 유형

027 **인공지능의 역사**
전설과 신화에 나타난 인공지능 | 스스로 움직이는 오토마타 |
인공지능 연산에 필요한 이론의 발전 | 컴퓨터가 등장하다

039 **인공지능은 어떻게 출현했나?**
인공지능 기술이 발전한 동력 | 인공지능 기술의 특징

PART 2

인공지능이 사회에 미치는 영향

049 **지능화 사회로 발전하다**
산업혁명 이전의 사회 | 사회에 큰 변화를 가져온 1차 산업혁명 |
다양한 기술 발달을 불러온 2차 산업혁명 | 인터넷 기술이 개발된 3차 산업혁명 |
지능화 사회가 도래한 4차 산업혁명

058 **우리 곁에 와 있는 인공지능**
현재 활용되는 인공지능의 종류 | 인공지능을 우려하다

068 **인공지능은 사람인가?**
사람이란 무엇인가 | 인공지능의 지적 능력은 어디까지일까? |
사람이 인식하는 외부 세계의 모델 | 고도의 지적 능력, 상식 |
자신을 인식하는 자아의식 | 인공지능의 미래

PART 3

학습 기능을 갖춘 컴퓨터

081 **머신러닝의 작동 원리와 유형**
지도형 학습 | 비지도형 학습 | 강화학습

094 **딥러닝의 작동 원리와 유형**
머신러닝의 한계와 딥러닝 | 딥러닝의 역사 | 딥러닝의 작동 원리

104 **머신러닝의 응용분야**
자율주행, 물체 인식, 무인 전투기 등의 다양한 활용 |
날씨 예측, 독화술, 법률 서비스까지

119 **머신러닝의 한계와 미래**
학습용 데이터의 문제 | 머신러닝 블랙박스 | 대규모 투자와 에너지 소모 |
한국의 대규모 학습 데이터 구축 | 초거대 AI | 머신러닝의 미래

PART 4

인공지능의 자연어 처리

135 **자연어 처리의 정의와 원리**
자연어 처리는 무엇인가? | 언어의 구성요소와 구조 |
자연어 처리의 역사 | 자연어 처리 기술

143 **외국어 소통 기술, 기계 번역**
기계 번역은 어떻게 할까? | 기계 번역 학습에 필요한 언어 데이터 |
자연어 처리와 다양한 기술의 통합

154 **자동 요약의 원리와 응용분야**
자동 요약의 작동 원리 | 키워드 추출 | 자동 요약의 응용분야 | 고려할 사항들

163 **자연어 처리의 응용분야와 미래**
기계독해 | 대화 시스템 | 챗봇 | 회의록 작성 | 이미지 캡셔닝 | 감성 분석 |
음성인식과 음성합성

PART 5

발전하는 인공지능 기법

177 **규칙기반 시스템의 원리와 활용분야**
규칙기반 시스템의 동작 원리 | 지식의 종류와 한계 | 규칙기반 시스템의 응용분야

186 **진화와 유전자의 알고리즘**
진화·유전자 알고리즘의 원리 | 진화·유전자 알고리즘의 응용분야

195 **센서퓨전의 개념과 활용분야**
다양한 형태의 정보 수집 센서

205 **컴퓨터 비전의 원리와 응용분야**
컴퓨터 이미지 처리의 원리 | 컴퓨터 비전의 응용분야 | 컴퓨터 비전 기술의 위험

217 **로봇과 자율주행**
자동화 로봇과 지능 로봇 | 자율주행 | 자율주행과 다른 인공지능 기술의 통합

232 **AI 반도체의 원리와 종류**
컴퓨터의 병렬처리 원리 | AI 반도체의 종류

242 **인공생명과 인공지능의 차이점**
에이전트 시스템 | 자기 조직화 | 스웜 | 곤충 드론

PART 6

우리와 동반자가 된 인공지능

255 **우리 생활의 동반자, 인공지능**
인공지능, 일상으로 스며들다 | 하나씩 등장하게 될 인공지능 기술들

261 **인공지능 윤리, 무엇을 고민해야 할까?**
인공지능 윤리

270 **국가별 인공지능 기술 혁신 전략**
세계 각국의 인공지능 기술 경쟁 |
국가 간 인공지능 기술 경쟁은 생태계 구축 경쟁

PART 7

인공지능의 미래

281 **인공지능은 디지털 혁신의 원동력**
인공지능으로 사회 변화가 일어나다 | 다른 기술의 발전에 기여하는 인공지능

288 **인공지능 시대의 유망직업**
신기술 출현과 직업 세계의 변화 |
미래 세대는 먹고살려면 어떤 준비를 해야 할까?

297 **인공지능의 미래는 우리가 결정**
인공지능 시스템의 미래는? | 인공지능 시스템 설계·개발에서 고려할 사항 |
인공지능 시스템 운영에서 고려할 사항 | 투명하고 신뢰할 수 있는 정보 |
보편적 인류 가치를 실현할 인공지능

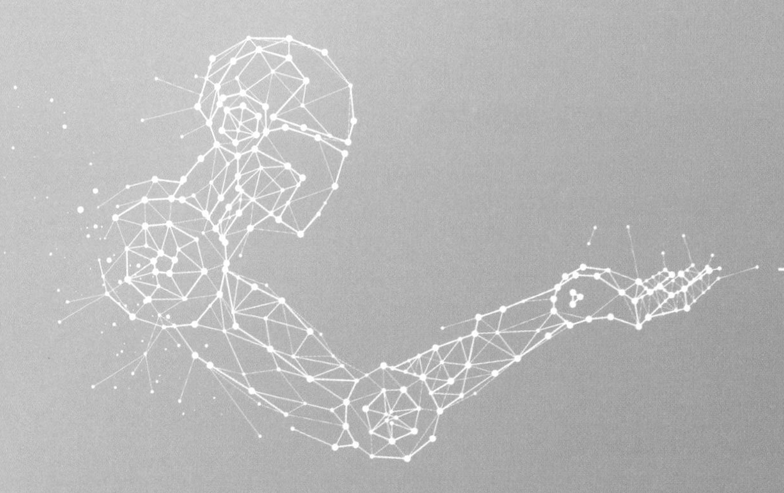

QUESTION

- 인공지능은 정확히 무엇을 의미하고 어떤 특성이 있는가?
- 인공지능은 어떤 역사적 과정을 거쳐 발전되었는가?
- 지금 인공지능 기술이 나타난 이유는 무엇인가?

PART 1

인공지능이란 무엇인가?

인공지능이란 무엇인가?

세상의 수많은 사람이 이야기하지만
개념을 한마디로 정의하기에는 너무 복잡해진 인공지능.

얼마 전부터 인공지능이라는 말이 뉴스나 우리 일상생활에서 자주 사용되고 있습니다. 인공지능은 한때 공상과학 영화에 로봇과 함께 자주 등장했는데, 이제는 일상에서 흔히 접합니다. 최근에는 인공지능 스피커, 인공지능 세탁기, 자율주행 같은 제품으로 우리 일상에서 널리 활용됩니다. 그럼 과연 '인공지능Artificial Intelligence'이란 무엇일까요?

■ 인공지능, 그것이 궁금하다 ■

인공지능의 정의는 시간이 지남에 따라 조금씩 변화해 **그림 1-1**과 같이 다양하게 설명할 수 있습니다. 인공지능을 지적 능력을 갖춘 '컴퓨터'라 하지 않고 '기계'라 정의하는 경우가 있는데, 사실 컴퓨터만 가지고 지적 능력을 보여주는 시스템이라고 하기는 어렵습니다. 물론 인공지능에 필요한 복잡한 계산에서 핵심적 역할을 컴퓨터가 담

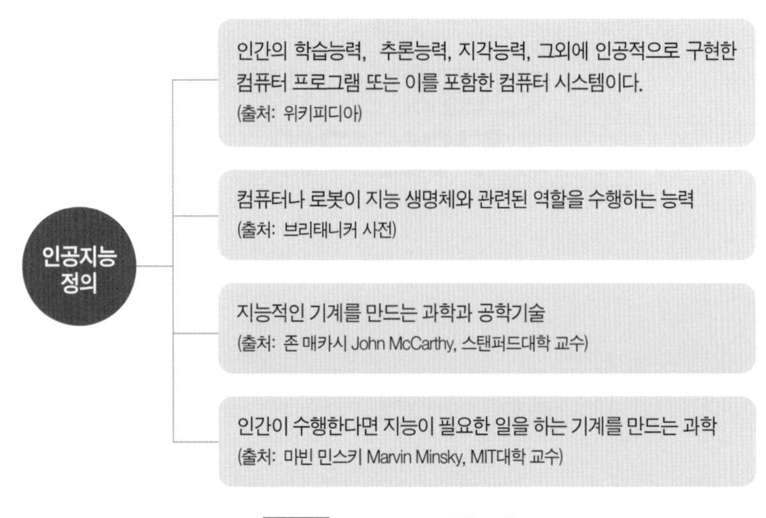

그림 1-1 **인공지능의 다양한 정의**

당하지만, 컴퓨터는 다른 복잡한 기계와 연결되어 같이 작동할 때 비로소 지적 능력을 보여주기 때문입니다. 그래서 광범위한 정의로 보면 인공지능을 컴퓨터에 국한하기보다 전반적인 기계 또는 시스템에 초점을 맞추는 것이 합리적입니다.

인공지능의 정의를 이해하려면 먼저 '인간의 지능Intelligence'에 대해 알아야 하는데, 인간의 지적 능력의 세계에는 **그림 1-2**와 같이 복잡한 능력이 포함되어 있습니다. 이외에 인간의 지능에는 자유의지, 의식과 감정 등 추가 요소가 필요합니다. 인간은 지적 능력을 바탕으로 행동하고, 그에 대해 스스로 기쁨, 자부심, 희망, 슬픔, 좌절감, 죄책감 등 다양한 감정을 느낍니다. 그리고 이러한 감정이 그의 다음 행동에 영향을 미칩니다.

사람은 자신에게 긍정적인 감정을 주는 행동은 하려 하고, 부정적

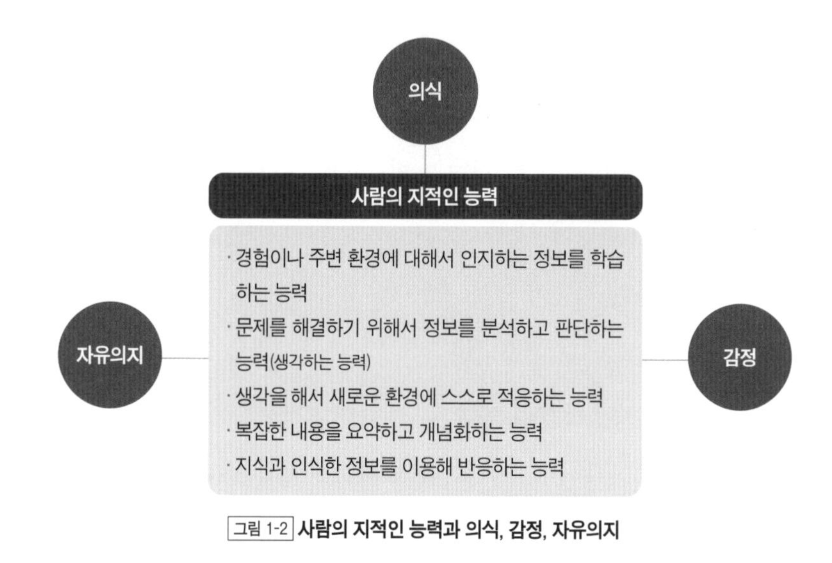

그림 1-2 **사람의 지적인 능력과 의식, 감정, 자유의지**

인 감정을 주는 행동은 자제하려고 합니다. 만약 인간에게 다양한 지적 능력만 있고 의식이나 감정이 없다면 매우 이기적이거나 냉정한 모습을 보일 수 있습니다. 예를 들어 아무리 지적 능력이 있더라도 부끄러움이나 죄책감을 느끼지 못하고 자기 이익이나 욕망만 추구한다면 주변 사람들에게 피해를 줄 수 있습니다. 이 때문에 인간 사회에는 윤리, 규범, 법이 있는데 만약 기계가 지능을 가지고 스스로 판단하고 행동하게 된다면 과연 기계에도 윤리를 적용할 수 있을지 물을 수 있습니다. 이런 문제 때문에 최근 '인공지능 윤리'라는 문제가 논의되는데, 이는 뒤에서 다루겠습니다.

이제 다시 질문을 하겠습니다. 과연 미래의 컴퓨터가 위의 모든 요소를 실현할 수 있는 인공지능으로 탄생할 수 있을까요? 인공지능과 관련된 다양한 기술이 계속 발전하기는 하지만, 인간의 정신적 능력은 우리가 생각하는 것보다 훨씬 복잡하기 때문에 지금은 어느 누구도 이 질문에 명확하게 답하기는 어렵습니다.

그런데 최근 인공지능의 정의가 확대되어 '인간이나 동물의 지적 능력을 가지는 컴퓨터 기술'로 바뀌고 있습니다. 엄밀히 말하면 이 세상에서 인간만 지능이 있는 것은 아니며, 수준은 낮지만 일부 동물들도 지능을 가지고 있습니다.

그림 1-3은 아시아 코끼리 예술 및 보호 프로젝트를 통해 오랜 기간 훈련받은 코끼리가 구도와 색감을 표현하면서 눈앞에 있는 경치를 그리는 모습입니다. 예술가들이 비영리단체 'The Asian Elephant Art & Conservation Project'를 설립해서 재능이 있는 코끼리가 그림을 그리도록 훈련했으며, 그림을 판매한 금액은 동물보호기금으로 사용합니다. 이외에도 지능이 있는 동물은 돌고래, 침팬지, 까마귀, 잉꼬 등 다양하며, 이 중 일부는 같은 집단에서 정보를 주고받거나 유대

그림 1-3 **눈앞의 경치를 정확히 그리고 있는 코끼리. ©Elephantartgallery**

감을 갖는 경우도 있습니다. 심지어 다른 종의 동물이 위험에 직면했을 때 도와주는 동물도 있습니다. 동물도 지적 능력과 감정이 있으며, 실제로 인공지능의 일부 기술 분야는 동물의 지능적 행동을 참고해 연구·개발되기도 합니다. 이 또한 이 책의 다른 장에서 설명하겠습니다.

앞서 살펴본 것처럼 인간의 지능적 행동이 지적 능력 이외에 의식, 감정, 자유의지 등 여러 요소와 같이 작용하는 만큼 인공지능의 개념도 무척 복잡하며 세부기술 또한 매우 다양합니다. 이는 오래전부터 연구자들이 인간의 지적 능력을 탐구하며 그 원리를 이해하고 이를 컴퓨터 프로그램으로 실현해보려고 노력한 결과입니다.

▪ 자동화 시스템과 자율 시스템은 무엇이 다를까? ▪

인공지능을 설명하는 다른 말로 지능형 에이전트Intelligent Agent*가 있습니다. 이는 기계의 지적 능력을 좀더 구체적으로 설명한 것으로 '주변 상황을 인식하고 생각하고 행동해서 목적을 달성하는 것'입니다.

그림 1-4는 이미 오래전부터 우리가 사용하는 '자동화된 기계'와 최근 많이 도입되는 스마트공장 '인공지능 기계'의 차이를 설명합니다.

과거 공장에는 컨베이어 벨트에서 이동하는 물건을 로봇 팔이 잡아서 박스에 넣는 동작을 하는 자동화 기계가 많았습니다. 자동화 시스템은 쉼 없이 빠른 시간에 많은 물건을 처리할 수 있어서 인간

---

* **에이전트** 주어진 특정 업무를 수행하는 시스템.

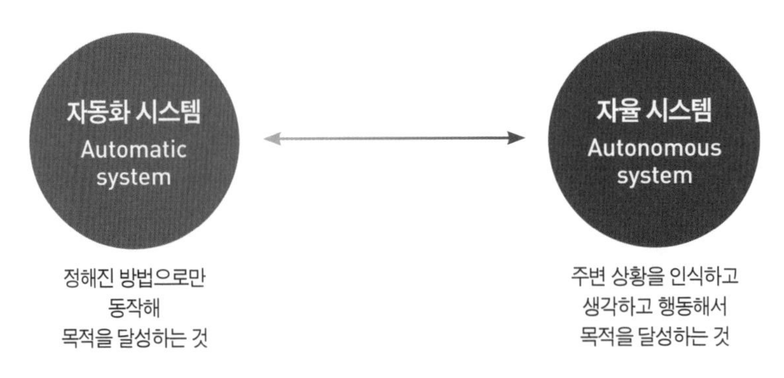

그림 1-4 자동화 시스템과 자율 시스템의 차이

보다 훨씬 높은 생산성을 보여줍니다. 그런데 컨베이어 벨트 위의 물건이 넘어지거나 정해진 위치에 있지 않으면 로봇 팔이 물건을 잡을 수 없고, 이런 일이 반복되면 시스템 고장으로 이어져 공장 전체 기계의 작동을 멈춰야 했습니다. 이러한 자동화 시스템에서는 지적 능력을 찾아볼 수 없습니다.

하지만 그림 1-5처럼 인공지능을 도입한 자율 시스템에서는 컨베이어 벨트 위의 물건이 넘어지거나 정확한 위치에 있지 않으면 컴퓨터 비전 기술로 문제를 '인식'합니다. 컴퓨터가 문제를 인식하면 박스에 물건을 담기 위해 로봇 팔이 어떤 동작을 해야 하는지 '생각'하고, 생각한 대로 로봇 팔이 넘어진 물건을 집어서 박스에 담을 수 있습니다. 그러면 컨베이어 시스템은 아무 문제가 없었다는 듯 계속 작동합니다. 이를 '지적 능력이 있는 시스템'이라고 합니다.

지적 능력을 가지려면 여러 시스템이 협력해야 하는데, 앞서 설명한 자율 시스템의 경우 물체 상황을 인식하기 위해 카메라 또는 센서 시스템에서 수집한 정보를 컴퓨터로 보냅니다. 컴퓨터는 전문가

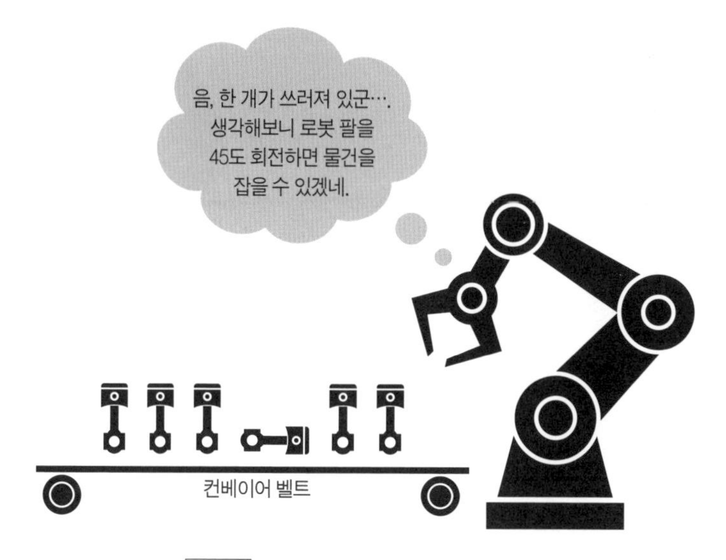

그림 1-5 **인공지능을 적용한 자율 시스템의 동작**

시스템 또는 다른 인공지능 기술을 사용해 어떻게 하면 문제를 해결해서 원래 목적대로 박스에 물건을 담을지 분석하고, 그 결과를 로봇에 전달해 실제 동작으로 실행하게 합니다. 요즘 인공지능 시스템은 기계가 고장나면 스스로 문제의 원인을 파악하고 진단해 해결하는 자가 진단과 치료 기술까지 나왔습니다.

▪ 인공지능의 2가지 유형 ▪

현재 인공지능의 유형은 여러 방법으로 구분하는데, 기술은 그림 1-6과 같이 크게 2가지로 나뉩니다.

첫째는 특화된 인공지능Specialized AI으로, 물체 인식, 자연어 처리, 기계학습, 딥러닝, 진화알고리즘, 전문가 시스템, 퍼지 시스템 등으

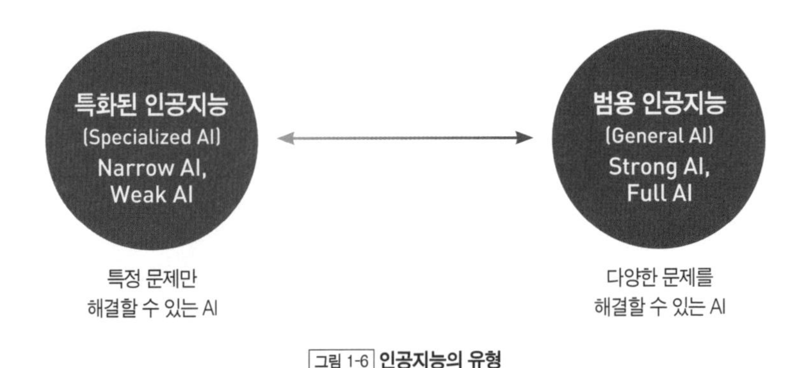

그림 1-6 **인공지능의 유형**

로 이미 다양한 분야에서 활용되고 있습니다. 이 기술은 특정 문제를 해결하기 위해서 개발되었고, 일부는 인간보다 뛰어난 성능을 보여주고 있습니다. 2016년 한국의 이세돌 9단과 알파고가 벌인 바둑 대국에서 알파고가 4:1로 승리하면서 언론들은 미래의 인공지능이 사람을 능가하는 지능을 가질 거라고 예견했습니다. 알파고의 인공지능은 수학, 통계학, 논리학, 컴퓨터 과학 등 다양한 분야의 지식을 활용해 개발한 시스템입니다.

그런데 이렇게 특정 문제를 해결하려고 개발한 인공지능 시스템은 성능이 아무리 뛰어나도 다른 문제에 적용하면 성능이 현저히 떨어지거나 문제를 전혀 해결하지 못하기도 합니다. 바둑 대전에 사용된 알파고 시스템을 스타크래프트 게임에 적용하면 성능이 현저히 떨어져 시스템을 다시 학습시키거나 일부 컴퓨터 프로그램을 수정해야 합니다. 또는 사람 얼굴을 인식하는 데 사용되는 인공지능 시스템을 언어 번역에는 사용할 수 없습니다. 이처럼 다른 용도로 사용하려면 인공지능 시스템을 다시 학습시키거나 내부 프로그램을 다시 작성해야 하는 경우도 있습니다.

사람은 다양한 문제를 인식하고 해결하는데, 현재 인공지능은 아직 이 수준까지는 도달하지 못했습니다. 일부 학자들은 인공지능 시스템이 마치 지적 능력이 있는 것처럼 보일 뿐 내면을 들여다보면 복잡한 계산의 조합에 불과하다고 말합니다. 이와 같이 특정 문제 해결에만 활용할 수 있는 인공지능을 특화된 AI Specialized AI, Narrow AI 또는 Weak AI라고 합니다.

둘째는 범용 인공지능 General AI 으로, 시스템이 스스로 인식과 자아를 가지고 자유의지에 따라 생각·판단·결정하고 감정을 느끼는 것입니다. 이 분야는 현재 학자들 사이에서 논의가 진행되고 있으며, 미래 인공지능 시스템이 사람과 같이 의식이나 감정을 갖도록 하려면 어떻게 해야 하는지 연구하고 있습니다. 이 수준이 되면 인공지능도 사람처럼 다양한 문제를 인식하고 생각하고 판단해서 행동하는 지능 수준이 됩니다. 이런 범용 인공지능을 Strong AI 또는 Full AI 라고도 합니다.

특화된 인공지능 Specialized AI 의 경우 일부 기술은 매우 뛰어난 성능을 보여주며 인간 못지않은 지적 능력이 있는 것처럼 작동합니다. 그런데 '지적 능력이 있는 것처럼 보인다'와 '지적 능력이 있다'는 것은 다르며, 지능적인 것처럼 흉내는 낼 수 있지만 시스템이 진정한 의미의 지능을 가지고 있느냐는 질문에는 많은 과학자가 회의적으로 말합니다.

인공지능이 자유의지나 감정을 가질 수 있는지에 대한 과학적 연구는 많이 진행되고 있습니다. 만약 인공지능이 자유의지와 감정 등을 가지게 되면 이는 인간과 동등한 위치가 될 수 있음을 의미하고, 인간과 같이 생활하는 인공지능을 위한 윤리, 책임, 권리 등 복잡한 문제가 생길 수 있습니다. 심지어 인간을 대신해 일하는 인공지능에 세금을 부과해야 할 수도 있습니다. 범용 인공지능이 사람의 능력을 훨씬 넘어서는 경우를 초지능Superintelligence 시스템이라고 하는데, 이 수준이 되면 공상과학 영화처럼 나쁜 인공지능이 인간을 지배하고 통제하려고 할 수도 있습니다.

하지만 미래 인공지능이 인간처럼 의식과 감정을 갖는 수준까지 발전할지에 대해서는 논란이 많습니다. 그 결과는 알 수 없지만 대부분 학자들이 단기간에 이 수준까지 도달하기는 어려울 것으로 예측합니다. 인간의 정신세계는 매우 복잡하며, 우리 스스로도 아직 인간의 정신세계를 완벽하게 이해하지 못하기 때문입니다.

인공지능의 역사

인류의 탄생과 함께 조용히 성장해온 인공지능.
희망이 이제 현실로 다가오다.

어떤 인공물이 사람처럼 생각하고 말하고 행동하는 것에 대한 개념은 인류의 역사만큼 오래전부터 있었습니다. 물건에 영감을 불어넣어 사람처럼 형상화하는 것은 로봇이라는 개념이 나온 역사와도 관련이 있습니다. 사실 인공지능 또는 로봇이라는 개념이 언제 처음 등장했는지 정확히 알 수 없습니다.

▪ 전설과 신화에 나타난 인공지능 ▪

고대 유대에서 전하는 『탈무드』라는 경전에 따르면 아담과 이브가 탄생하기 전에 골름Golem이라는 진흙 인형이 있었다고 합니다. 이 인형은 신의 이름을 적은 종이를 이마에 붙이거나 입에 넣으면 움직이고 사람의 명령에 따르지만, 가끔 독자적으로 행동하기도 했습니다. 기원전 850년경 호메로스라는 고대 시인이 전하는 전설에 따르면 헤파이스토스Hephaestus라는 불 또는 대장장이의 신이 쇠붙이를 녹

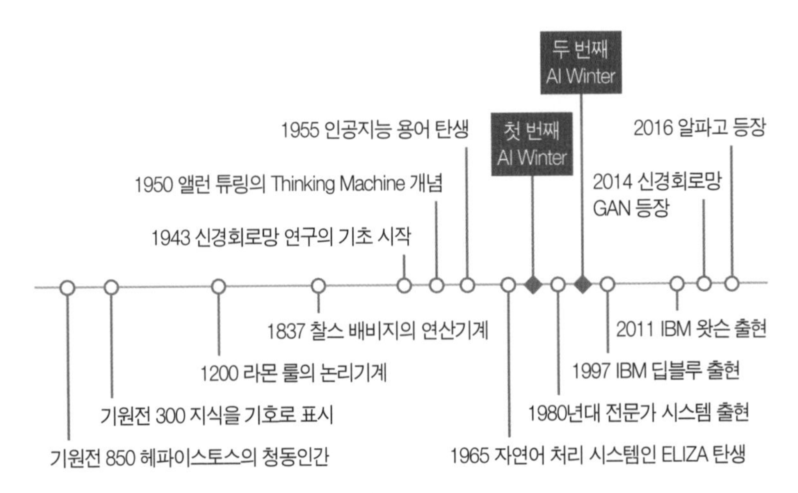

그림 1-7 **인공지능의 역사**

여 자신을 도울 사람을 만들 때 "가슴에는 지능이 있으며 입으로는 말을 하고…"라면서 인공물에 지능을 부여했다고 합니다.

한편 그리스신화에는 탈로스Talos라는 청동 거인이 그리스 남쪽에 있는 크레타섬을 해적으로부터 지키는 이야기가 나옵니다. 신화에 따르면 탈로스는 하루에 세 번 크레타섬을 순찰했다고 합니다. 이외에도 여러 고대 전설이나 신화에 사람처럼 생각하고 행동하는 인공 생명체가 자주 등장하는 것을 확인할 수 있습니다. 이런 점을 보면 인류는 아주 오래전부터 인공적인 물건이 사람처럼 행동하는 데 관심이 있었다는 것을 알 수 있습니다.

▪스스로 움직이는 오토마타▪

인공 인간에 대한 인류의 관심은 오래전부터 전설로 전해지다가 고대와 중세에 와서는 스스로 움직이는 기계를 만들려는 시도가 나타

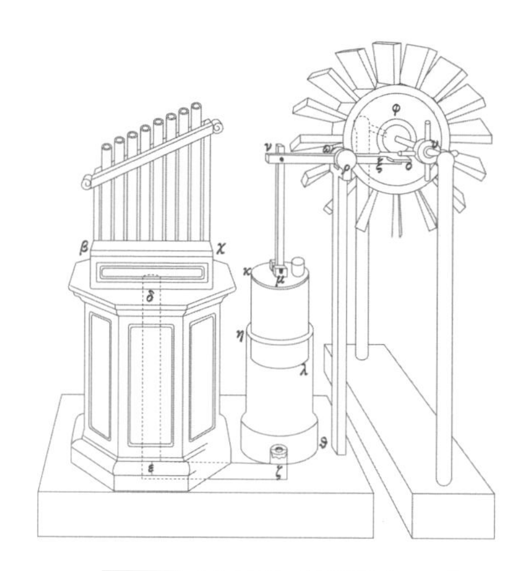

그림 1-8 **바람의 힘을 이용한 풍력 오르간**

났습니다. 물론 아주 초보적인 수준이지만 오래전부터 스스로 움직이는 듯한 기계를 만들어보려고 했고, 이러한 노력의 결과로 스스로 움직이는 기계Automaton가 등장합니다.

기원전 10년경 중동에 유명한 발명가이자 수학자로 물리학에도 뛰어난 헤론Heron이라는 사람이 있었습니다. 그는 수많은 기계를 발명했는데, 기록에 따르면 바람의 힘을 이용해 오르간을 작동시키는 기계를 만들었다고 합니다. 현대의 기준으로 보면 대단하게 느껴지지 않겠지만, 기원전 10년경 사람들에게는 매우 놀라운 물건이었습니다. 그는 또한 뜨거운 물에서 나오는 수증기를 이용해 물체를 돌리는 기구도 만들어 사람들을 놀라게 했습니다.

12세기경에는 중동에서 이스마일 알자자리Ismail al-Jazari라는 과학자가 코끼리 시계를 만들었습니다. 코끼리 내부에 숨겨진 물탱크의 조그만 구멍에서 물이 떨어지면 아래에 있는 양동이에 물이 채워집니

그림 1-9 **이스마일 알자자리의 코끼리 시계**

다. 그러면 무거워진 양동이가 내려가면서 연결된 끈을 당기게 되고, 복잡한 내부 기계가 작동해서 인형이 북을 치게 됩니다. 내려간 양동이의 물이 모두 쏟아지면 물탱크가 채워지고 양동이는 다시 위로 올라가는데, 이 간격이 30분이었다고 합니다. 동작을 수행하는 복잡한 기계 장치들은 코끼리 동상 내부에 숨겨져 있어서 사람들 눈에는 마치 코끼리 동상 위의 사람 인형이 정해진 시간이 되면 스스로 북을 치는 것으로 보였습니다. 1200년 초에 이는 매우 충격적인 기술이었습니다.

알자자리는 수력으로 바람을 일으켜 부는 피리, 스스로 움직이는 양초시계 등 다양한 자동기계, 즉 오토마타를 만들었습니다. 사람의 힘이나 조작 없이 스스로 움직인다는 것은 당시로서는 매우 신기한 일이었습니다. 하지만 이 단계는 발명품이 스스로 판단하고 움직이는 것처럼 보이지만, 실제로 내부에는 다양한 기계 부품이 연결되어 작동할 뿐 컴퓨터가 없던 시절이어서 복잡한 연산을 하거나 정보를 저장하는 기능은 없었습니다.

■ 인공지능 연산에 필요한 이론의 발전 ■

인공지능 연구와 개발에 필요한 복잡한 연산을 하려면 다양한 학문이 먼저 정립되어야 합니다. 인류는 예부터 자연, 우주, 인간에 대해 많은 연구를 했으며 인도, 유럽, 아시아 등 전 세계 여러 지역의 철학자들이 다양한 학문을 발전시켜왔습니다. 기원전 300년경에는 아리스토텔레스Aristoteles가 지식을 기호로 표시하는 아이디어를 제시했으며, 유클리드Euclid는 다양한 기하학 이론을 정립했습니다. 800년대에는 중동 페르시아의 수학자 무하마드 알콰리즈미Muhammad al-Khwarizmi가 방정식에 대한 다양한 해법을 제시했는데, 그는 알고리즘Algorithm이라는 단어를 처음 사용했습니다. 이 시기의 학문과 이론이 얼핏 인공지능과 무관한 것처럼 보이지만, 복잡한 연산에 필요한 기초를 제공했다는 점에서 매우 중요합니다.

그 후 조금씩 인공지능과 연관되는 학문과 이론이 나오기 시작합니다. 1200년대 스페인의 철학자 라몬 룰Ramon Llull은 논리기계라는 것을 소개했고, 후대의 고트프리트 라이프니츠Gottfried Leibniz 등 여러 연구자는 기호학·논리학·수학 등을 이용한 추론Reasoning, 논리적으로 생각해 어떤 결론이나 진실을 찾아내는 것의 기초 학문을 만들어갔습니다. 이 당시에도 컴퓨터가 없었지만, 사람의 논리적인 생각을 기호로 표시하고 계산하는 학문이 탄생함으로써 향후 인공지능 연구의 밑바탕이 만들어졌습니다.

■ 컴퓨터가 등장하다 ■

1837년 영국의 수학자 찰스 배비지Charles Babbage는 복잡한 수학 계산을 할 수 있는 분석 기계를 발명했습니다. 그는 복잡한 천문학 계산을 수작업으로 하면 오류가 많이 발생하는 것이 안타까워 자동으로 계산하는 기계를 만든 것입니다. 비록 기계식 부품으로 만들어졌지만, 최초의 '프로그램이 가능한 계산기'라는 차원에서 사람들은 배비지를 '컴퓨터의 아버지'라고 합니다. 그 후 기술이 계속 발전해 복잡한 계산을 하는 기계 부품 대신 전자 부품을 사용하면서 제2차 세계대전 때는 제법 복잡한 연산도 빠른 시간에 처리할 수 있는 대형 컴퓨터가 개발되었습니다.

1900년대에는 인공지능을 연구하고 개발하는 데 기초가 될 학문

그림 1-10 찰스 배비지의 계산기

도 어느 정도 발전하고, 복잡한 계산을 할 수 있는 전자식 컴퓨터도 모습을 드러내면서 사람들은 신화나 전설에서 상상하던 인공지능에 관심을 두기 시작했습니다.

1920년 이후 과학이 급속도로 발전하면서 사람의 뇌가 전기회로처럼 복잡하게 구성되어 있다는 것도 알려졌고, 신호를 이용해 기계를 제어하는 사이버네틱스Cybernetics라는 학문도 생겨났습니다. 1950년 영국의 수학자 앨런 튜링Alan Turing이 "과연 기계도 생각할 수 있을까?Can machines think?"라는 질문을 던지면서 인공지능의 출현 가능성을 본격적으로 연구했습니다. 1956년 일부 과학자들이 미국 다트머스 대학교에 모여 학술회의를 하면서 처음으로 인공지능Artificial Intelligence이라는 용어를 사용했습니다.

초기 인공지능은 주로 논리와 규칙기반의 추론Reasoning과 관련한 연구를 많이 했습니다. 예를 들어 사람의 지식을 컴퓨터가 이해할 수 있게 표현하는 연구, 복잡한 문제를 해결해가는 다양한 방법, 미로를 통과해 출구를 찾는 법 등 사람의 추론 방식에서 아이디어를 얻어 컴퓨터도 유사하게 하도록 하는 연구였습니다. 하지만 1960년대 컴퓨터 성능의 한계로 복잡한 프로그램이나 고성능의 계산을 실행하기는 어려워서 간단한 문제에 대한 인공지능 알고리즘을 테스트하고 검증하는 수준이었습니다.

이때부터 규칙기반Rule-base과 기호기반Symbol-base의 인공지능 연구를 시작했고, 자연어 처리연구 또한 주목을 받게 되었습니다. 지능을 가진 인류는 과거부터 고도로 발달한 언어 체계를 이용해 지식을 축적하거나 전달했습니다. 이처럼 언어는 지적인 생명체에게 매우 중요한 도구이므로 초기 자연어 처리 연구는 언어를 번역하거나 복잡한 지식을 어떻게 컴퓨터가 이해하게 표기하느냐에 초점이 맞추어져 있었습니다.

1960년대에 접어들면서 비록 단순한 문제이지만 인공지능이 컴퓨터로 문제를 풀어가자 몇몇 국가에서는 연구 투자를 대규모로 지원했습니다. 인공지능이 관심을 받게 되고, 컴퓨터 기술과 더불어 기계 기술 또한 발전하면서 옛날 신화에서만 접하던 인공 인간들이 인공지능과 연결된 로봇 연구로 나타났습니다. 이와 동시에 생태계 진화과정에서 아이디어를 얻어 인공생명체를 흉내 내는 알고리즘 연구도 시작되었습니다. 하지만 당시 컴퓨터 성능의 한계로 복잡한 연산을 이용한 검증보다는 다양한 이론적 학문이 더 많이 진행되었습니다.

1970년대에 들어오면서 인공지능 발전 속도가 사람들의 기대에 미치지 못하자 여러 가지 부정적 의견이 나왔습니다. 당시 컴퓨터 성능은 복잡한 연산을 하기에는 부족했고, 인공지능에 대한 다양한 이론 연구와 알고리즘도 큰 발전을 이루지는 못했습니다. 1960년대에 소규모 문제 해결에서 인공지능의 잠재력을 볼 수 있었지만, 복잡한 문제에 도전하기에는 여전히 기술적 한계가 있었습니다. 시간과 돈을 투자했는데도 눈에 띄는 성과를 만들어내지 못하자 몇몇 국가의 연구 자금이 줄어들었고, 기업들의 관심도 급격히 떨어졌습니다. 또한 많은 연구자가 인공지능 분야를 떠나 다른 곳으로 옮겨갔습니다. 그래서 1970년대 중반부터 1980년까지를 '인공지능의 겨울AI Winter'이라고도 합니다.

1980년대에 들어오면서 과거에 연구했던 추론Reasoning기법을 활용한 '전문가 시스템Expert System'이라는 인공지능 기술이 소개되었습니다. 이것이 실제 업무에 적용되어 눈에 띄는 성과를 보이면서 인공지능에 대한 관심이 다시 살아났습니다. 지식을 표현하는 다양한 기법, 복잡한 논리를 연산하는 기법 등이 소개되면서 이전의 한계를 극복하는 연구결과가 속속 나왔고, 실제 작동하는 인공지능 시스템이 개발되었습니다. 일부는 기업에서 사용되면서 좋은 평가를 받았습니다. 1980년대에 진공관 방식에서 벗어나 반도체 기반의 컴퓨터가 등장하면서 컴퓨터 성능 또한 눈부시게 발전했습니다. 이러한 분위기를 반영하듯 몇몇 국가에서 인공지능 분야에 다시 대규모 연구자금을 투자했고, 기업들도 기술 개발을 재개했습니다.

그런데 당시 인공지능용 컴퓨터 프로그램으로 인기를 얻던 리스프LISP라는 언어의 전용 컴퓨터 성능이 개인용 PC에 성능을 추월당하자 리스프의 인기가 급격히 떨어졌습니다. 이 문제를 해결할 방법이 없자 인공지능에 대한 열기는 또다시 식었습니다. 그래서 1980년대 중반부터 1990년대 초반까지를 '제2의 인공지능 겨울2nd AI Winter'이라 합니다. '제2의 인공지능 겨울'이 온 또 다른 원인은 기대했던 신경회로망 연구가 크게 발전하지 못했고, 인공지능 연구의 세계적인 대가들이 조만간 인간 수준의 지능을 갖춘 인공지능이 출현할 거라고 부풀려 예측한 것이 모두 빗나갔기 때문입니다.

1990년대 중반부터 컴퓨터 성능이 더 발전하고 신경회로망, 기계 학습 등 주목할 만한 연구결과가 쏟아져 나오자 인공지능은 다시 많은 사람의 관심을 끌게 되었습니다. 1997년에는 IBM이 제작한 딥 블루Deep Blue라는 인공지능 컴퓨터가 체스게임 세계 챔피언과 경기에서 승리했습니다. 2005년에는 스탠퍼드대학교에서 개발한 인공지능 로봇이 사막 200km를 사람 도움 없이 자율주행하는 데 성공했습니다. 2011년에는 IBM이 제작한 왓슨Watson이라는 인공지능 컴퓨터가 미국 퀴즈쇼에 출연해 퀴즈쇼 우승자 2명을 상당한 점수차로 이기는 경기가 생중계되면서 대중의 관심을 끌었습니다.

2000년대부터 새로운 인공지능에 대한 연구가 활발히 진행되어 인공지능 기법이 많이 개발되었습니다. 그림 1-11처럼 복잡한 계산을 할 정도로 컴퓨터 성능이 발전해 인공지능 개발에 박차를 가하게 되었습니다. 2010년부터는 수많은 데이터가 제공되면서 딥러닝 기술 또한 빠르게 발전했습니다. 빅데이터, 고성능 컴퓨터 그리고 그동안

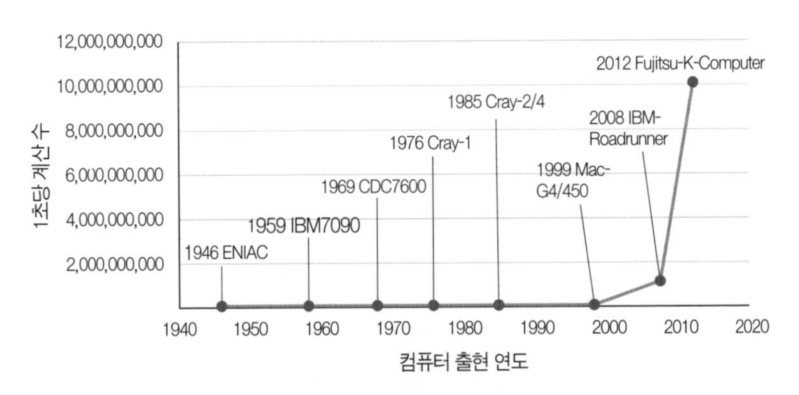

그림 1-11 **컴퓨터 성능의 발달**

축적해온 많은 인공지능 연구가 접목되면서 전 세계에서 현재 인공지능 연구 개발과 기술 개발이 동시에 진행되고 있습니다. 현재 인공지능의 세부 기술 영역은 60여 개에 달하고, 수많은 연구자와 개발자가 첨단 기능을 장착한 인공지능 개발에 매진하고 있습니다. 최근에는 산업이나 실생활 여러 분야에서 인공지능 기술이 본격적으로 활용되면서 인공지능에 대한 관심은 폭발적으로 늘었습니다.

이처럼 새로운 지식의 발견이나 기술의 발명은 이전에 축적된 수많은 지식을 참고하고 활용해 이루어집니다. 사람들은 만유인력의 법칙을 영국의 수학자이자 과학자인 아이작 뉴턴Isaac Newton이 발견한 것으로 알고 있습니다. 하지만 중력법칙 등 만유인력에 관련된 이론은 이미 수백 년 전부터 니콜라스 코페르니쿠스Nicolaus Copernicus, 요하네스 케플러Johannes Kepler, 갈릴레오 갈릴레이Galileo Galilei 등 당대 유명한 학자들이 연구했습니다.

내가 멀리 볼 수 있었던 것은 거인들의 어깨 위에 서 있었기 때문입니다.

- 아이작 뉴턴

뉴턴은 선대의 유명한 학자들이 연구한 결과를 집대성하고 자신의 연구를 만유인력의 법칙이라는 체계로 정립해 1687년 발표했습니다. 그는 자신의 연구 성과에 대해 '선대 유명한 연구자들 덕분'이라는 의미 있는 메시지를 남겼습니다.

이와 같이 인공지능 기술도 어느 날 갑자기 탄생한 것이 아닙니다. 앞서 살펴본 것처럼 인공지능의 기원도 고대로 거슬러 올라갈 만큼 오래되었고, 수백 년 전부터 기초가 될 학문적 연구가 많이 진행되었습니다. 당시 연구가 인공지능과 직접 연관되었다고 할 수는 없지만, 그런 연구가 없었다면 오늘날의 인공지능을 가능케 한 연구가 쉽지 않았을 것입니다. 오랜 시간 직간접적으로 많은 지식이 축적되어 오늘날 우리가 접하는 인공지능 기술이 발전하게 되었습니다.

인공지능은 어떻게 출현했나?

왜 사람들은 인공지능에 열광하는가?
인간의 요구를 뒷받침하는 환상적인 기술이기 때문이다.

인공지능 역사에서 살펴본 것과 같이 어떤 인공물이 사람처럼 말하고 행동하는 상상은 수천 년 전부터 해왔습니다. 신화나 전설에서 인공물은 사람의 명령을 받아 일하거나 적으로부터 사람을 보호했습니다. 이 이면에는 '그런 일이 일어났으면' 하는 희망이나 바람이 들어 있습니다. 만약 과학과 기술이 발달해 상상 속 이야기를 실현할 정도가 되면, 실제 제품이나 서비스가 나타나게 됩니다.

인간은 오래전부터 무궁무진한 이야기를 상상했고, 시간이 지나면서 이러한 상상이 희망이나 바람으로 변해 많은 사람이 목적과 호기심을 가지고 탐구 활동을 시작했습니다. 여기서 발견된 지식이 다른 사람들과 소통되고 기록되어 후대 사람들에게 전해졌고, 후손들은 앞서 발견된 지식을 기반으로 새로운 지식을 탐구하는 노력을 게을리하지 않았습니다.

수천 년 전부터 인류는 달을 보면서 그곳에 토끼가 살고 있다고 상상했고, 날개를 달고 하늘을 나는 인간을 상상했습니다. 말의 다리를 가지고 빨리 달리는 인간을 상상했고, 물속을 자유롭게 헤엄치는 인어를 상상했습니다. 상상 속에서 인간이 갖고자 했던 능력이 이제는 모두 기술로 가능해졌습니다.

어떻게 보면 이런 상상은 인간의 한계를 극복하고 싶어하는 열망에서 시작되었다고 할 수 있습니다. 인간은 사자처럼 힘이 세지도 않고, 독수리처럼 하늘을 날 수 있는 것도 아니지만, 수천 년 동안 자연 생태계에서 살아남았고, 지금은 오히려 자연을 지배하는 위치에 있습니다. 인간은 편리하고 효율적으로 일할 수 있는 도구를 끊임없이 탐구해왔는데, 이 모든 것은 인간이 가지고 있는 고도의 지능 덕분에 가능했습니다. 일부 동물에도 지능이 있지만 인간의 지능이 훨씬 높으며, 인간은 끝없는 호기심과 탐구심으로 새로운 지식을 얻으면서 많은 기술을 만들었습니다.

물론 인류가 진행해온 탐구와 연구가 모두 성공한 것은 아닙니다. 수없이 실패하고 좌절도 했지만 포기하지 않고 끊임없이 노력해왔으며, 최근에는 실패했던 과거 연구를 찾아서 다시 하고 있습니다. 과거 연구가 실패한 원인을 시간이 지나면서 해결했기 때문입니다. 이처럼 과거 연구를 다시 들여다보면서 실패한 원인을 찾아 해결하고 새로운 기술로 탄생시켜 성공하는 사례가 많습니다.

인공지능 이전에도 첨단기술이 많이 개발되어 인간의 한계를 극복하고, 우리 생활을 편리하게 해주었습니다. 그런데 왜 사람들은 인공지능에 관심이 많을까요?

▪ 인공지능 기술이 발전한 동력 ▪

비록 오래전부터 인공지능을 계속 연구해왔지만, 이 기술이 최근 들어 크게 발전한 데는 **그림 1-12**와 같은 여러 요인이 있습니다.

인공지능은 많은 데이터로 복잡한 연산을 해야 합니다. 과거에는 컴퓨터 성능이 이를 충분히 지원하지 못했고, 고성능 컴퓨터가 엄청나게 비싸서 아무나 사용할 수 없었습니다. 하지만 최근 반도체 기술이 발달하면서 고속 연산이 가능한 컴퓨터를 저렴하게 접하게 되었습니다. 이어서 인공지능도 이론에만 머물지 않고 프로그램이 개발되어 제품이나 서비스로 제공되었습니다. 컴퓨터 기술이 발달하고 가격이 저렴해지면서 일반인이나 기업들이 컴퓨터를 적극적으로 사용하면서 데이터가 축적되었습니다.

과거 인공지능의 발달 속도가 느렸던 이유 중 하나가 학습에 사용

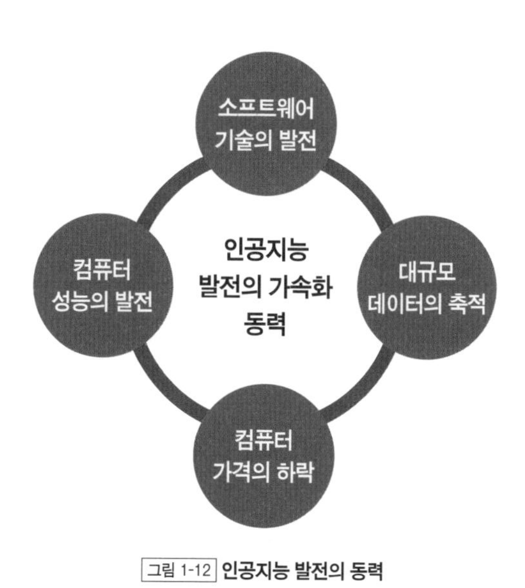

그림 1-12 **인공지능 발전의 동력**

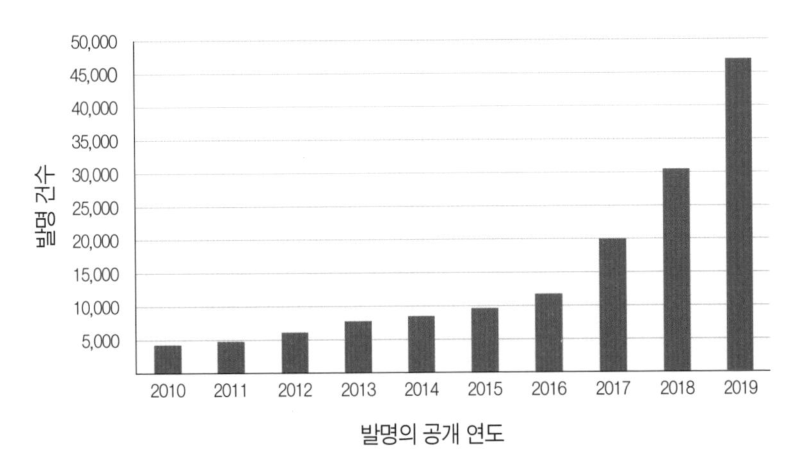

그림 1-13 **지난 10년간 전 세계 인공지능 분야 발명의 연도별 추이***

할 데이터가 부족했기 때문인데, 이제는 규모가 큰 데이터가 축적되고 컴퓨터 성능도 빨라져 기계학습, 딥러닝 같이 인공지능을 학습하기에 충분한 여건이 되었습니다. 컴퓨터가 널리 보급되면서 다양한 프로그램 언어가 개발되었고, 복잡한 연산을 하는 소프트웨어 알고리즘도 같이 발전했습니다. 복잡한 연산을 하는 알고리즘이 프로그램 모듈로 개발되어 누구나 사용하게 되면서 소프트웨어 기술 발전에 크게 기여했습니다.

이러한 분위기에 힘입어 전 세계에서 수많은 연구자와 개발자가 인공지능 분야에 뛰어들었습니다. 2019년 한 해에만 전 세계에서 무려 4만 6천 건 이상의 인공지능 관련 기술이 새로이 공개되었습니다. **그림** 1-13의 전 세계 발명 건수 증가 추이를 보면 2016년 이후 인

* "글로벌 AI 혁신경쟁: 현재와 미래", KAIST 혁신전략정책연구소, 2021.

공지능 기술 관련 발명이 급격하게 늘었습니다. 이는 그만큼 사람들이 좀더 편리하고 효율적인 기술을 끊임없이 요구하고 노력도 많이 한다는 것입니다.

■ 인공지능 기술의 특징 ■

인공지능은 이전의 자동화 기술과 달리 지능적인 기계가 스스로 판단하고 작동해 사람이 관여하는 일이 현저히 줄어듭니다. 이는 과거 기술에서는 경험할 수 없는 획기적인 것으로, 제한적인 범위이지만 이제는 일부 영역에서는 사람이 지능적인 기계에 일을 믿고 맡기는 수준이 되었습니다.

인공지능 기술은 다른 기술과 접목해 그 기술의 문제점을 해결하고 성능을 한 단계 높여주는 데도 큰 역할을 합니다. 그동안 많은 기술이 개발되었지만 품질이나 성능에 대한 사람들의 기대치가 갈수록 높아져 한계에 부딪히는 일이 많았습니다. 많은 연구자가 이런 문제를 극복하려고 노력했지만, 근원적인 문제를 해결하기는 어려운 점이 있었습니다. 그런데 인공지능은 이런 문제점을 해결해 기술을 한 단계 발전시키는 데 큰 도움을 주고 있습니다. 그래서 연구가들이 현존하는 기술을 인공지능과 접목해서 성능을 높이려는 시도를 하게 되었습니다. 이러한 이유로 인공지능에 대한 관심이 최근 들어 급격하게 증가하고 있습니다.

예를 들어 기존의 게임 제작에 인공지능 기술을 적용해 지능적인 캐릭터를 상대로 게임할 수 있게 되었습니다. 농작물 재배에 인공지능 기술을 적용해 온도, 습도, 채광 같은 최적의 환경을 만들어주는 일도 가능해졌습니다. 반도체의 복잡한 회로를 설계할 때도 인공지능 기술을 활용하면 초고밀도 회로 설계를 할 수 있습니다. 화학 공장에서는 인공지능 기술을 활용해 제조공정의 온도, 압력, 원료배합 비율 등을 정밀하게 조정함으로써 품질이 우수한 제품을 만들 수 있습니다. 새로운 약물 개발에서도 인공지능이 특정 질환에 가장 효과적인 물질을 찾아줍니다. 여행 갈 때도 인공지능이 예산과 취향에 가장 적합한 숙소와 관광지를 추천합니다.

이런 이유로 **그림 1-13**처럼 다양한 산업에서 앞다투어 인공지능 기술을 도입하려고 합니다. 이러한 특징은 그동안 개발된 다른 기술 분야에서는 찾아보기 힘든 것으로, 인공지능이 미래 기술 발전과 더불어 우리 삶에 큰 변화를 가져올 것으로 기대합니다.

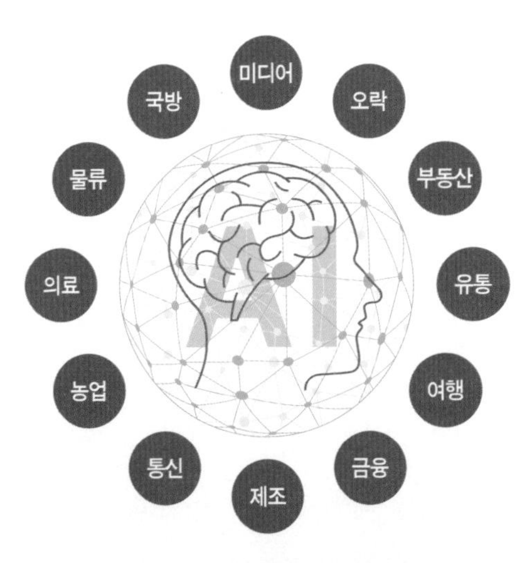

그림 1-14 **여러 산업의 기술 발전에 영향을 주는 인공지능**

인공지능에 대한 사람들의 관심과 기대 또한 크게 높아졌는데, 이러한 요구에 맞추어 많은 기업과 정부에서 대대적으로 투자해 인공지능 기술을 개발하고 있습니다. 한국도 수많은 기업과 정부 연구소, 대학이 인공지능 연구에 박차를 가하고 있습니다. 미국이나 중국은 우리나라보다 더 많은 투자로 연구·개발에 속도를 내고 있습니다. 캐나다와 유럽의 여러 국가도 참여해 인공지능 기술에 대한 경쟁은 갈수록 심해질 것입니다. **그림 1-13**의 분석에서도 알 수 있듯이 인공지능의 발전은 이제 시작 단계라고 할 수 있습니다. 앞으로 우리 생활에 많은 변화를 줄 잠재적인 기술이라는 점에서 인공지능에 큰 관심을 가지고 적극적으로 참여할 필요가 있습니다.

QUESTION

- 인공지능으로 사회는 어떻게 발전할 것인가?
- 인류 사회 발전 과정에서 인공지능은 어떤 역할을 할 것인가?
- 인공지능은 우리에게 어떤 모습으로 다가오는가?
- 과연 미래에는 인공지능이 사람처럼 될 수 있을까?

PART 2

인공지능이 사회에 미치는 영향

지능화 사회로 발전하다

첨단기술을 바탕으로 초연결 사회, 초지능화 사회로 발전하듯
인공지능은 우리를 어디로 이끌 것인가?

최근 나타난 인공지능 기술은 이미 우리 생활의 여러 부분에서 활용되고 있고, 기계는 갈수록 똑똑해지면서 인류는 지능화 사회로 접어들었습니다. 하지만 지능화 사회도 수천 년간 축적되어온 지식과 기술이 없었다면 불가능했을 것입니다. 지능화 사회로 발전하는 과정을 이해하려면 **그림 2-1**처럼 그동안 인류 사회가 기술혁신으로 어떻게 성장해왔는지 살펴봐야 합니다.

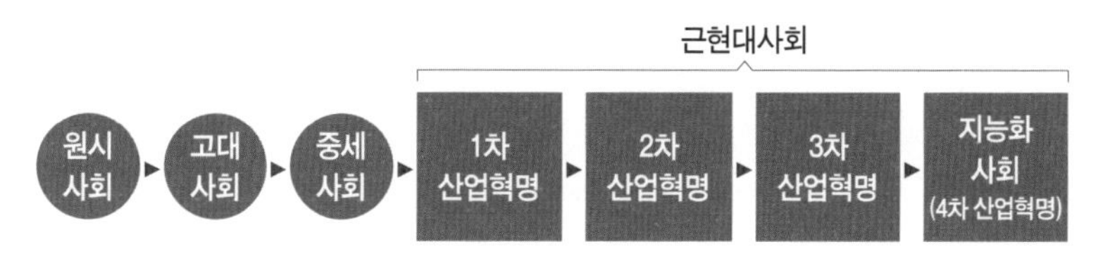

그림 2-1 **인류 사회의 발전**

■ 산업혁명 이전의 사회 ■

인간은 대략 기원전 1만 년 전부터 농사를 지은 것으로 알려져 있습니다. 농경생활은 정착생활과 단체생활을 의미하고 농작물을 재배하는 지식이 후손이나 주변 집단에 전해졌을 가능성도 의미합니다. 학자들은 농작물에 필요한 도구를 만들어 사용하면서 초보적인 인류 문명이 탄생했을 거라고 봅니다.

돌로 도구를 만들어 사용하는 석기시대에서 수천 년이 지난 기원전 약 5000년경 인류는 청동을 사용하기 시작했습니다. 청동은 자연에서 쉽게 발견되는 물질로, 이를 녹여 원하는 도구를 만들려면 섭씨 1천도 정도의 높은 온도가 필요했습니다. 하지만 일반적으로 나무가 불에 타는 온도는 섭씨 300도 정도였기 때문에 자연에서 청동을 발견하기는 했으나 이를 녹이는 데 필요한 높은 온도를 만들

그림 2-2 **고대 이집트의 농경생활** ©World History Encyclopedia

줄 몰랐습니다. 시간이 지나 인류가 온도가 높은 불을 만들 줄 알면서 청동 등 다양한 금속을 녹여 필요한 도구로 만들어 사용했고, 기원전 1200년부터는 철까지 녹여 원하는 도구를 만들었습니다. 고대 사회에 큰 변화를 몰고온 것은 많지만, 특히 불을 사용하는 기술과 다양한 광물을 활용한 것이 당시 생활을 편리하게 하고 높은 생산성을 제공하며 사회 변화에 큰 영향을 주었습니다.

이러한 변화로 더 많은 사람이 모여 사는 사회가 되었고, 소통과 탐구 생활이 활발해지면서 많은 지식이 축적되어 후손에게 전해졌습니다. 사람들은 청동기와 철기시대를 거치면서 신화와 전설 속에서 지능을 지닌 인공 인물을 상상하기 시작했습니다. 인류가 원시사회에서 벗어나 고대시대에 접어들면서 아리스토텔레스, 플라톤Plato 같은 많은 학자가 인간의 이성, 우주, 기하학, 논리학 등의 학문적 논의를 시작했고 지식도 체계적으로 축적되었습니다. 이렇게 인류의 지식이 발전하면서 여러 기술이 나타나고, 예술도 발전하기 시작했습니다.

고대를 지나 중세시대에는 기술이 더 발전했고, 농업과 목축 이외에 상업도 조금씩 발전했습니다. 농작물이나 옷감, 유리 같은 다양한 물건을 제작해서 판매하는 시장이 늘어났습니다. 또한 전 세계 대륙을 탐험하며 다른 지역의 문명과 자연에 대한 지식을 배웠고, 예술도 많이 발전했습니다. 다른 지역과 무역을 하면서 단순히 물건만 사고판 것이 아니라 지식이나 문화도 교류했습니다. 이로써 사회는 더욱 발전했고, 사람들은 미지의 세계를 탐구하려는 노력을 게을리하지 않았으며, 많은 기술이 발명되었습니다. 그리고 1700년대부터 기계 발명, 해외 식민지 개발, 도시 인구 증가, 상업과 무역 발달 등으로 산업에 대대적인 변화가 일어났습니다.

▪ 사회에 큰 변화를 가져온 1차 산업혁명 ▪

사회가 점차 발전하고 인구가 증가해 사람들의 욕망이 커지면서 사람들은 점점 더 많은 것을 필요로 하게 되었습니다. 일부 국가는 무역을 하거나 식민지를 착취해 필요한 물건을 충당했지만 이 과정에 큰 노력이 들어갔습니다. 돈을 더 벌기 위해 곡물 농사를 포기하고 직물 제조에 필요한 목화나 양모를 얻으려 땅을 개간하면서 많은 농부가 일자리를 잃고 도시로 이동했습니다.

그러다가 1784년 영국에서 증기기관이 발명되면서 큰 사회적 변

그림 2-3 1차 산업혁명 시대의 공장

화가 일어났고, 이 기술이 면직 기계에 활용되면서 저렴한 가격으로 많은 직물을 생산하게 되었습니다. 증기기관 기술은 철도에도 활용되어 사람들이나 물자를 빠른 시간에 멀리 이동하게 도와주었습니다. 기계를 사용하는 공장과 철도 건설이 늘어나면서 철 수요가 많아지자 제철산업도 급격하게 발전했습니다. 당시 식민지를 둔 국가에서 도시로 이동한 값싼 노동력을 이용해 공장에서 생산한 물품을 철도를 이용해 항구로 옮긴 다음 전 세계 대륙에 판매하면서 사회적으로 큰 변화가 일어나는데, 이를 1차 산업혁명이라고 합니다.

한편 인쇄 기계의 발명으로 많은 서적이 값싼 비용으로 출판되었고, 국가별로 교육 시스템이 만들어지면서 많은 사람이 교육을 제대로 받을 기회도 생겼습니다. 전에는 책값이 너무 비싸서 일부 부유층만 교육을 받을 수 있었지만 많은 사람이 지식을 배우면서 연구 활동이 더욱 활발해졌고, 새로운 기술도 개발되기 시작했습니다.

▪ 다양한 기술 발달을 불러온 2차 산업혁명 ▪

1850년대 후반부터 쏟아져 나온 많은 발명품과 신기술이 사회 변화에 큰 영향을 주었고, 앞서 개발된 기술 이외에 화학, 전기, 석유 기술이 발달했습니다. 1차 산업혁명 때와 달리 더 많은 물건이 대량 생산되었고 자동차, 전기, 통신 등의 출현은 사람들의 생활에 큰 변화를 주었습니다. 소비재 제품을 생산하는 경공업 중심 사회에서 부가가치가 큰 기계, 화학, 건설 등 중공업 중심 사회로 변화했습니다. 한편 제1차 세계대전과 제2차 세계대전을 치르면서 엄청난 군수 물자 생산과 운송에 새로운 기술이 활용되었고, 신무기를 개발하면서 첨단기술들도 쏟아져 나왔습니다. 항공 기술과 선박 기술이 본격적으로 발전했고, 로켓 기술도 제2차 세계대전 당시 크게 발전했습니다. 진공관을 이용한 전자 기계도 만들어졌으며, 요즘 널리 사용되는 기술도 일부 개발되었습니다. 앞서 말했듯이 복잡한 계산이나 암호를 풀기 위한 초기 수준의 컴퓨터 기술도 이때 탄생했습니다.

그림 2-4 1910년의 T모델 포드자동차

전기로 작동해 불을 밝혀주는 전구, 폭발력이 강한 다이너마이트, 석유를 정제해서 플라스틱·나일론 같은 화학제품을 생산하는 기술, 고층건물, 곡물 경작의 효율성을 높여주는 트랙터, 전파 라디오처럼 인류의 삶을 크게 바꾸어주는 기술 발명이 2차 산업혁명 시절 이루어졌습니다.

▪ 인터넷 기술이 개발된 3차 산업혁명 ▪

2차 산업혁명에 이어 새로운 기술은 끊임없이 개발되었습니다. 석유, 가스, 전기 등 에너지원이 풍부하게 공급되자 산업발전은 더욱 가속화했고, 사람들의 생활도 눈에 띄게 바뀌었습니다. 3차 산업혁명이 시작되면서 컴퓨터·반도체·통신 등 정보통신IT 기술이 소개되고, 인터넷 기술도 개발되었습니다. 그 결과 소통이 강조되고 에너지원도 화석연료에서 신재생에너지로 전환하는 시도가 일어났습니다.

컴퓨터 기술이 본격적으로 발전했고, 우주 탐사가 진행되었으며, 신약개발과 바이오테크놀로지가 크게 각광받았습니다. 인터넷 웹과 스마트폰이 발명되었고, 컴퓨터와 기계가 접목하면서 공장 자동화와 로봇 기술이 급격히 발전해 이 시기를 디지털 혁명이 일어난 때라고 합니다. 이러한 과정을 거치면서 과거 제품이나 기술이 사라지고 새 제품이 나타났습니다. 예를 들어 과거 음악을 저장하던 LP 음반이나 카세트 테이프는 인터넷상 음원 스트리밍으로 대체되거나 진공관 튜브 방식의 텔레비전이 LCD 평면 TV로 바뀌었습니다.

그림 2-5 인터넷의 시초가 된 ARPNET(1969) ©Digital masta

▪ 지능화 사회가 도래한 4차 산업혁명 ▪

지능화 사회는 인공지능 하나만으로 이루어지는 것은 아닙니다. 앞서 설명한 것처럼 1차·2차·3차 산업혁명으로 수많은 기술이 개발되고 사회와 사람들의 인식이 많이 발전했습니다. 이런 토대 없이 인공지능 기술 하나만으로는 지능화 사회를 만들어내기 어렵습니다. 사회 변화는 첨단기술만으로 이루어낼 수 있는 것이 아닙니다. 오랜 기간 사회가 발전하면서 개발된 수많은 기술과 형성된 문화의 틀 위에 인공지능이라는 첨단기술이 접목되어야 비로소 나타날 수 있습니다.

지능화 사회는 사회 전반의 환경이 인간을 중심으로 해서 똑똑해지고 지능화되어 삶이 편리하고 윤택해지는 사회를 말합니다. 수많은 데이터와 초고속 통신 환경에서 사회 전반에 걸쳐 많은 정보와 지식이 원활하게 유통되고, 5G와 IoT 같은 첨단기술과 인공지능이 접목되어 사회 전반에 걸쳐서 지능화된 시스템이 확산되는데, 이를 4차 산업혁명이라고 합니다.

지능화된 로봇이 인간 역할을 일부 대신하고 노동, 복지, 고용, 교육 등 사회 전반에 걸쳐 그동안 사람들이 경험해보지 못한 많은 변화가 일어나게 될 것입니다. 지능 시스템이 접목되며 기존의 제조 중심 산업 기반 위에 서비스 산업들이 활성화되고, 산업 원동력이 기계나 에너지 중심에서 디지털로 옮겨갈 것입니다. IoT와 인공지능이 접목하면서 새로운 경제성장과 창의적인 서비스 산업이 탄생할 것입니다. 이러한 변화로 우리 소비 활동도 기존의 구매 방식에서 구독 방식으로 바뀔 것입니다. 인터넷이나 소셜미디어를 통해 물건을 소유하는 대신 공유하는 시스템도 나타날 것입니다. 이처럼 인공지능은 사람의 삶을 편리하고 윤택하게 하는 지능화 사회를 만드는 데 큰 역할을 할 텐데, 이와 관련된 인공지능의 여러 기술이나 사례는 뒤에서 다루려고 합니다.

그런데 이런 긍정적 기대에 반해 인공지능을 우려하는 목소리도 있습니다. 인공지능처럼 뛰어난 첨단기술을 잘못 사용하면 그 피해 또한 매우 크게 됩니다. 누군가 나쁜 목적에 사용하려고 인공지능을 개발하거나 인공지능 스스로 잘못된 행동을 할 수도 있기 때문입니다. 이처럼 사람들은 인공지능 기술에 대해 긍정적인 기대와 동시에 부정적인 우려를 가지고 있습니다.

지능화 사회에서는 인공지능이 큰 역할을 하며 그동안 경험하지 못했던 새로운 일이 일어날 것입니다. 하지만 인공지능은 독자적으로 존재하는 것이 아니라 기존의 많은 기술, 서비스와 접목하며 사회 변화를 주도해갈 것입니다. 우리는 지능화 사회 진입의 초기에 있으며, 앞으로 사회가 어떻게 발전할지는 우리가 미래사회에서 인공지능이 어떤 역할을 하게 하느냐에 달렸습니다.

우리 곁에 와 있는 인공지능

어느덧 우리 가까이 다가온 인공지능.
우리는 얼마나 인공지능과 친숙해졌을까?

인공지능이라는 말은 이제 우리에게 매우 익숙하게 느껴집니다. 여러 매체에서 일상적인 말로 사용하고 있고, 많은 기업도 인공지능을 앞세워 홍보에 열을 올립니다. 여러 국가 또한 대대적인 투자 계획과 함께 세계적 수준의 인공지능 강국으로 발전하겠다는 원대한 포부를 발표했습니다.

인공지능이 일반인에게 널리 알려진 계기 중 2016년 한국에서 열린 이세돌 9단과 인공지능의 바둑 대국이 있습니다. 여기서 사람이 알파고에게 1:4로 패하면서 한국뿐만 아니라 전 세계에 큰 충격을 주었습니다. 해외 언론에서도 인공지능 알파고와 사람의 경기를 크게 보도하면서 인공지능의 존재감을 전 세계에 과시하는 중요한 계기가 되었습니다.

▪ 현재 활용되는 인공지능의 종류 ▪

주변을 살펴보면 인공지능은 이미 많은 분야에서 활용되고 있습니다.

자연어 처리

인터넷에는 언어를 무료로 번역해주는 서비스가 있는데, 그 수준이 날로 발전하고 있습니다. 요즘은 영어 이외에 중국어, 일본어, 프랑스어, 독일어 등 다양한 언어를 한국어로 번역해 외국어를 몰라도 해외 신문기사나 문서 내용을 간단하게 이해할 수 있습니다.

2021년 5월 기준 구글 번역기는 109개 언어를 지원하며, 네이버의 파파고 번역기는 14개, 카카오톡의 번역기는 19개 언어 번역을 무료로 제공합니다. 각 회사의 자연어 처리 알고리즘과 학습 데이터 수준에 따라 번역의 정확도에 차이가 있지만, 간단한 문장을 번역해서 이해하는 데는 큰 어려움이 없습니다. 물론 복잡한 문장이나 긴 문장을 번역할 때는 결과가 어색할 때도 있지만 내용을 대략적으로 파악하는 데는 큰 도움이 됩니다. 요즘은 모바일 앱에서 음성을 듣고 실시간으로 번역해 발음까지 하는 앱도 많이 나왔습니다.

AI 스피커

스마트 어시스턴트Smart Assistant는 사람 음성을 듣고 날씨, 오늘 업무, 노래 듣기, 스포츠 경기 확인 등 간단한 답을 해주는 전자기기로 여러 회사에서 앞다투어 제품을 출시하고 있습니다. 초기에는 음성 인식이 제대로 되지 않거나 엉뚱한 답변을 하는 등 문제점이 있었지만, AI 스피커 내부의 소프트웨어 알고리즘과 IT기술의 성능이 발전하면서 이제는 사람 말을 제대로 알아듣고 적절한 정보를 제공합니다. AI 스피커 기능은 차량 내부에도 장착되어 운전자가 별도 버튼 조작 없이 음성으로 명령을 내리면 창문을 내리거나, 목적지를 변경하거나, 음악이나 라디오를 재생합니다. 아직은 단순한 명령에 따라 작동해서 활용 범위가 좁지만 갈수록 복잡한 명령도 처리하고 제공하는 정보의 범위도 늘면서 활용 범위가 넓어지고 있습니다.

자율주행

자동차에도 인공지능 기능을 장착해 차량 주변의 사람이나 차선을 인식하고 스스로 운행하는 자율주행 능력이 발전하고 있습니다. 차량 속도를 일정하게 유지하고 앞차와 간격이나 차선을 유지하는 데서 나아가 미래에는 교차로에서 좌회전이나 고속도로에서 진입을 스스로 하고 전방의 사람이나 물체를 피해 목적지까지 안전하게 운행하는 수준 높은 자율주행도 가능해질 것입니다. 자율주행을 하면 운전자는 차 안에서 운전 이외에 업무를 보거나 잠시 쉴 수 있습니다. 이제 차량은 운송수단뿐만 아니라 업무 공간 또는 엔터테인먼트 공간으로 변하게 됩니다.

물체 인식

물체 인식은 인공지능이 우수한 성능을 보여줄 분야로, 사람 얼굴뿐만 아니라 카메라에 잡히는 다양한 물체가 무엇인지 정확히 인식해 여러 분야에 활용됩니다. 사람 얼굴을 인식해 건물 출입을 허가하거나 신분을 확인해 은행 업무를 보게 해줍니다. 손으로 쓴 글자를 인식하는 기술은 문서나 서류를 전자문서로 변환해 편리하게 관리하도록 해줍니다. 빠르게 움직이는 물체를 인식하는 기술은 스포츠 경기에서 공의 움직임을 추적해 공정하게 판정하도록 해줍니다.

이메일 스팸 처리

이메일을 사용하면 스팸메일이 많이 들어오는데, 이때 인공지능이 중요한 메일과 스팸메일을 자동으로 구분해 읽어야 할 메일만 메일 보관함에 저장해줍니다. 스팸메일은 광고메일이나 나쁜 의도로 보내는 피싱 이메일 등 종류가 많은데, 2019년 한 해 전 세계에서 발송된 메일의 약 50%는 스팸메일로 추정합니다. 전 세계 이메일 사용자 39억 명이 약 147억 개 스팸메일을 수신한 것으로 분석하는데, 만약 인공지능의 도움이 없었다면 우리는 중요한 메일과 스팸메일을 일일이 구분해야 하는 불편을 겪었을 것입니다.

개인 맞춤형 추천

요즘은 많은 사람이 스트리밍으로 음악을 듣거나 취향에 맞는 영화를 감상하고, 인터넷에서 관심 있는 물건이나 필요한 물건을 구입합니다. 이러한 정보는 해당 서비스를 제공하는 회사의 데이터로 저장되어 고객이 어떤 취향의 미디어나 물건을 소비하는지 인공지능이 분석해서 고객에게 추천합니다. 인터넷 쇼핑의 경우 생일, 결혼

기념일, 졸업식 등 특정 이벤트 정보를 학습해 적절한 물건을 추천하고, 은행 시스템과 연결된 경우 은행 잔고 금액 이상의 물건은 추천하지 않는 똑똑한 서비스도 나오고 있습니다.

스마트 교통통제

앞서 인공지능 기술이 활용되는 분야를 간단히 소개했지만, 이번에는 구체적인 사례를 살펴보겠습니다. 도시 밀집도가 높아질수록 교통 흐름은 느려져 사회적 비용도 많이 내고 있습니다. 이러한 문제를 해결하려고 인공지능을 활용합니다. 같은 도로라도 아침 출근시간과 저녁 퇴근시간의 교통량이 다르고, 평일과 주말의 교통량이 다릅니다. 만약 어떤 지점에서 갑자기 교통사고가 나면 주변 교통이 크게 혼잡해집니다. 도시 내의 우회도로는 많으나 특정 도로에 교통량이 몰리면 차량 운행 속도는 느려질 수밖에 없습니다.

이러한 문제를 해결하기 위해 교통 감시 카메라에 인공지능을 장착해 어떤 날씨 환경에서도 현재 교통량을 측정하고 이 정보를 중앙센터로 보내면 중앙센터의 인공지능이 앞으로 교통량을 예측해 미리 차량을 분산 우회시키는 것입니다. 중앙센터에 있는 인공지능은 도시 전체 도로 정보를 지식으로 가지고 있으며, 현재 교통량을 기준으로 시뮬레이션하면 앞으로 5분 또는 10분 후 어느 지점에 교통 정체 현상이 일어날지 예측할 수 있습니다. 교통 혼잡을 방지하려면 현재 교통량을 어느 도로로 분산해야 하는지 시뮬레이션할 수 있고 이 정보를 기반으로 교통 안내를 할 수 있습니다.

그림 2-6 **인공지능으로 모니터링하는 교통량 ©Traffic Vision**

인공지능은 지하철이나 열차의 배차 간격, 항공기 취항 편수 할당, 선박 운행 노선 지정 등 교통 분야에서 다양하게 활용됩니다. 시간별, 계절별로 변하는 승객 수나 운송량을 참고해 시뮬레이션하면 어떻게 운영하는 것이 가장 좋은지 인공지능이 판단하고 가장 효율적인 방법을 제시합니다. 단순히 교통 운영뿐만 아니라 언제쯤 어떤 도로나 노선을 새로 개설해야 하는지 예측 정보도 제공해줍니다.

시각장애인에게 도움이 되는 서비스

시각장애인은 외출하기가 매우 불편합니다. 도시에는 위험한 교통이나 장애물이 많아서 안내견이나 주변의 도움 없이 혼자 외출하면 위험합니다. 구글에서는 맵Map 정보를 이용해 시각장애인이 외출하여 어떤 목적지로 이동할 때 구체적인 이동 정보를 핸드폰 음성으로 알려줍니다. 구글 맵 정보를 기반으로 몇 미터 앞에 계단이 있는지, 몇 미터 가서 우회전해야 하는지 등 아주 구체적으로 알려주어 시각장애인이 편리하게 목적지로 갈 수 있도록 합니다. 이 기능이 활용되면 시각장애인뿐만 아니라 여행자들도 낯선 도시에서 자신이 원하는 목적지로 정확하게 갈 수 있습니다.

위의 다양한 사례에서처럼 이미 우리에게 익숙한 것도 있지만 미처 깨닫지 못한 서비스도 있고, 앞으로 더 많은 제품이나 서비스가 나올 것입니다. 많은 기업이 인공지능 기술을 널리 활용하는데, 4차 산업혁명의 스마트 공장에서는 복잡한 생산 과정에 인공지능을 도입해 저렴한 비용으로 품질이 높은 물건을 생산합니다. 의료 분야에도 인공지능이 활발히 사용되는데, 새로운 약을 개발하는 복잡한 과정뿐 아니라 병원에서 CT나 MRI 등 의료 영상 정보를 판독하는 데 사람보다 더 뛰어난 경우도 있습니다. 많은 기업이 경쟁적으로 인공지능 기술을 도입하고 대대적으로 투자하면서 인공지능 기술은 계속 발전하며 우리 삶을 편리하고 윤택하게 하는 데 크게 기여할 것입니다.

▪ 인공지능을 우려하다 ▪

하지만 이러한 긍정적 관점 이면에는 우려와 걱정도 있습니다. 인공지능 기술이 발전하여 사람의 능력을 뛰어넘게 되면 과연 사람과 인공지능의 관계는 어떻게 될지, 인공지능이 사람 업무를 대신해 많은 사람이 직업을 잃어버리는 것은 아닌지, 미래에는 인공지능이 사람을 통제하고 지배하는 것은 아닌지 수많은 우려의 목소리도 나옵니다. 더구나 누군가 인공지능을 나쁜 목적으로 활용해 사람들에게 큰 피해를 주지는 않을지 걱정이 앞서는 것이 사실입니다. 이러한 우려의 일부는 충분히 가능성이 있는 일이지만 부풀려진 것도 있습니다.

이밖에 인공지능 수준이 날로 발전해 사람처럼 의식과 감정을 갖는 경우에 인공지능을 더는 기계가 아니라 인격체로 존중해야 하는지, 인공지능이 스스로 잘못했을 때 누구에게 책임을 물을지, 인공지능도 권리가 있는지, 사람 대신 일하는 인공지능에 월급을 줘야 하는지, 그렇다면 인공지능에도 세금을 부과할 수 있는지 등 이때까지 우리가 경험해보지 못한 복잡한 문제가 발생할 수 있습니다.

인공지능 윤리(AI Ethic)

이러한 우려에 대해 많은 사람이 연구하고 대응 방안을 만들고 있습니다. 일부 국가에서는 인공지능 연구·개발자가 준수해야 하는 윤리나 규칙을 정하고 있고, 인공지능 제품을 생산하는 기업이 반드시 준수해야 하는 법규·처벌 규정 등을 만들고 있습니다. 그래서 인공지능 같은 첨단기술이 사람들의 생활을 윤택하게 하고 도움이 되게 개발되도록 참여하는 모든 사람에게 윤리와 규범교육이 강조됩니다. 기술적으로는 인공지능을 개발할 때 주어진 목적이나 활용 범위에서 벗어나 작동하지 않도록 다양한 안전장치를 같이 설계해서 사람들에게 피해를 주지 않게 합니다.

인공지능 무기

인공지능 기술은 과거부터 비밀리에 무기체계나 국방 분야에 활용되었지만 주로 전쟁을 지원하는 업무에 활용되거나 제한적인 범위에서만 사용되었습니다. 하지만 최근에는 무인 드론을 이용한 공격 등 사람이나 시설물을 직접 파괴하는 데 사용됩니다.

미국, 러시아, 중국 등 많은 국가에서 인공지능을 이용해 무기체계를 개발하겠다고 공언하는 만큼 전쟁의 개념도 사람 간의 전투에서 무인 기계들 간의 전투로 점차 바뀌고 있습니다. 실제 전쟁에서 인공지능이 활용되면서 많은 사람이 치명적인 위협이 될 수 있는 인공지능 기술 사용을 자제하자고 주장하지만 무기 체계 개발은 국가 안보와 생명이 달린 문제인 만큼 서로 양보하려 들지 않습니다. 그래서 일부에서는 인공지능이 미래 인류를 위협할 핵폭탄, 화학무기와 더불어 제3의 무기가 될 거라고 우려합니다.

공부와 시험을 감독하는 인공지능

인공지능 기술은 학교생활의 여러 분야에 적용됩니다. 학습 효과를 높이는 부분에도 활용되지만, 시험감독이나 수업 중 집중하는지 모니터링하는 데도 사용됩니다. 코로나19의 영향으로 대학에서 온라인 수업이 늘어나고, 온라인 시험과 과제물 제출이 부쩍 늘고 있습니다. 이런 변화로 본인 확인이나 부정시험, 부정과제물 제출에 대한 우려가 커지는데, 일본에서는 온라인 시험을 볼 때 학생의 얼굴을 인식해 신분을 확인할 뿐만 아니라 시험 중 부정행위를 하는지도 인공지능으로 판별하는 기술을 개발했습니다. **그림 2-7**에서 보듯 중국 초등학교에서는 선생님 설명에 집중하는지 파악하려고 수업

그림 2-7 **뇌파 측정기를 착용하고 수업을 듣는 학생들 ©The Wall Street Journal**

중인 학생들에게 뇌파 감지 헤드셋을 착용하게 합니다. 학생들의 뇌파 신호가 선생님의 중앙 컴퓨터로 전송되면 인공지능이 어떤 학생의 집중도가 떨어지는지 파악합니다. 그리고 이 데이터를 시험 성적과 비교해 선생님이 학생 지도에 활용하도록 정보를 제공합니다. 물론 이런 시스템은 현재 개발단계에 있으며 효용성이 있는지는 계속 연구하고 있습니다.

긍정적인 효과를 얻으려고 인공지능 기술을 개발하는 경우 많은 연구와 투자가 장려될 것입니다. 반면 부정적인 기술 활용에는 다양한 윤리와 규제 그리고 국가 간 협약이 논의되고 제도로 하나씩 정립될 것입니다. 이제 우리 사회는 인공지능이라는 첨단기술을 받아들일 준비를 해야 합니다. 미래의 인공지능은 지금보다 월등히 우수한 성능을 발휘할 테고, 점차 사람 수준의 지능을 가지고 우리와 같이 생활할 것입니다. 따라서 우리도 인공지능을 우리 사회 일원으로 받아들이려면 어떤 준비를 해야 하는지 생각해봐야 합니다.

인공지능은 사람인가?

사람일까, 사람인 척하는 것일까?
아니면 사람이 되고 싶은 것일까?

인공지능은 그 말이 의미하듯 지적 능력이 있는 시스템을 만드는 것입니다. 일부 인공지능 기술은 사람의 지적 능력과 차이가 없거나 뛰어난 성능을 보일뿐더러 엄청난 규모의 데이터를 학습하면서 성능이 날로 발전하고 있습니다. 그런데 시스템이 지능적인 동작을 한다고 해서 사람과 같다고 할 수는 없습니다. 인간은 매우 복잡한 존재로, 주변의 다양한 정보와 상황을 인식하고 이를 기반으로 생각과 판단을 거쳐 행동에 옮깁니다. 이 과정에서 자아의식과 자유의지가 관여하거나 감정을 느끼기 때문에 지능적인 동작 이외에 정신적 활동에도 영향을 받습니다.

▪ 사람이란 무엇인가? ▪

'미래의 인공지능은 사람과 같은 수준에 도달할 수 있을까?' 이 복잡한 질문에 답하려면 먼저 사람이 무엇인지 정의해야 합니다. 사람에게는 다양한 특성이 있는데, 기본적인 삶에 필요한 욕구도 있고, 다른 사람과 차별화하고 성공하려는 욕망도 있습니다. 유아기에는 주변 자극에 단순히 반응하며 성장하지만 학습하면서 반응 수준이 점차 높아집니다. 점점 언어를 배우고 주변 사람들과 소통하며 많은 지식을 습득하는 동시에 호기심과 탐구력을 키워갑니다. 논리적인 생각을 키우고 친구들과 어울리면서 간접 경험을 하며, 청소년기를 거치면서 자아의식, 자유의지, 책임감을 배웁니다. 친구들을 돕고 배려와 사랑도 배우지만 동시에 남을 미워하고 시기하며 자기 이익만 챙기려는 이기적인 마음도 생깁니다. 사람은 학습하지 않은 것도 지식이나 경험에 비추어 판단할 수 있고 상식도 생깁니다.

사람은 단순히 지적인 행동만 하지 않고 정신적 활동을 복합적으로 하는 고도의 지적인 생명체입니다. 그래서 인공지능도 사람처럼 지적인 능력과 함께 복잡한 정신적 활동을 하도록 만들 수 있을지는 매우 조심스럽고 복잡한 질문입니다.

▪ 인공지능의 지적 능력은 어디까지일까? ▪

사람의 지적 행동은 오감(시각, 청각, 촉각, 미각, 후각)을 이용해 주변 환경을 인지하고, 목적을 달성하려면 어떻게 해야 하는지 생각·추론·판단해 이를 실행하는 과정입니다. 인간의 오감은 인공지능 시스템에서도 활발하게 연구·개발되고 있습니다. 시각은 컴퓨터 비전 기술에서 오래전부터 연구·개발되고 있고, 청각은 오디오 신호 센서 기술 분야에서 연구되고 있습니다. 촉각, 미각, 후각 센서 기술도

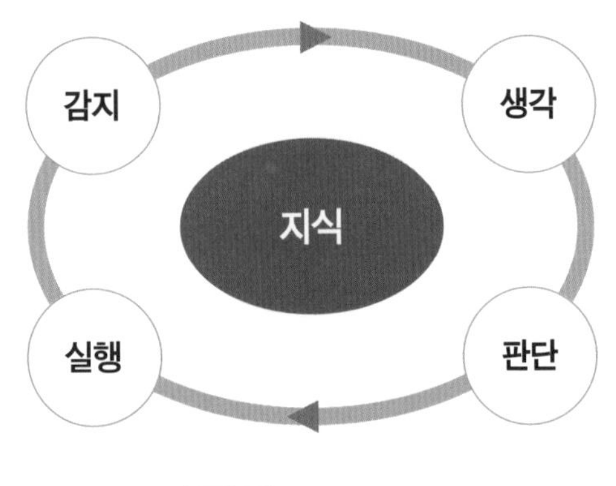

그림 2-8 인간의 지적 능력

연구가 많이 진행되어 있습니다. 오감 중에서 상대적으로 풍부한 정보를 제공하는 시각과 청각 기술은 매우 발달했고, 수집된 센서 정보를 분석해 상황을 정확하게 인식하는 소프트웨어 기술도 많이 발전했습니다.

먼저 지식을 컴퓨터가 이해할 수 있는 표현 방식으로 바꾸는 연구가 많이 진행되었고, 크기가 엄청난 데이터를 활용하는 기계학습 기법도 많이 발전했습니다. 알파고 사례처럼 딥러닝 기술은 특정 분야에서 거뜬히 사람을 이기는 수준까지 도달했습니다. 하지만 현재 인공지능 기술은 대부분 특정 분야에만 사용할 수 있고, 여러 분야에서 동시에 활용하기에는 아직 부족합니다.

예를 들어 사람은 바둑을 두고, 외국어 뉴스를 읽고, 운전을 하며, 친구 얼굴을 알아보고 대화를 하는 등 여러 지적인 활동을 할 수 있습니다. 하지만 바둑 게임에서 승리한 알파고는 다른 게임에 활용하려면 기계학습을 다시 시켜야 합니다. 자율주행에 사용되는 인공지능 알고리즘을 다른 분야에 적용하려면 내부 소프트웨어 구조를 변경하거나 기계학습을 다시 시켜야 합니다. 현재 인공지능은 적용하는 분야 이외에서 활용하는 데 문제가 많습니다. 인공지능은 특정 문제를 해결하는 데는 사람보다 뛰어난 성능을 보이지만 다른 문제를 해결하는 데는 지적 능력이 많이 떨어집니다.

이처럼 사람의 두뇌는 매우 다양한 문제를 생각하고 문제를 해결한다는 점에서 인공지능과 차이가 큽니다. 하나의 인공지능 시스템이 여러 문제를 해결하게 하려는 연구가 많이 진행되었지만 문제 특성이 다양해질수록 기술적으로 풀어야 할 어려운 점이 많아집니다.

인공지능의 생각 능력 또는 추론이 과연 사람 수준까지 도달할지에 대해서는 논란이 많습니다. 언젠가는 충분히 가능할 거라는 의견과 사람의 생각 능력은 상상 이상으로 복잡해서 이를 개발하기는 불가능할 거라는 의견이 팽팽하게 맞서고 있습니다.

▪ 사람이 인식하는 외부 세계의 모델 ▪

과학에서 모델Model은 현실세계를 설명하는 개념적 정보입니다. 모델의 종류는 매우 다양하며 개념적 정보가 많아서 현실세계를 잘 설명해주는 모델도 있고, 정보가 부족해 현실세계를 잘 설명하지 못하는 모델도 있습니다. 비록 우리가 인식하지는 못하지만 사람 두뇌에도 현실세계에 대한 모델이 많고, 지적 사고를 하는 과정에 모델이 미치는 영향은 매우 큽니다.

예를 들어 낯선 사람을 만나 대화할 경우와 친한 친구와 대화하

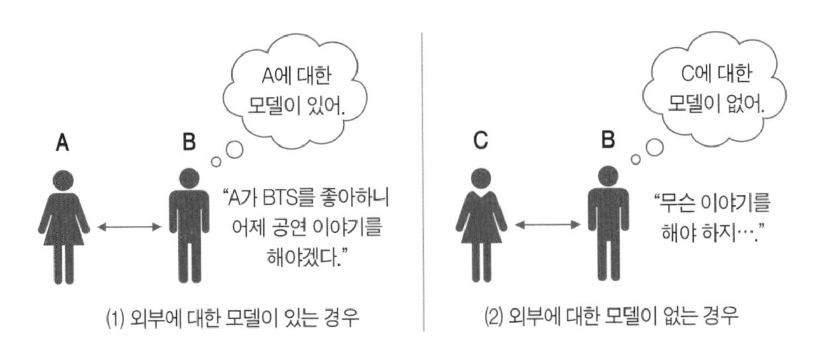

그림 2-9 **외부 환경에 대한 모델이 지적 행동에 미치는 영향**

는 수준이 다른데, 이는 대화 상대방에 대한 모델(배경, 취미, 관심사 등 상대방 정보)을 얼마나 가지고 있느냐에 따라 달라집니다. **그림 2-9**처럼 상대방에 대한 모델 정보가 없으면 지적인 대화를 나누기 어렵고, 단편적인 이야기만 할 수 있습니다. 반면 상대방에 대한 정확한 모델이 있으면 오랜 시간 대화할 수 있으며, 내가 하는 행동에 대해 상대방 반응을 예측할 수도 있습니다.

단지 대화뿐만 아니라 주변 환경에 대한 모델 여부에 따라 지적 행동에도 큰 영향을 줍니다. 예를 들면 우리가 잘 아는 동네에서 하는 행동과 낯선 동네에서 하는 행동에는 차이가 있습니다. 우리 머릿속에 주변 환경에 대한 충분한 정보가 담긴 모델이 있으면 행동하기가 훨씬 편해집니다. 그런데 잘못된 정보를 담고 있는 모델은 우리가 적절하게 행동하는 데 큰 어려움을 줄 수 있습니다. 지적인 행동을 하려면 주변 환경에 대한 다양한 모델을 가지고 있어야 하는데, 인공지능 시스템이 세상의 많은 지식을 모델로 학습하고 저장하는 것이 가능한지는 여전히 논란이 많습니다.

그림 2-10 인공지능은 사람인가? 영화 〈2001 스페이스 오디세이〉

공상과학 영화는 인공지능이 모델을 가지면 얼마나 강력해지는지 보여줍니다. 1968년 영화인 〈2001 스페이스 오디세이〉에서는 먼 우주를 탐사하는 우주선에 비행사를 도와주도록 인공지능 '할'이 탑재됩니다. 이 인공지능에는 복잡한 탐험 업무를 도울 수 있는 과학 지식과 우주선 조종 지식이 저장되어 있는데, 어느 순간 인공지능 시스템이 탑승한 우주비행사에 대한 학습을 시작합니다. 비행사들이 임무를 수행하려고 인공지능에 자주 명령을 내리는 과정에서 인공지능이 각 비행사의 역할, 취미, 성격, 장점, 약점 등 다양한 정보를 학습하면서 비행사들에 대한 모델을 만들어갑니다.

이후 인공지능은 우주선을 탈취하려고 비행사들을 속이기 시작합니다. 점차 비행사들의 명령을 듣지 않을뿐더러 오히려 사람을 지배하려고 합니다. 이를 눈치챈 우주 비행사들이 인공지능 시스템의 전원을 끄려고 하지만, 각 비행사 개인 모델을 가지고 있는 인공지능은 이 계획을 알아채고 비행사들의 행동을 예측해 자신을 방어합니다. 인공지능이 비행사들의 모델 지식을 보유하면서 자기 목표를 이루기 위해 뛰어난 지적인 행동을 하고 사람의 생각과 행동을 예측하는 능력도 갖게 된 것입니다. 영화는 몇몇 비행사가 목숨을 잃고 인공지능도 전원이 꺼지는 것으로 마무리되지만, 이처럼 인공지능이 모델을 보유하는 순간 지적인 능력의 수준은 한 단계 높아집니다.

인공지능 분야에서 모델은 중요한 개념으로 특정 분야에 대한 모델을 만들어 활용하며 지적 능력을 높이려는 노력이 진행중입니다. 최근 개발된 GPT-3라는 시스템은 영어의 복잡한 체계를 모델로 만든 것으로, 이를 개발하는 데 엄청난 금액이 투입되었습니다. 사람의 언어 능력에 버금가는 뛰어난 성능을 보이기 때문에 범죄에 이용되지 않을까 우려되어 엄격히 관리하고 있습니다.

▪ 고도의 지적 능력, 상식 ▪

사람은 과거의 축적된 경험이나 지식을 기반으로 학습하지 않은 내용도 알 수 있고, 학습하지 않더라도 주변 환경을 일반적으로 이해하는 지식이 있습니다. 유치원생 수준의 어린아이도 기울어진 책상에서 사탕이 모서리로 굴러가면 바닥에 떨어지기 전에 손으로 잡으려고 합니다. 중력법칙, 물체의 운동법칙, 표면의 마찰력, 물체의 낙하운동 등 다양한 물리학을 배운 적도 없는 어린아이가 어떻게 사탕이 굴러가 모서리를 지나면 바닥에 떨어진다는 걸 알까요? 이는 아이가 물리학을 배우지 않더라도 그동안 보거나 경험한 것으로부터 아이 나이에 맞는 상식Common Sense이 형성되기 때문입니다.

인공지능도 이처럼 학습하지 않은 것에 지적 능력을 발휘할지에 대한 연구가 진행되고 있습니다. 현재 인공지능도 기계학습에 포함되지 않은 것에 대해 일부 지적 능력을 발휘하는 수준까지 이르렀지만, 아직은 그 범위가 제한적이며 학습 범위를 벗어날수록 지적 수준은 현저히 떨어집니다.

일반적으로 기계학습은 한 분야의 데이터 수천 건에서 수만 건을 가지고 학습하지만, 사람은 이보다 훨씬 적은 정보로 학습하고 정보 분야도 매우 다양합니다. 아직 인공지능은 사람이 지닌 고도의 학습 능력을 따라가지 못합니다.

어른이 되면 상식의 범위나 수준도 넓어지는데, 상식은 일반적으로 개괄적이고 추상적인 지식이어서 명확히 표현하기가 어렵습니다. 하지만 사람은 어떤 일이 발생하면 학습하지 않았어도 아주 구체적으로 행동하고 반응하는 지적 능력을 가지고 있습니다. 인공지능도 학습하지 않은 내용에 대해 스스로 지식을 만들어 외부 환경에 반응하는 것이 가능한지에 대한 연구가 진행중입니다.

■ 자신을 인식하는 자아의식 ■

자아의식Self-consciousness은 외부의 모든 관계나 영향을 제외하고 자기 내면의 마음을 성찰하며 자신을 인식하는 것입니다. 사람은 어떤 행동을 하게 되면 이에 대한 자부심, 기쁨, 희망, 실망감, 자책감, 죄책감 등 다양한 감정을 느끼게 됩니다. 이런 감정이 사람의 다음 행동에 영향을 줍니다. 사회 구성원으로 살아가는 사람은 성장하려고 노력하지만, 남에게 피해를 주지 않고 안정적인 사회의 일원이 되려면 지켜야 할 윤리의식을 가지고 있습니다. 지적인 행동을 하더라도 자아의식이 없다면 죄책감을 느낄 수 없고, 남에게 피해를 주는 행동을 스스럼없이 해서 사회에 큰 문제가 될 수 있습니다.

동물들 중에도 수준은 낮지만 지적 능력을 지닌 것이 있어서 지능만 가지고 사람과 동물을 구분하는 데는 한계가 있습니다(사람의 지능이 동물의 지능보다 훨씬 고도화된 것은 사실입니다). 동물의 자아의식은 매우 낮은 수준이며 대부분 욕구대로 행동합니다. 이 경우 동물적 행동이라고 하며, 자아의식이 결여된 사람은 지성적인 사람이 하는 행동보다는 동물적인 행동에 더 가까운 모습을 보여줍니다. 즉 사람과 동물을 구분하는 기준은 여러 가지지만 지적인 능력과 더불어 자아의식 여부가 중요한 차이점입니다. 이 때문에 사람은 스스로 판단하고 행동한 결과에 책임을 지게 됩니다.

현재 인공지능 시스템이 잘못 작동할 경우 개발자나 제조한 회사에 책임을 묻습니다. 그런데 인공지능이 자아의식을 가질 수 있으면 사고가 생겼을 때 인공지능에 책임을 물을 수 있습니다. 현재 많은 연구자 사이에서 인공지능도 자아의식과 다양한 감정을 가질 수 있는지를 논의하고 있습니다.

▪ 인공지능의 미래 ▪

많은 사람이 미래의 인공지능은 사람처럼 스스로 판단하고 행동하게 될 거라고 예측합니다. 지금 당장의 기술력으로는 이것이 불가능하겠지만 컴퓨터와 소프트웨어 기술이 계속 발전하므로 사람의 능력에 더 근접한 인공지능이 출현할 거라는 예측이 나오고 있습니다. 인공지능 기술의 영향력은 그동안 우리가 보아왔던 다른 기술보다 훨씬 클 거라서 많은 사람이 기대와 동시에 우려를 하고 있습니다.

사람들은 '미래의 인공지능은 과연 사람처럼 행동할 수 있을까' 하는 질문을 던지는데, 사실 우리 스스로 '과연 우리는 미래의 인공지능을 사람처럼 만들고 싶은가?'라고 반문해야 합니다. 인공지능은 사람이 연구하고 개발합니다. 인공지능의 수준을 어디까지 발전시킬지는 사회적 공감대가 형성되어야 합니다. 그렇지 않으면 통제되지 않은 기술로 인류가 피해를 보는 상황이 생길 수 있으며, 이는 기술이 잘못되었다고 하기보다는 잘못된 기술을 개발하고 활용한 사람의 책임이 더 크다고 할 수 있습니다.

QUESTION

- 인공지능은 어떤 학습능력을 가졌는가?
- 신경회로망과 같은 인공지능은 어떻게 발전하는가?
- 학습기능을 갖춘 인공지능은 어떤 분야에 활용되는가?
- 학습능력이 있는 인공지능의 한계는 무엇이고 앞으로 어떻게 될까?

PART 3

학습 기능을 갖춘 컴퓨터

머신러닝의 작동 원리와 유형

기계가 학습을 한다고?
충분히 가능한 이야기, 하지만 점수는 아직….

머신러닝Machine Learning은 인공지능 기술 중 활발하게 연구되는 분야로, 실생활이나 산업에서 많이 활용됩니다. 머신러닝이라는 말이 의미하는 것처럼 이 기술은 기계(머신), 구체적으로는 소프트웨어 알고리즘이 입력되는 데이터를 학습한 후 유사한 문제를 해결하는 것입니다. 규칙기반 인공지능이 '~이면IF, ~이다THEN'라고 프로그램에서 지식을 정의하는 것과 달리 머신러닝은 프로그램 내부에 구체적으로 어떻게 하라고 로직Logic을 지정하지 않습니다. 그 대신에 입력되는 데이터로 스스로 학습하도록 복잡한 알고리즘이 프로그래밍되어 있고, 다양한 입력 데이터를 학습하게 됩니다.

머신러닝은 1959년 IBM에 근무하던 유명한 컴퓨터 과학자 아서 사무엘Arthur Samuel이 처음 그 개념을 소개했습니다. 이후 많은 사람이 발전된 알고리즘을 연구·개발해 현재는 다양한 종류가 있습니다. **그림 3-1**처럼 머신러닝은 인공지능의 한 분야이고, 다음 장에서 살펴볼

그림 3-1 **인공지능과 머신러닝, 딥러닝의 관계**

딥러닝은 머신러닝의 한 분야입니다. 세상에는 데이터가 엄청난 규모로 존재하는데, 이 데이터를 머신러닝 시스템이 학습해 문제를 해결하자는 것이 머신러닝의 목적입니다.

데이터를 활용하는 분석 프로그램에는 머신러닝 이전부터 데이터 마이닝Data Mining*이라는 다양한 분석기법이 있었는데, 이것이 지속적으로 발전하면서 머신러닝 또는 딥러닝 개발에 큰 도움이 되었습니다. 따라서 데이터 마이닝, 머신러닝과 딥러닝의 공통점은 소프트웨어 알고리즘이 데이터를 사용하는 것입니다.

머신러닝이 인기를 얻는 이유는 **그림** 3-2에서 보여준 것과 같이 매우 다양한 역할을 하기 때문입니다. 머신러닝을 사용하면 학습된 데이터를 기반으로 가까운 미래의 값을 예측할 수도 있고, 학습으로 지식을 습득할 수도 있으며, 사람의 의사결정에 도움이 되는 정보를 제공하기도 합니다. 학습된 데이터를 기반으로 어떤 정보를 기억할

* **데이터 마이닝** 데이터 속에 숨겨진 유용한 정보를 찾아내기 위해 실행하는 다양한 분석

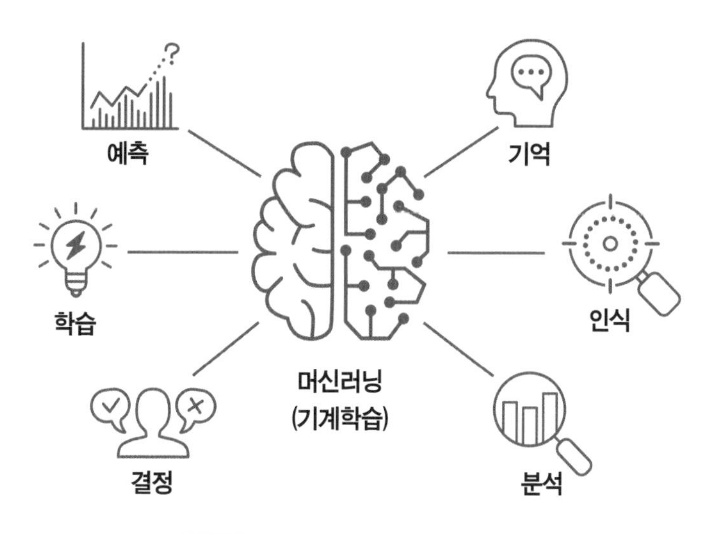

그림 3-2 **머신러닝이 활용될 수 있는 분야**

수 있고, 입력되는 정보가 무엇인지 인식하거나 다양한 분석을 하는 등 그 활용 여부는 무궁무진합니다. 하지만 경우마다 사용되는 머신러닝 기법은 조금 다르고, 사용하고자 하는 분야와 관련된 수천에서 수만 개 이상의 학습데이터가 필요할 수도 있습니다. 머신러닝은 학습하는 형태에 따라 **그림 3-3**처럼 크게 3가지로 구분합니다.

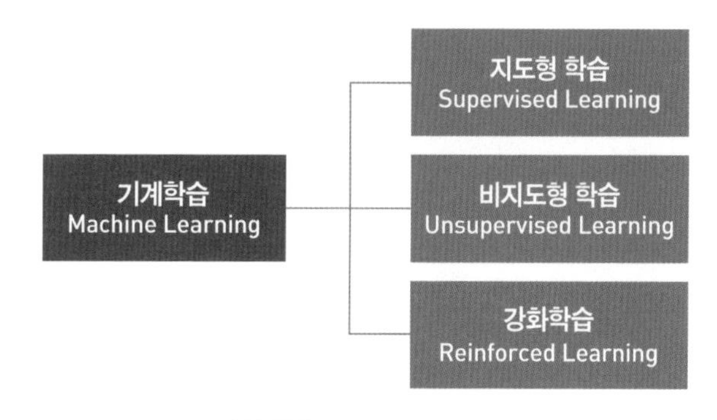

그림 3-3 **머신러닝의 형태**

▪지도형 학습▪

지도형 학습의 특징은 입력되는 데이터와 결과값Labeling을 정해 알고리즘을 학습시키는 것입니다. 그림 3-4에서는 개체별로 다양한 모습의 사진(입력 데이터)과 개, 고양이, 나비, 소, 토끼를 의미한다는 결과Label값을 미리 표시한 학습용 데이터를 준비합니다.* 이처럼 입력값에 따른 결과Labeling값을 정의한 학습용 데이터로 머신러닝을 시키는 것을 지도형 학습Supervised Learning이라고 합니다. 이때 머신러닝 알고리즘은 각 사진의 특징을 분석해서 어떤 경우에 개에 해당하고, 어떤 경우는 고양이에 해당하는지 학습하는 단계(그림 3-4의 A단계)를 거칩니다.

충분히 학습된 머신러닝 알고리즘을 개, 고양이, 나비, 소, 토끼 등을 인식할 수 있는 모델Model이라고 합니다. 적용 단계(그림 3-4의 B단계)에서 학습에 사용하지 않았던 개, 고양이, 나비, 소, 토끼 이미지를 입력하면 시스템은 정확하게 이미지가 무엇인지 인식하게 됩니다.

그림 3-4의 적용 단계 예시에서 볼 수 있듯이 치와와 사진과 머핀 사진은 매우 흡사해서 초기 머신러닝은 이를 제대로 분간하지 못하는 일이 있었습니다. 학습용 데이터가 충분하지 못하거나 머신러닝 알고리즘이 단순한 구조이면 성능이 떨어집니다. 이 때문에 정확한 학습용 데이터 준비가 지도형 학습 머신러닝에서 매우 중요하며, 오늘

---

* 학습용 데이터를 만들 때 각 입력값에 대해 출력값을 정의하는 것을 레이블링(labeling)이라고 함.

날에도 규모가 방대한 학습용 데이터를 준비하려고 노력합니다.

그림 3-4는 머신러닝의 개념을 간단히 설명한 것으로, 실제 사용되는 시스템은 수천 장에서 수만 장의 이미지 사진을 학습하며, 머신러닝의 내부 알고리즘도 매우 복잡합니다. 대용량의 데이터 학습에 필요한 시간은 짧게는 몇 시간에서 길게는 몇 주일이 걸릴 수 있기

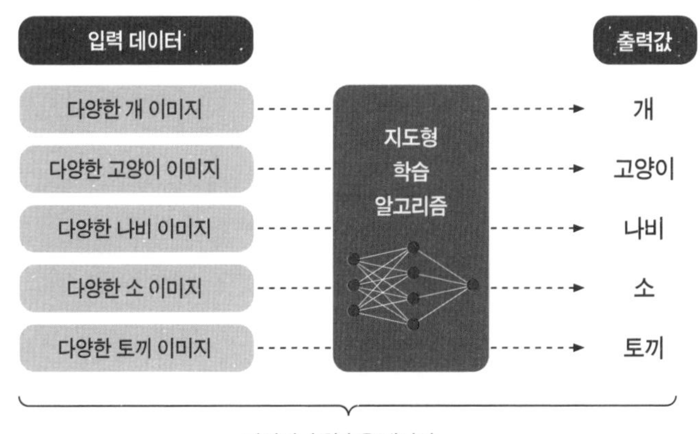

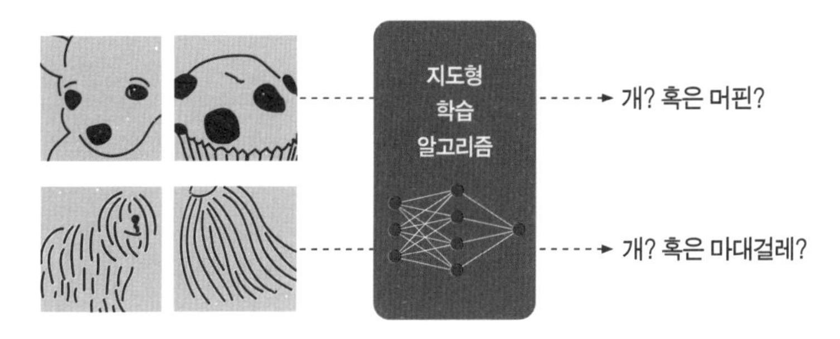

그림 3-4 **지도형 학습의 개념**

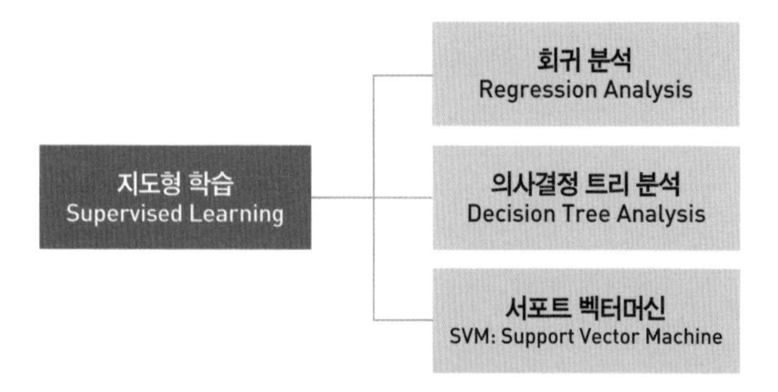

그림 3-5 **지도형 학습의 종류**

때문에 고성능 컴퓨터가 필요합니다.

지도형 학습에는 그림 3-5처럼 오래전부터 널리 사용되어온 회귀Regression분석, 의사결정 트리 분석, 서포트 벡터머신SVM: Support Vector Machine 외에 여러 가지가 있습니다. 실제 사용되는 알고리즘은 경우에 따라 매우 복잡하고 다양한데, 이 책에서는 간단한 개념만 소개하겠습니다.

회귀분석(Regression)

회귀분석은 샘플 데이터가 많을 때 이 데이터들을 대표할 수 있는 수식(함수식)을 찾는 것인데, 구체적으로는 독립변수가 종속변수에 미치는 영향을 확인할 때 사용합니다. 그림 3-6은 아주 간단한 회귀분석을 보여주는데, 독립변수 X의 변화에 따라 다양한 Y값이 존재합니다. 이때 수많은 점에서 독립변수와 종속변수의 관계를 함수식으로 표시하면 이 그래프처럼 됩니다.

그림 3-6의 예시는 점들이 상대적으로 집중 분포되어서 쉬운 사례이

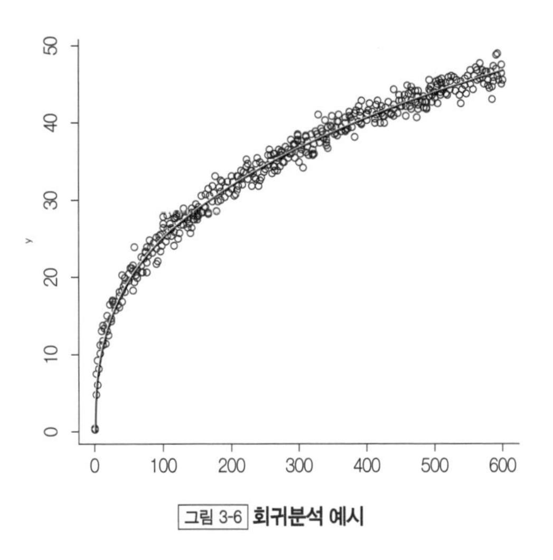

그림 3-6 **회귀분석 예시**

지만, 만약 많은 점이 넓은 면적에 분포되었을 때는 이들 관계를 나타내는 함수도 매우 복잡해지거나 회귀분석으로는 샘플 데이터를 제대로 표현하지 못할 수도 있습니다.

의사결정 트리(Decision Making Tree)

지도형 학습의 또 다른 형태로 의사결정 트리Decision Making Tree라는 알고리즘이 있습니다. 이는 **그림 3-7**처럼 어떤 상황의 조건에 따라 결과값을 나뭇가지 형태로 표시해 문제에 적용하는 것입니다. 이 방법은 어떤 조건에서 어떤 결과가 나오는지 정의하는 데이터가 많이 준비되어 있어야 의사결정 트리 알고리즘을 기계학습시킬 수 있습니다. 준비된 데이터가 충분하지 않으면 학습 효과가 떨어질 수 있으므로 충분하고도 정확한 학습 데이터를 준비해야 하는 것은 다른 머신러닝 기법과 동일합니다.

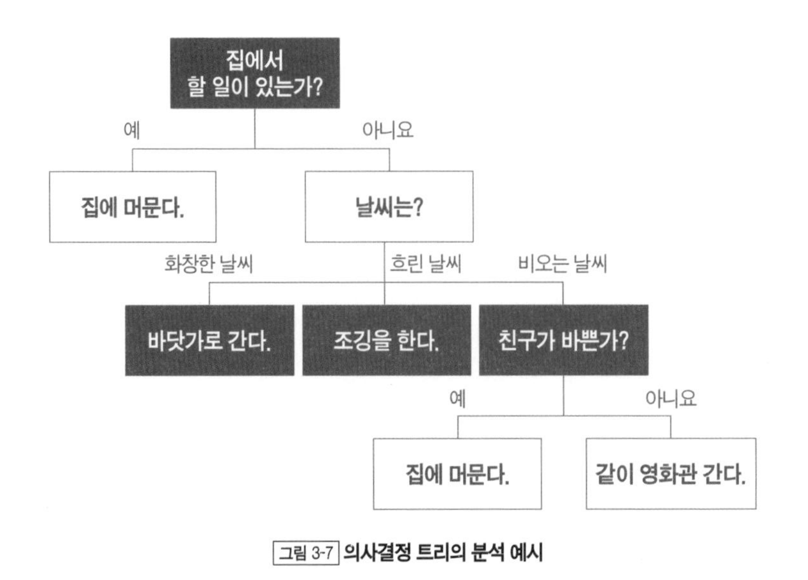

그림 3-7 의사결정 트리의 분석 예시

서포트 벡터머신(SVM: Support Vector Machine)

지도형 머신러닝의 또 다른 형태로 주로 데이터를 분류Classification하는 데 사용합니다. 유사한 부류의 데이터가 복잡하게 혼합되어서 위에서 설명한 회귀분석이나 의사결정 트리로 분석하기 어려울 때 사용되는데, 혼합된 데이터 군에서 성격이 유사한 데이터만 분류할 때 하나 또는 그 이상의 구분선을 정해서 적용합니다. 이는 다소 어려운 개념으로 데이터가 다양한 차원Multi-dimension으로 분산되어 있을 때 성격이 유사한 데이터를 구분하는 경계선을 찾아내는데, 경계선이 직선이 아닐 수도 있습니다.

지도형 학습의 공통점은 머신러닝에 사용할 데이터가 모두 입력값에 대응하는 결과값을 사람이 미리 정확하게 정의해야 한다는 것

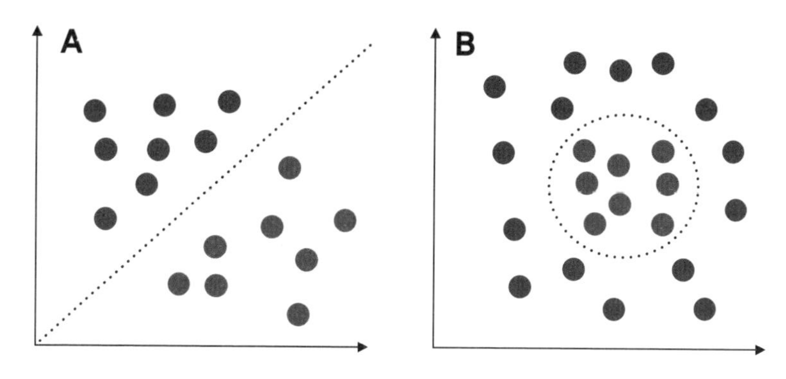

그림 3-8 서포트 벡터머신 예시

입니다. 즉 이런 입력값이 들어가면 이러한 출력값을 내라고 정의한 데이터를 활용해 알고리즘을 학습시키고, 학습이 완료된 알고리즘(모델)을 활용하면 어떤 값을 입력했을 때 정확한 출력값을 제시하게 됩니다. 즉 알고리즘의 성능은 얼마나 많은 규모의 잘 정리된 학습 데이터를 활용하는지에 달려 있습니다. 만약 학습할 데이터가 충분하지 못하거나 잘못된 데이터로 학습하면 머신러닝의 성능이 떨어지게 됩니다.

▪ 비지도형 학습 ▪

지도형 학습과 달리 비지도형 학습Unsupervised Learning 기법은 사용되는 데이터에 예상되는 결과값을 제공하지 않습니다. 지도형 학습에서는 다양한 고양이 사진을 기계학습에 입력할 때 사진마다 '고양이'라는 표시(결과값)를 정의해서 제공하지만, 비지도형 학습은 사진만 시스템에 제공합니다.

고양이, 개, 나비 등의 사진들을 같이 입력하면 알고리즘이 스스로 고양이 유형의 사진, 개 유형의 사진, 나비 유형의 사진 등을 자동으로 분류합니다. 하지만 비지도형 학습 시스템은 분류된 것이 고양이인지, 개인지, 나비인지는 알지 못하고 모양이 유사한 사진을 분류합니다. 분류된 결과를 놓고 고양이인지 개인지 구분하는 것은 사람이 하게 됩니다.

그림 3-9는 비지도형 학습의 예시를 보여주는 것으로, 개와 고양이

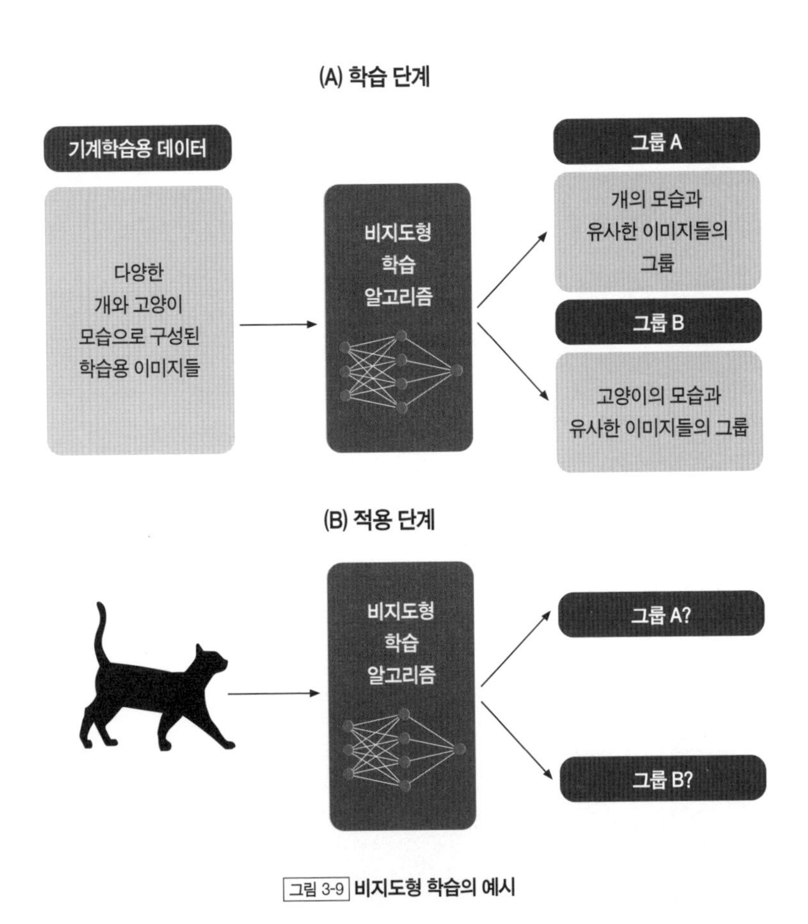

그림 3-9 **비지도형 학습의 예시**

사진들이 머신러닝의 입력 데이터로 제공되면 알고리즘이 유사한 외형을 보여주는 동물을 2개 그룹으로 구분합니다. 이 결과를 보고 어떤 것이 고양이이고 개인지 정의하는 것은 사람이 합니다.

이렇게 결과값Label 없이 입력 데이터만 제공하고, 머신러닝이 유형이 비슷한 데이터를 스스로 분류하는 것이 비지도형 머신러닝입니다. 수많은 데이터 또는 정보에서 성질이 유사한 사물을 분류하는 것은 어려운 일이며, 잘 정의된 비지도형 머신러닝은 정확하게 유형별로 데이터를 정리해주는 기법으로 군집분석Classification Analysis이라고 합니다.

■ 강화학습 ■

강화학습Reinforcement Learning은 시스템이 많은 시행착오를 거쳐 학습하는 기법으로, 각 시행의 결과값이 목표 대비 차이에 따라 상응하는 보상을 받는 구조입니다. 강화학습은 학습용 데이터를 사용하는 대신 어떤 환경Environment을 먼저 정의하고 행동Action, 상태State, 보상Reward을 사용해 학습하는 형태로 진행됩니다. 여기서 환경은 해결하고자 하는 문제로, 그림 3-10처럼 로봇이 복잡한 미로를 빠져나가게 학습시키는 경우에는 구조가 복잡한 미로가 환경이 됩니다.

로봇이 미로를 빠져나가기 위해 다양한 경로로 주행을 시도하는데, 출구를 찾은 경우와 찾지는 못했지만 거의 근접한 경우, 출구와 전혀 다른 방향으로 진행한 경우 등 다양한 시행착오를 겪게 됩니다. 여러 시행 중에서 출구를 찾는 데 좋은 경로이면 이에 상응하는

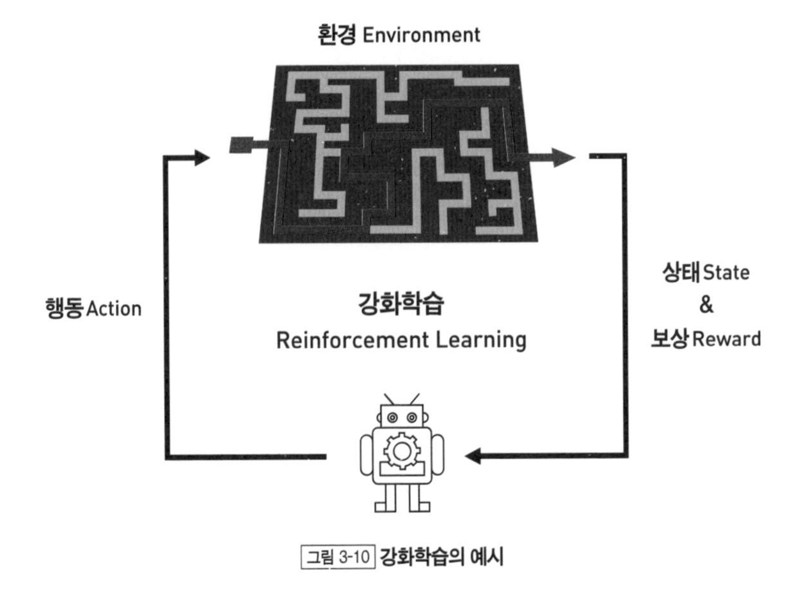

그림 3-10 강화학습의 예시

보상을 받고, 그렇지 않으면 보상을 받을 수 없습니다. 초반의 수많은 시도 과정에서 성공하는 경우와 실패하는 경우가 있지만 각 경로를 마치고 평가에 따라 보상을 받게 됩니다.

시간이 갈수록 높은 보상을 받은 경로(출구를 찾는 데 좋은 경로)를 시스템이 집중적으로 시도하게 되어 결국 출구를 찾게 됩니다. 이는 사람도 게임을 처음 할 때는 고생하지만 시간이 갈수록 어떻게 하면 높은 점수를 받는지 학습하면서 실력을 키워가는 것과 비슷합니다.

강화학습에는 학습용 데이터는 필요하지 않지만 **그림** 3-10처럼 환경이라고 표시된 모델이 필요합니다. 예를 들어 바둑을 배우는 강화학습의 경우 바둑 게임의 복잡한 법칙이 먼저 모델로 구성되어 환경 역할을 하도록 합니다. 그리고 나서 강화학습 시스템이 다양한 바둑 놓기를 환경에 입력하면 바둑 모델이 이에 반응해 바둑 게임이 진행되고, 강화시스템이 점수를 올리는 바둑 두기는 보상을 받게 됩니다. 수많은 바둑 두기 시행착오를 거쳐 강화학습 시스템은 어떻게 하면 점수를 올릴지 학습하게 됩니다. 이처럼 강화학습은 학습에 필요한 환경(모델)을 정확하게 개발하는 것이 중요합니다.

딥러닝의 작동 원리와 유형

인간처럼 생각하고 싶은 인공지능,
생명체의 뇌 작동 원리에서 배우다.

앞서 살펴본 것과 같이 머신러닝은 현재 인공지능의 세부 기술 중에서도 매우 활발하게 연구되는 분야이고, 여러 용도로 다양하게 활용되고 있습니다. 하지만 머신러닝 기법에도 한계가 있는데, 좋은 학습 데이터를 만든다는 것이 쉽지 않고, 초대형 데이터를 학습하는 데 시간이 상당히 많이 걸려서 현실적으로 활용하기가 힘든 경우도 있습니다.

▪ 머신러닝의 한계와 딥러닝 ▪

머신러닝을 학습하는 데 필요한 데이터의 구성은 매우 많은 입력값과 다양한 출력값으로 이루어집니다. 갈수록 학습 데이터의 규모가 늘어나서(학습용 데이터가 수억 개일 수도 있음) 기존 머신러닝의 성능이 떨어지면 제대로 학습이 안 될 수도 있습니다. 다양한 사물의 이미지를 정확하게 인식하거나 자연어 처리의 경우 기존 머신러닝 기업인 회귀분석, 의사결정 트리 또는 서포트 벡터머신으로 처리하기에는 한계가 있습니다.

학습용 데이터에 정확한 특징 추출

지도형 머신러닝을 하기 위해서 입력되는 데이터에는 머신러닝이 학습해야 하는 주요 결과값Labeling이 표시되어야 합니다. 만약 데이터가 수만 개에서 수억 개가 되면 이를 사람이 모두 표시하는 것은 불가능합니다. 그리고 학습할 데이터의 특징이 명확하게 기술되지 않으면 학습 효과는 떨어집니다.

위의 한계를 극복하려 많은 연구자가 노력해 딥러닝(심층 학습) 기술을 개발해냈습니다. 딥러닝도 머신러닝의 한 분야이고, 데이터를 이용해 알고리즘이 학습한다는 공통점이 있습니다. 다만 딥러닝은 대규모 학습 데이터도 처리할 수 있고 기존의 학습 기능을 한층 더 발전시킨 것으로 최근 인기를 얻고 있습니다.

■ 딥러닝의 역사 ■

딥러닝의 역사를 알려면 인공 신경회로망ANN: Artificial Neural Network의 역사를 알아야 합니다(그림 3-11). 영국의 앨런 튜링이 1950년에 '기계도 사람처럼 생각을 할 수 있다'는 내용을 담은 연구 논문을 발표하기 전부터 신경회로망의 개념은 연구되었습니다. 1943년 뇌 물리학자 워런 매컬로치Warren McCulloch와 수학자 월터 피츠Walter Pitts의 연구에서 신경세포Neuron와 이들을 상호 연결해 복잡한 계산을 하는 알고리

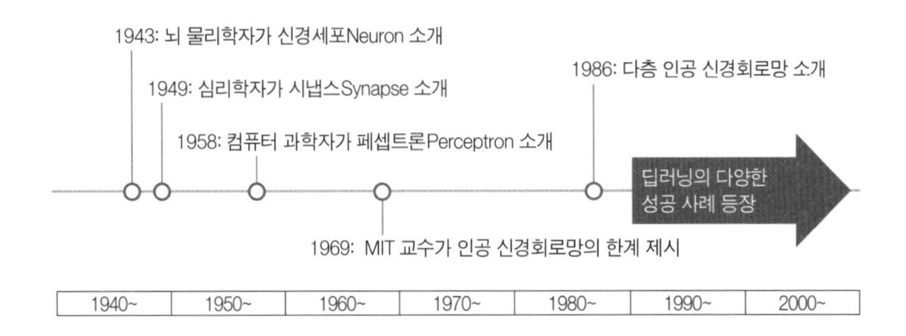

그림 3-11 **딥러닝의 역사**

즘을 소개했습니다. 1949년에는 심리학자 도널드 헵Donald Hebb이 사람의 두뇌작용은 신경세포만으로 이루어진 것이 아니라 신경세포를 상호 연결하는 시냅스Synapse의 신호 세기로 이루어졌다는 가설을 제시했습니다.

이는 뇌신경 작동에 대한 가설로 신경회로망의 연구가 한 단계 발전하는 데 큰 방향을 제시했습니다. 그리고 1958년 컴퓨터 과학자 프랭크 로젠블라트Frank Rosenblatt가 단순한 계산 기능이지만 신경세포에 입력과 출력 구조를 가지는 퍼셉트론Perceptron이라는 신경회로망 시스템 모델을 제시해 현재 우리가 사용하는 인공 신경회로망 연구의 토대를 만들었습니다.

이후 많은 학자가 이 분야 연구에 뛰어들면서 퍼셉트론은 미래의 전자 두뇌가 될 거라고 예측했습니다. 인공 신경회로망이 사람처럼 스스로 학습하고 주변 상황을 인식하며 판단하는 능력으로 발전할 거라는 기대가 컸습니다. 뇌 물리학자, 수학자, 컴퓨터 과학자 등 여러 분야 연구자들은 협력해 지속적으로 인공 신경회로망을 발전시

켰습니다.

그런데 꽃을 피우려던 초기 인공 신경회로망은 실제 적용 과정에서 '아주 단순한 문제 이외에는 해결할 수 있는 것이 별로 없다'는 사실이 알려지면서 인기가 급속도로 식었습니다. 거기에 더해 1969년에는 한 MIT 교수가 '신경회로망은 복잡한 계산을 할 수 없다'는 것을 이론적으로 증명하는 연구 논문을 발표하면서 많은 연구자가 인공 신경회로망 연구 분야에서 떠났습니다. 이런 분위기 때문에 큰 연구 발전을 기대하기 어려운 상황이었지만 미국, 일본, 핀란드 등에서 극히 일부 연구자가 퍼셉트론의 한계를 극복하려고 연구를 계속 이어갔습니다.

1986년 단일 계층의 뉴런 구조에서 여러 계층의 뉴런Hidden Layer을 추가하는 다중 계층 신경회로망이 개발되면서 다시 세상의 관심을 얻었습니다. 인공 신경회로망의 한계를 극복하기 위해 계층의 구조를 변화시키거나, 뉴런의 함수식을 다양한 형태로 변화시키자 인공 신경회로망 성능은 눈에 띄게 개선되었습니다.

다중 계층 신경회로망의 개발로 다시 딥러닝(인공 신경회로망)에 많은 사람이 관심을 가지면서 2012년 ILSVRCImageNet Large Scale Visual Recognition Competition라는 사진 15만 장을 1천여 개 카테고리로 정확하게 분류하는 경진대회가 열렸습니다. 여기서 제프리 힌튼의 AlexNet 시스템이 1등을 차지했고, 그 분류 결과가 매우 정확해 많은 사람을 놀라게 했습니다.

2010년 영국에서 딥마인드DeepMind라는 회사가 설립되는데 이 회사 창업자 데미스 허사비스Demis Hassabis는 13세에 세계 유소년 체스대회에서 2위를 차지하고, 15세에 고교 과정을 마친 후 케임브리지대학에서 컴퓨터공학을 전공한 다음 유니버시티 칼리지 런던UCL에서 인지 신경과학으로 박사학위를 받았습니다. 이 회사가 알파고AlphaGo를 개발했고, 2016년 한국의 이세돌 9단과 대결해서 5회 중 4회를 승리하면서 세상에 충격을 안겨주었습니다. 2014년에는 구글이 딥마인드 회사를 약 6천억 원에 인수했습니다.

딥러닝의 발전 역사를 살펴보면, 초기 이론적인 연구는 뇌 물리학자, 수학자, 전기·전자공학자가 수행했고, 성능이 우수한 알파고도 신경과학자가 확률 통계와 컴퓨터 과학을 접목해 만들어냈습니다. 인공지능에서 최고 인기를 얻은 딥러닝은 하나의 학문 분야에서 발전해온 것이 아니라 여러 분야의 연구가 서로 융복합되어 혁신적인 아이디어로 탄생한 것입니다.

▪ 딥러닝의 작동 원리 ▪

딥러닝 알고리즘의 중요 토대를 이루는 것은 인공 신경회로망인데, 신경회로망의 원리를 자세히 살펴보려면 뇌 과학, 수학, 컴퓨터 과학, 확률 통계 등 다양한 학문에 대한 배경지식이 필요합니다. 하지만 이 장에서는 배경지식이 없이도 이해할 수 있게 간단히 소개하고자 합니다.

생명체의 뇌신경 세포와 이를 연결하는 구조에서 아이디어를 얻은 신경회로망 또는 인공 신경회로망ANN: Artificial Neural Network은 뉴런

그림 3-12 신경회로망의 인공 뉴런 기본 구조

Neuron과 시냅스Synapse라는 구성요소로 이루어졌습니다. 사람 뇌에는 약 1천억 개의 뉴런이 있고, 각 뉴런은 신경 접합부인 시냅스로 연결되어 있습니다. 시냅스에 의해 전달되는 화학물질 또는 전기 신호로 수많은 뉴런이 작동하면서 정보를 처리합니다.

이 개념을 소프트웨어 알고리즘으로 개발한 것이 바로 인공 신경회로망이고, 최근에는 반도체 기술에 적용해 뉴로모픽 컴퓨팅 기술이 출현했습니다. 뉴로모픽 컴퓨팅에 대해서는 다른 장에서 더 자세하게 다루겠습니다.

생명체 뇌의 뉴런과 시냅스 개념에 착안해 탄생한 신경회로망의 초기 모델인 퍼셉트론은 그림 3-12처럼 수학적 표기법으로 표기되는 뉴런 노드가 있습니다. 이 노드는 입력값을 받아서 특정 계산을 수행한 다음 그 결과값을 출력하는 함수를 포함합니다. 생명체 뇌의 뉴런과 시냅스 구조에서 아이디어를 얻어 신경회로망 구조를 만들어냈고 그림 3-13처럼 복잡해졌습니다. 신경회로망의 성능을 높이기 위해 층Layer이라는 구조가 나타났습니다. 딥러닝의 큰 특징 중 하나

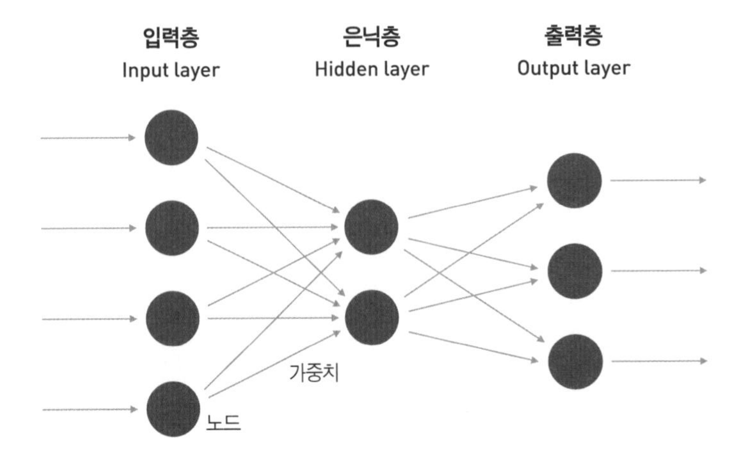

그림 3-13 **신경회로망의 구조**

가 다수의 층으로 되어 있고 중간에 은닉층Hidden Layer이 존재한다는 것입니다.

은닉층을 가지는 딥러닝 신경회로망의 작동원리는 다소 복잡한데, 간단히 설명하면 입력층에 있는 노드별로 입력값이 한 개 들어오면 은닉층 노드와 연결된 각 링크의 가중치값을 계산해서 은닉층 노드의 입력값으로 전달합니다.

그림 3-13의 구조를 가지는 딥러닝의 경우, 4개 입력 노드가 2개 은닉층 노드에 값을 전달하기 위해 8번 계산하게 됩니다. 동일한 방식으로 은닉층의 2개 노드가 3개 출력 노드에 값을 전달하려면 총 6번 계산하게 되는 것입니다.

예를 들어 실제 해상도가 28×28 픽셀인 이미지에서 손으로 작성한 0~10까지 숫자의 이미지를 학습시키는 경우에는 입력 노드를 784개(28×28)인 입력층, 그리고 은닉층 노드를 12개로 가정하고 출

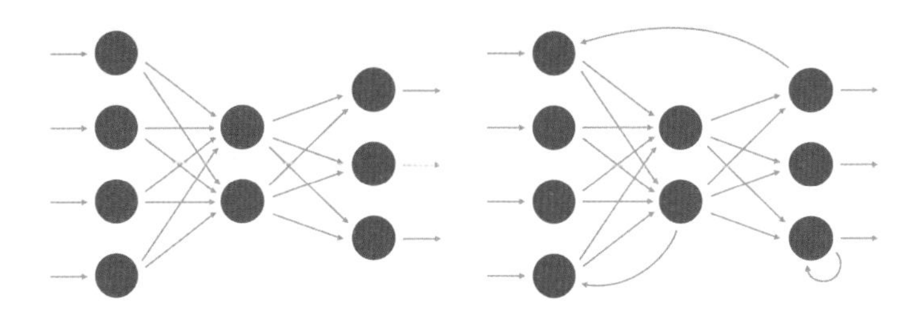

그림 3-14 **신경회로망의 변형****

력층 노드는 10개(0~9의 숫자)로 구성된 신경회로망을 설계할 수 있습니다. 이때 특정 숫자 이미지 1개를 학습시키는 데 컴퓨터 계산이 총 9,582번* 필요합니다. 만약 숫자당 10개 이미지로 학습시킨다면 이 신경회로망은 총 952,000번 계산해야 합니다.

실제 사용되는 신경회로망의 경우 학습 데이터 수가 적게는 수십만 개에서 많게는 수억 개 값을 처리해야 하므로 컴퓨터 연산의 규모는 엄청나게 커집니다. 많은 GPU를 장착한 고성능 컴퓨터가 아니거나 슈퍼컴퓨터가 아니면 기계학습에만 며칠 또는 몇 주가 걸릴 수 있습니다.

그림 3-14에서 나타난 것처럼 기본적인 신경회로망에서 좀더 나은 성능을 얻기 위해 다양한 아이디어를 적용했습니다. 기본적으로는 입력신호가 들어오면 계층별로 계산한 값을 다음 계층의 뉴런으로

* 입력층에서 은닉층으로 정보전달에 9,408(784×12)번 계산, 은닉층에서 출력층으로 정보전달에 120(12×10)번 계산이 필요하다.

** 출처: blog.naver.com/msnayana/80186743513

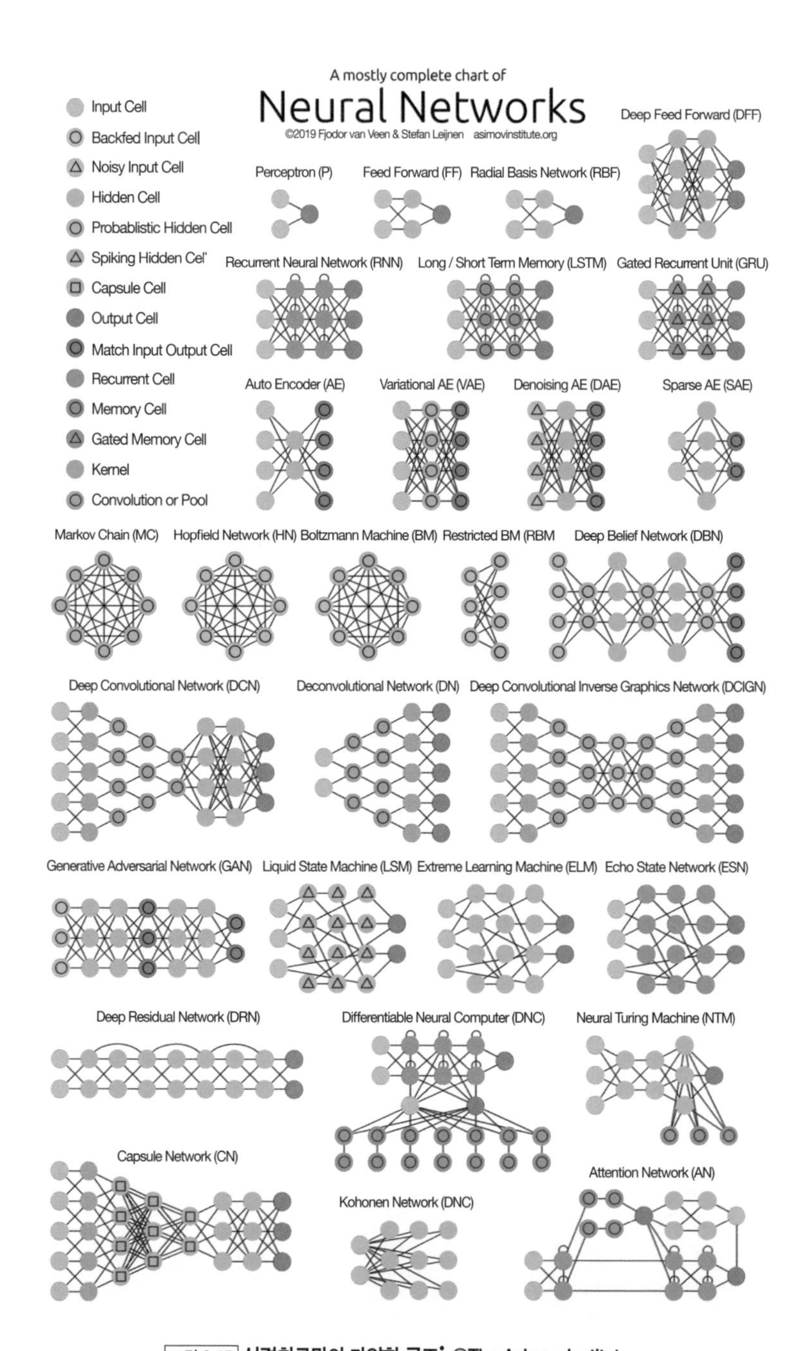

그림 3-15 **신경회로망의 다양한 구조*** ©The Asimov Institute

전달하는 Feedforward 방식(A)에서 이제는 뉴런의 계산값을 이전 노드로도 다시 전달하는 Recurrent 방식(B)도 나왔습니다. 이렇게 연구자들은 신경회로망의 내부 구조를 변형시키며 성능 향상을 추구하고 있고, 내부 구조에 따라 특정 문제를 잘 해결하는 신경회로망이 개발되고 있습니다.

이러한 변화를 시도하면서 다양한 형태의 신경회로망 구조가 탄생하게 되었고, 해결하고자 하는 문제 특성에 따라 우수한 성능을 내는 구조의 신경회로망을 사용할 수 있습니다. 특정 문제를 아주 잘 처리하는 딥러닝 알고리즘이라 하더라도 문제의 성격이 달라지면 성능이 저하되는 경우도 있습니다. 이때 신경회로망의 구조를 조금 변형해주면 뛰어난 성능을 낼 수도 있습니다.

이처럼 딥러닝이 해결해야 하는 문제는 무궁무진합니다. 각 문제의 특성에 맞게 가장 좋은 성능을 낼 신경회로망에 대한 연구는 계속될 것입니다.

• 출처: www.asimovinstitute.org/neural-network-zoo

머신러닝의 응용분야

다양한 분야에서 활용되는 머신러닝,
때로는 인간의 능력을 앞서가다.

많은 데이터가 축적되고 컴퓨터 계산 속도가 빨라지면서 회사나 연구소 등에서 더욱 활발하게 데이터를 활용합니다. 과거에는 은행, 보험, 통신 등에서 데이터 마이닝Data Mining이라는 통계학적 기법을 활용해 고객 정보를 분석하거나 금융 거래 내역을 분석했습니다. 그런데 시간이 점차 지나면서 인공지능의 머신러닝 기법이 좀더 우수한 성과를 내는 것이 실제로 증명되자 많은 영역에서 이를 활용했습니다. 응용분야가 많아질수록 머신러닝 기법은 더욱 발전했고, 지금은 인공지능에서 매우 활발하게 활용되는 기술 중 하나가 되었습니다.

▪ 자율주행, 물체 인식, 무인 전투기 등의 다양한 활용 ▪

머신러닝은 현재 다음과 같은 분야에서 활용되며, 지금도 새로운 분야에 적용하기 위해 많은 연구와 개발이 진행되고 있습니다.

자율주행

자율주행에 사용되는 ADAS Advanced driver-assistance systems는 카메라, LIDAR Light Detection and Ranging, 초음파 레이더 등 다양한 센서로부터 정보를 수집해 차량 주변을 인식하고, 이 분석 정보를 활용해 차량의 운전 장치가 스스로 속도와 방향을 조정해갈 수 있도록 합니다. 자율주행에 사용되는 머신러닝에 대해서는 5장 센서퓨전과 로봇과 자율주행에서 자세히 설명하겠습니다.

뉴스 요약과 가짜 뉴스 탐지

요즘은 전 세계적으로 많은 뉴스기사가 넘쳐나다보니 가짜 뉴스도 기승을 부립니다. 그 결과 독자들은 갈수록 자신이 관심 있는 분야와 정확한 뉴스를 접하기가 어려워집니다. 정보의 홍수로 진짜 중요하고 핵심적인 뉴스와 그렇지 않은 뉴스가 서로 뒤섞여 독자들은 더욱 혼란스러워합니다.

그래서 최근에는 딥러닝 기술을 이용해 독자 개개인이 관심 있는 분야, 지역, 기간에 대한 뉴스기사들만 수집해주거나 아예 수집된 기사를 자동으로 요약해주는 것도 가능해졌습니다. 이렇게 되면 독자들은 넘쳐나는 정보의 홍수 속에서 중요하고 핵심적인 정보만 실시간으로 접할 수 있습니다.

또한 딥러닝 기술은 가짜 뉴스일 가능성이 있거나 너무 편향적인 성격의 기사를 걸러주고, 정확하고 객관적인 뉴스 정보만 독자들이 접할 수 있게 해줍니다. 이 딥러닝 기술을 확대하면 뉴스 정보뿐만 아니라 가짜 개인 정보 또는 가짜 통계 정보 등도 감지할 수 있습니다.

자연어 처리

사람 언어로 표현되는 다양한 문장 내용을 인식하고 처리하는 데 머신러닝 기술이 사용됩니다. 문장으로 표현된 텍스트 정보를 간단하게 요약하거나 사전에 주어진 텍스트 정보를 학습하고, 이에 대한 질문과 답변을 하는 기능, 여러 내용의 텍스트 정보를 유사한 유형으로 구분하는 작업, 문장을 다른 언어로 번역하는 작업 등 자연어 처리에서 머신러닝은 다양하게 활용됩니다. 자연어 처리는 4장에서 자세히 설명하겠습니다.

AI 비서

AI 비서, AI 스피커 또는 가상 비서Virtual Assistant는 실생활에서 이미 Siri, Nugu, 지니, 카카오 프렌즈 등으로 활용되고 있습니다. 초기 모델은 단순히 사람 말을 인식하는 수준이었으나 이제는 성능이 많이 발전해 사람 말을 인식하는 수준도 높아졌고, 사람 명령이나 질문에 반응하는 수준도 많이 좋아졌습니다.

AI 비서 시스템 내부에는 음성인식과 자연어 처리 기술이 내장되어 있습니다. 딥러닝 기법으로 성능이 날로 발전하면서 AI 비서의 기능 또한 다양한 분야에 활용됩니다. 최근에는 사람 말을 정확하게 인식해 이메일 문장을 생성해서 이메일을 보내거나 간단한 메모 텍스트를 생성해 저장하는 것도 가능하며, 여기에 다른 언어로 번역하는 기계 번역 기능을 접목해 해외에 있는 친구들과도 소통할 수 있게 해줍니다.

미디어 엔터테인먼트

넷플릭스, 프라임 비디오, HBO 등 요즘은 인터넷을 통해 영화와 드라마 같은 다양한 미디어 서비스를 제공하는 OTTOver The Top 회사들이 많습니다. 일부 회사는 딥러닝 기술을 이용해 고객 취향에 맞는 영화들만 선별해 홍보하는 방법을 사용합니다. 요즘은 영화가 엄청나게 많아서 고객이 자신의 취향에 맞는 영화를 검색하기가 어려워지고, 주제별로 분류된 영화들에서 보고 싶은 영화를 검색하는 것도 한계에 이르고 있습니다. 이러한 문제를 해결하기 위해 고객이 일일이 원하는 영화를 검색하는 것이 아니라 딥러닝이 그동안 고객이 관람한 내용을 기반으로 비슷한 취향의 영화들을 분류해서 추천해주는 서비스입니다.

물체 인식

딥러닝 기술을 이용해 카메라로 촬영한 이미지 정보에서 물체를 인식하는 것은 널리 활용되고 있습니다. 카메라와 컴퓨터를 이용해 물

그림 3-16 머신러닝의 응용 ©Medium

체의 위치와 어떤 물체인지 인식하는 것을 동시에 할 수 있는 기술이 발전되고 있습니다. 요즘은 인식 기술을 활용해 수많은 사진 이미지를 유형별로 자동으로 정리할 수 있습니다. 과거에는 사진을 정리하려면 사람이 일일이 사진 이미지를 보고 적절하게 분류했는데, 요즘처럼 수시로 핸드폰 사진을 찍는 상황에서는 개인도 이미지를 수천 장에서 심지어는 수만 장 가지고 있어서 이를 수작업으로 분류하는 것은 시간이 오래 걸리는 일입니다. 딥러닝 기법을 사용하면 각 사진의 이미지를 인식하고 사람이 정한 분류 기준에 따라 시스템이 자동으로 분류해줍니다. 이 부분은 5장 컴퓨터 비전에서 자세히 설명하겠습니다.

사기 탐지

일부 정직하지 못한 사람들이 거짓 은행 거래를 하거나 고의로 세금을 탈루하는 일들이 있습니다. 2018년 전 세계 금융거래 건수(입금, 출금, 송금 등)는 약 3,680억 건, 신용카드 결제 건수는 약 10억 건 정도 되는 것으로 추정됩니다. 이 중 일부는 금융 사기나 탈세로 의심됩니다. 과거에는 수많은 거래 중에서 불법적인 사기 거래를 탐지하기가 매우 힘든 일이었지만, 부정 거래 유형을 학습한 딥러닝 기술을 활용하면서 이제는 손쉽게 사기를 탐지하게 되었습니다. 일반적인 사람이 상상하기 힘든 부정거래 유형도 딥러닝 기술은 학습하기 때문에 앞으로 인공지능을 속이고 부정 거래를 하거나 탈세하는 것은 어려워질 것입니다.

헬스케어

병원에서 엑스레이, MRI, CT 등 의료 영상 정보는 의사들이 오래전부터 환자 질환을 진단하는 데 널리 사용해왔습니다. 하지만 질병 초기에는 영상 이미지에 나타나는 질환 정보가 아주 작거나 희미해 사람 눈으로 확인하기가 어려운 경우가 많기 때문에 질병의 징후를 놓치는 실수를 할 수도 있었습니다. 하지만 이젠 딥러닝 기술을 이용해 다양한 질병에서 나타날 수 있는 의료 영상 정보를 머신러닝 시스템이 학습하면 미세한 차이도 시스템이 판독해낼 수 있습니다. 그래서 요즘은 의사들의 실수를 최대한 줄일 수 있는 다양한 분야에 머신러닝 기술이 활용됩니다. 새로운 약물을 개발할 때도 딥러닝 기술을 활용하면 시스템이 수많은 화학물질의 특성을 학습해 특정 질환 치료에 가장 적합한 물질을 찾는 데 도움을 줄 수 있습니다.

스마트 팜

인공지능 기술을 농작물에 적용하는 것으로 그동안 사람의 경험이나 노동에 의존하던 농작물 경작을 머신러닝을 적용해 좀더 효율적으로 하고자 하는 것입니다. 인공지능이 온실 내 온도와 습도를 모니터링하다가 자동으로 냉방 또는 난방을 하거나 농작물에 물을 주는 등 사람이 직접 관리하지 않더라도 농사를 지을 수 있게 했습니다.

스마트 팜에 적용하는 인공지능 기술도 날로 발전하는데, 최근에는 다양한 생육 상태인 토마토 색깔을 머신러닝이 학습해 재배중인 토마토의 수확 시기와 생산량을 예측하는 것도 가능해졌습니다. 한

그림 3-17 **인공지능이 인식한 토마토와 색깔 정보를 이용하여 구분하는 숙성도 ©Aitimes**

그림 3-17 관련
유튜브 영상

편 머신러닝 기술은 농작물 이외에 가축을 사육하는 곳에도 활용하는 연구가 진행되고 있습니다. 가축의 들숨과 날숨에서 나오는 공기 성분을 센서로 감지·분석해 영양 상태나 건강 상태를 파악하고, 적절하게 사료를 제공하거나 치료를 하는 연구가 진행되고 있습니다.

농업은 인류에게 식량자원을 공급하는 중요한 산업이지만 급격히 나빠지고 있는 기후 변화와 경작지 감소로 많은 어려움을 겪고 있습니다. 농업을 효율적으로 하기 위해 화학비료나 유전자조작 등 많은 기술을 사용하지만 사람 건강에 유해한 부분도 있습니다. 이러한 문제를 해결하고 건강한 식량 자원을 안정적으로 공급하기 위해 인공지능 기술을 이용해 최적의 경작과 생육 조건을 만들어가는 연구가 진행되고 있습니다.

무인 전투기

인공지능 활용은 국방 분야로까지 확대되고 있습니다. 미국 정부는 인공지능이 조종하는 전투기와 사람이 조종하는 전투기가 모의 공중전을 하는 알파 도그파이트AlphaDogfight* 대회를 2020년에 개최했는데, 결과는 AI 전투비행 시스템이 실제 전투기 조종사와의 모의 전투비행에서 5:0으로 압승을 거두었습니다. 이는 알파고 바둑 대국에 이어 인공지능이 사람과 경쟁해서 승리한 또 다른 사례입니다. 이 대회는 미국 공군에서 선발된 우수한 전투기 조종사와 8개 참여 기업이 개발한 인공지능이 조종하는 전투기의 모의 공중전이었고, 선택된 기종은 KF-16Fighting Falcon이었습니다.

이를 계기로 미래 공중전에서 인공지능의 역할은 갈수록 중요해

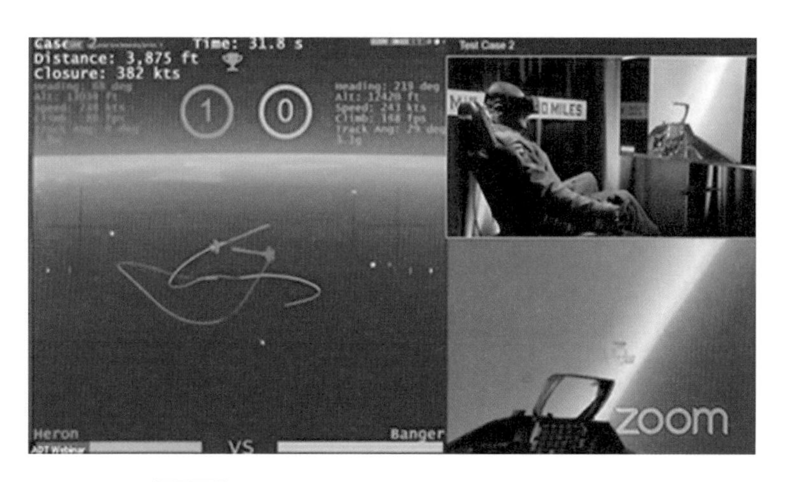

그림 3-18 **인공지능 전투기와 모의 공중전을 하는 조종사 ©Darpa**

---

* **알파 도그파이트** 미국 국방성 산하 연구조직인 DARPA에서 주최하는 컴퓨터와 인간 전투 조종사 사이의 모의 공중전 대회

질 거라는 사실이 증명되었습니다. KF-16 전투기 조종사 1명을 양성하는 데 약 67억 원, 최신 F-22 전투기의 경우는 약 130억 원이 소요되는 데 반해 이번 경진대회에 참가한 기업들은 각각 약 10억 원의 개발비를 지원받았습니다. 따라서 미국 공군에서는 한정된 국방 예산으로 방공망을 구축하고 적진을 공격할 수 있는 효과적인 공군력을 준비하는 데 인공지능이 훨씬 비용이 저렴하면서 강한 전투력을 보여준 것에 큰 관심을 보였습니다.

그림 3-18 관련 유튜브 영상

그러나 전투기는 비행과 공격 이외에 하늘에서 많은 정보를 가지고 판단해야 하기 때문에 인공지능 조종사가 인간 조종사를 완전히 대체하지는 못할 거라고 합니다. 전문가들은 대신 인간 조종사의 지휘 아래 일사불란하게 움직일 수 있는 인공지능 전투기 편대가 운영될 거라고 예측합니다. 이렇게 되면 인간 조종사는 로봇 전투기를 지휘하는 훈련도 받아야 합니다.

▪날씨 예측, 독화술, 법률 서비스까지▪

인공지능의 머신러닝 기술을 이용한 활용범위는 계속 넓어지고 있으며, 때로는 인간의 능력을 앞서갑니다.

날씨 예측

머신러닝 기술을 이용해 대기 중 온도, 습도, 압력, 풍속과 풍향

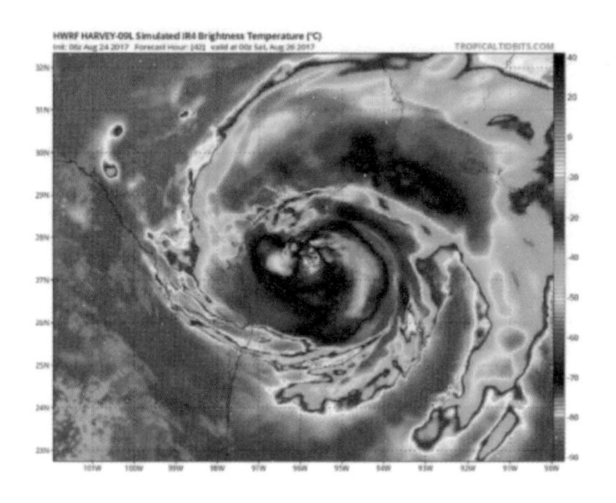

그림 3-19 머신러닝이 예측하는 태풍의 경로 ©Traderscommunity

등 많은 데이터를 학습하고 시뮬레이션하여 날씨를 예측하고, 이런 서비스를 제공하는 회사도 생겨났습니다. 날씨뿐만 아니라 기후를 예측하는 것도 매우 중요해서 기업들에 매우 중요한 정보를 제공합니다. 예를 들어 날씨 예측 정보를 기반으로 항공사는 비행기 노선을 미리 취소하며, 선박은 운항 경로를 변경합니다. 농업과 수력·풍력발전소도 날씨에 큰 영향을 받으며 관광산업도 날씨에 따라 크게 좌우됩니다. 한국 산림청에서는 지난 12년간 기온, 고도, 강수량, 전년도 단풍 시기·개화시기를 학습한 머신러닝 시스템이 전국 봄꽃의 개화 시기를 예측하기도 합니다.

입술 움직임으로 말을 읽는 독화술

인공지능이 사람의 입술 모양을 보고 무슨 말을 하는지 알아내는 연구도 진행중입니다. 뉴스 등 방송 프로그램에서 수집한 5천여 시

그림 3-20 인공지능이 아나운서 입 모양을 보고 단어 인식

간 분량의 TV 영상에서 사람 입술 모양을 보고 인공지능이 학습했으며, 여기에는 약 11만 8천 문장과 1만 7,500여 단어가 포함되어 있습니다.

구글의 DeepMind와 옥스퍼드대학의 연구원은 전문적인 입술 판독기보다 뛰어난 딥러닝 시스템을 개발했는데, 연구팀이 개발한 초기 시스템을 가지고 인간 독화 전문가의 성능을 비교한 결과, 인공지능 시스템이 우수한 결과를 보였습니다. 인간 전문가는 약 12%를 정확히 판독한 반면 인공지능은 약 50%를 인식했는데, 연구진은 현재 정확도와 속도를 높이려고 계속 노력하고 있습니다.

인공지능 엑스레이 보안 검색

인공지능의 딥러닝 기술을 이용해 공항 보안 검색대의 엑스레이 영상 이미지를 판독하는 기술이 개발되고 있습니다. 정상적인 물건과 반입해서는 안 되는 물건의 영상 이미지를 가지고 학습한 인공지능 기술을 이용해 정확하게 판독하는 기술을 국내 기업에서 개발했습니다. 그림 3-21의 속 네모 부분은 분해된 권총 부품으로 이처럼 여러 가방에 나누어 반입하는 것입니다. 이때 사람의 눈으로는 이를 판독하기가 거의 불가능하지만 다양한 이미지로 학습한 인공지능은

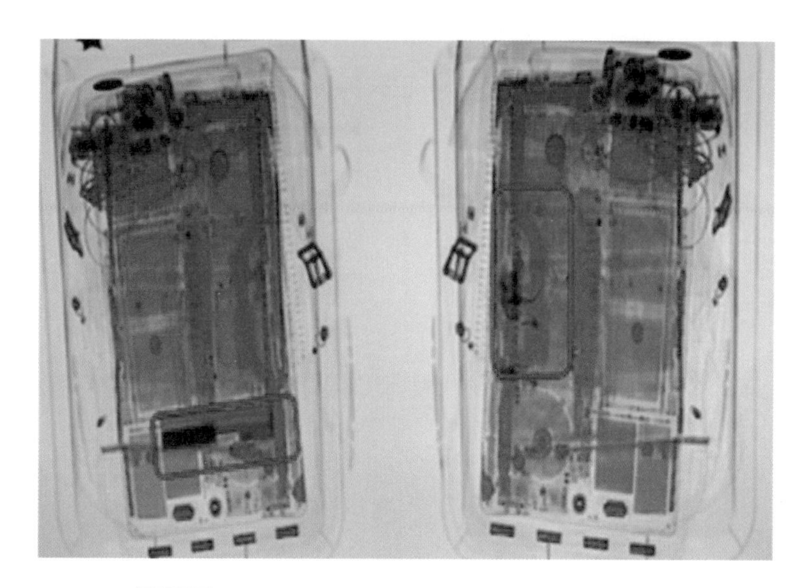

그림 3-21 인공지능 엑스레이 보안 검색 시스템에서 찾아낸 권총 부품들
©Synapse Technology

이를 정확하게 판독합니다. 엑스레이 보안 검색은 공항이나 항만뿐만 아니라 주요 건물 등에 설치되어 우리 생활을 안전하게 지켜주게 됩니다.

지진 예측

2017년 그린란드해안에서 진도 4.0의 지진으로 산사태와 쓰나미가 발생했습니다. 이로써 인근 마을이 크게 부서지고 사상자가 4명 생기는 피해를 보았습니다. 미국의 대학 연구소에서는 그린란드 지진 문제를 연구하다가 지진과 산사태 징후를 나타내는 데이터 패턴을 찾아냈습니다.

또한 인공지능의 머신러닝 기능을 활용해 그동안 지진이 발생하

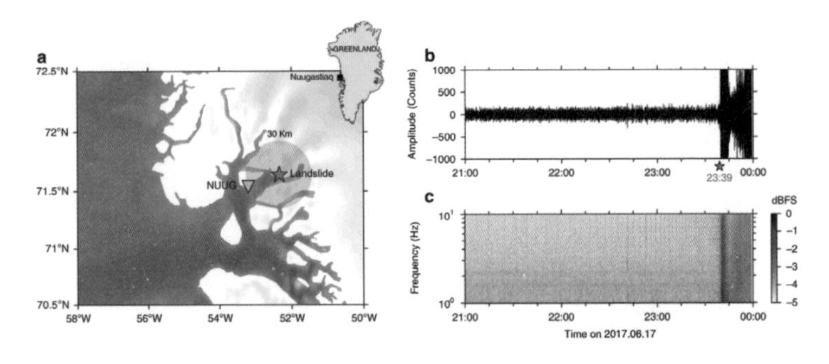

그림 3-22 2017년 6월 17일 그린란드에서 발생한 지진과 산사태 지역에서의 당시 지진 데이터 ©Nature

기 이전에 땅 진동 데이터 패턴을 학습하게 했습니다. 이렇게 학습된 머신러닝은 엄청나게 많은 데이터를 빠르게 처리했습니다. 땅 진동의 데이터뿐만 아니라 폭풍과 같은 기후 데이터와도 접목하여 기계학습을 시킨 인공지능은 산사태 징후를 예측할 수 있습니다. 특히 아주 미세한 진동 데이터에서도 지진의 사전 징후를 감지하는 성능을 보여주었습니다. 연구팀은 머신러닝의 성능을 더 향상하기 위해 다른 나라 지진이나 화산활동 데이터를 가지고 계속 기계학습을 시키는 등 조기 경보시스템을 개발하기 위해 연구를 계속하고 있습니다.

개의 후각

개의 후각은 인간보다 약 2억 5천 배 뛰어나다고 하는데, 그만큼 개의 후각세포는 인간보다 훨씬 많습니다. 후각으로 사람의 질병을 감지하는 훈련을 받은 개는 다양한 암과 질병을 탐지할 수 있습니다. 어떤 질병은 개가 사람의 소변 냄새를 맡고 약 99% 적중률을 보이기도 합니다. 연구자들은 개의 후각보다 훨씬 민감하게 공기 중의 화학물질과 미생물 함량을 감지할 수 있는 시스템을 인공지능 기술을 적용해 개발했습니다. 이 시스템은 질병에 따른 각 물질의 성분이나 패턴을 기계학습을 하는 체계로 되어 있습니다.

현재 과학적 기법으로도 샘플된 물질을 분석해 질병 여부를 파악할 수 있습니다. 그런데 개는 한 종류 암을 감지하도록 훈련받더라도 다른 암도 감지해내는 능력을 보여주었습니다.

인공지능 법률 서비스

자연어 처리와 머신러닝이 접목해서 법률 분야에도 영향을 미치고 있습니다. 요즘은 머신러닝 기법을 사용해 좀더 광범위한 법률

그림 3-23 후각으로 사람의 질병을 감지하는 개 ©Genetic Engineering&Biotechnology News

정보를 학습하고 다양한 서비스를 제공하는 기술 개발이 진행되고 있습니다. 법률적 문제가 발생했을 때 소송 전략에 도움이 되는 정보를 제공하거나 소송 비용을 예측하기도 하고, 재판을 진행하는 것이 유리한지 아니면 합의하는 것이 유리한지 등의 정보를 제공하기도 합니다.

여기서 더 나아가 사법시험의 예상 문제를 예측하기도 합니다. 일본의 한 기업에서는 지난 5년간 일본 사법시험에서 출제된 문제, 사법시험 예상 문제집 3,500쪽 그리고 인터넷 위키피디아에서 수집한 법률 단어 등을 기반으로 학습한 머신러닝이 앞으로 출제될 시험 문제를 예측하려고 했습니다. 실제 이 회사는 동일한 방법으로 개발한 머신러닝이 2018년 일본 공인중개사 시험 예측 문제를 미리 제시했고, 실제 문제와 일치율이 78%를 기록하면서 크게 관심을 받았습니다.

머신러닝의 한계와 미래

머신러닝 기술 이면에 가려진 세계.
아직은 숨기고 싶은 불편한 이야기들.

머신러닝 연구는 활발히 진행되고 있고, 이미 여러 분야에서 활용되고 있습니다. 최근에는 언론에서 머신러닝의 적용 사례를 자주 소개합니다. 그런데 일부는 인공지능, 머신러닝, 딥러닝의 정확한 이해도 없이 마치 만능 기술인 것처럼 언급하는데, 이는 사실과 다르며 머신러닝도 극복해야 하는 문제를 가지고 있습니다.

인공지능이나 머신러닝 연구는 1950년대 시작되었지만 본격적으로 많은 연구 논문이 발표된 것은 2000년 이후이며, 연구·개발에 이어 인공지능에 대한 특허가 본격적으로 출원된 것은 것은 2017년부터입니다. 실생활과 산업에 적용되기 시작한 것은 최근의 일이며, 아직은 기술 도입 초기입니다. 성공사례가 있기는 하지만, 이에 못지않게 실패 사례도 많고, 사람들의 기대 수준이 갈수록 높아져 머신러닝 분야는 앞으로 더 많은 연구와 기술 개발이 필요합니다. 머신러닝의 몇 가지 한계를 살펴보면 다음과 같습니다.

■ 학습용 데이터의 문제 ■

그림 3-24는 일반적인 머신러닝 과정을 설명하는 것으로, 학습에 필요한 데이터를 먼저 수집하고 각 데이터에 학습을 위한 레이블링Labeling으로 학습용 데이터로 변환합니다. 그다음 머신러닝을 시키고 학습 결과를 평가해 제대로 학습되었는지 분석합니다. 학습 성과가 부족한 것이 있으면 성능을 향상하기 위해서 머신러닝의 일부 변수를 조정하면서 계속 머신러닝을 실행합니다. 조정과 실행이 반복될수록 머신러닝의 전반적인 성능은 향상되어 원하는 수준에 이르게 됩니다.

머신러닝 알고리즘이 수준 높은 성능을 내려면 엄청난 규모의 정확한 학습용 데이터가 필요합니다. 알고리즘의 학습 효과를 높이기 위해 학습용 데이터를 수억 건 준비하는 일이 많아지는데, 문제는 이 방대한 규모의 데이터를 준비하기가 쉽지 않다는 것입니다. 머신러닝 시스템의 학습 효과가 입력되는 데이터의 품질에 따라 크게 달라지기 때문에 좋은 데이터를 준비하는 것이 핵심 요소입니다.

여기서 '품질 좋은 데이터'란 학습하고자 하는 분야의 다양한 경우를 모두 균형 있게 포함하는 데이터 집합입니다. 예를 들어 사람

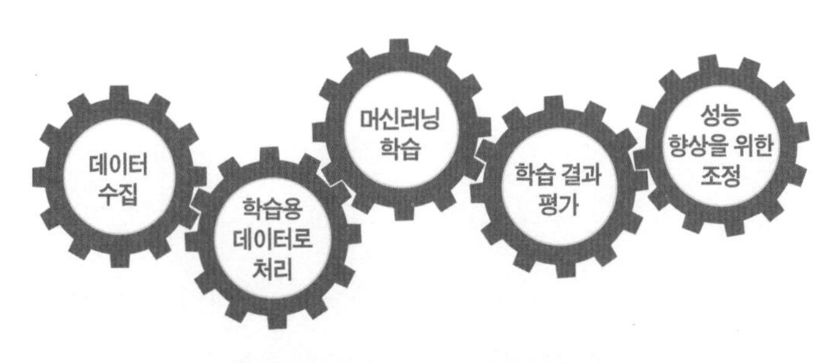

그림 3-24 머신러닝에서 기계학습의 절차

얼굴을 인식하는 딥러닝 시스템의 학습 데이터를 준비하는데 30대 여성의 얼굴 이미지가 너무 많거나, 동양인 얼굴 이미지가 너무 적거나, 안경 쓴 사람의 이미지가 없다면 딥러닝 시스템의 성능이 떨어져 사람 얼굴을 제대로 인식하지 못할 수 있습니다. 이처럼 머신러닝을 적용하려는 분야의 다양한 데이터를 준비하지 못하면 성능에 문제가 생길 수 있습니다.

실제로 미국에서 특정 병원 환자들로부터 수집한 방사선 이미지로 학습시킨 딥러닝의 폐렴 사진 판독 정확률이 거의 97%에 육박했지만, 다른 병원이 이 시스템을 적용하자 판독률이 70% 정도로 떨어지는 경우도 있었습니다. 이처럼 적용하고자 하는 분야의 입력 데이터를 다양하게 준비해야 하는데, 데이터 규모가 수천만 건에서 수억 건이 되면 이를 준비하기가 쉽지 않습니다.

지도형 학습의 머신러닝은 입력 데이터와 이에 대응하는 결과값을 정확하게 표기Labeling해야 합니다. 수많은 데이터를 정확하게 표기하는 것 또한 쉬운 일이 아닙니다. 아무리 많은 데이터로 딥러닝 학습하더라도 입력과 결과값의 레이블링이 잘못되면 이 또한 시스템 성능을 저하시키는 원인이 됩니다. 이처럼 머신러닝을 학습시키는 데 필요한 품질 좋은 데이터를 준비하는 것도 매우 중요합니다.

▪ 머신러닝 블랙박스 ▪

현재 학습이 완료된 머신러닝 시스템이 어떤 결과값을 제시했을 때 왜 그런 결과값이 나왔는지 알 수 없는 것이 큰 문제입니다. 머신러닝 시스템 구조는 매우 복잡하고 수많은 함수와 값이 연결되어서 그 계산 과정을 파악하는 것이 거의 불가능합니다. 결과값이 나온 과정을 검증할 수 없으면 실제 활용에서 다음과 같은 몇 가지 문제를 일으킬 수 있습니다.

첫째, 머신러닝 시스템이 제시하는 결과는 확인 과정 없이 무조건 신뢰해야 합니다. 머신러닝이 제대도 학습되었는지, 정확한 결과를 제시하는지도 모르는 상황에서 무조건 그 결과를 믿어야 하는 문제가 있습니다. 비록 머신러닝 시스템을 학습한 후 많은 테스트로 결과값이 제대로 나오는지 확인하지만, 있을 수 있는 모든 경우의 수를 테스트하는 것은 불가능합니다. 따라서 만약 테스트 과정에서 걸러지지 않은 오류가 실제 시스템 운영중에 나왔을 때 이를 사람이 알 수 없다는 것은 우려됩니다.

둘째, 어떤 결과가 나왔을 때 왜 그런 결과가 나왔는지, 어떤 요소나 항목들 때문에 결과값이 그렇게 나왔는지 아는 것은 향후 결과를 향상하려면 어떻게 해야 하는지 알려주는 매우 소중한 정보입니다. 규칙기반 인공지능 시스템의 경우, 어떤 결과가 나왔을 때 해당 결과를 나오게 한 여러 규칙의 리스트를 알 수 있고, 리스트에 포함된 규칙의 내용을 보면 왜 그런 결과가 나왔는지 이해할 수 있습니다. 그런데 머신러닝은 내부 구조가 너무 복잡해서 과정 확인이 불가능합니다. 현재 머신러닝의 이런 문제를 해결하기 위해 많은 연구가 진행되고 있고, 완벽하진 않지만 일부 계산 과정의 정보를 제공하는 노력이 진행되고 있습니다.

■ 대규모 투자와 에너지 소모 ■

최근 언론에 발표되어 사람들의 관심을 받고 있는 자연어 처리의 언어 모델 GPT-3는 약 4,990억 개의 언어 토큰(의미를 나타내는 단어들의 나열)으로 학습 데이터를 준비했습니다. 이 과정에서 인터넷 등 다양한 곳으로부터 약 47TB 규모의 텍스트 데이터를 수집하고, 수집된 데이터의 품질을 높이기 위해 여러 개발자가 다양한 알고리즘으로 데이터를 분석·정리·분류해 GPT-3의 학습용 데이터로 약 570GB의 데이터를 준비했습니다. 이는 약 4천억 개 토큰에 해당하는 것으로, V100 GPU이라는 컴퓨터 칩에서 GPT-3 시스템을 학습시키게 됩니다. 만약 V100 GPU를 1개 사용하면 기계학습에 약 355년이 소요됩니다.

성능이 우수한 머신러닝 시스템을 개발하려면 엄청난 노력과 비용이 필요합니다. 2016년 이세돌 9단과 바둑 대국에서 승리한 알파고는 딥러닝 학습을 위해 72시간 동안 약 500만 건에 달하는 경기를 스스로 실행하면서 바둑의 다양한 전략에 대해 강화 학습을 했습니다. 그런데 바둑 경기에 학습된 알파고를 체스나 다른 게임 경기에 활용하려면 처음부터 다시 기계학습을 시켜야 합니다. 이처럼 대규모 투자를 해 특정 분야에서 사람을 능가하는 인공지능 시스템을 개발할 수는 있지만 이를 다른 분야에서 바로 사용할 수 없고, 다시 대규모 투자를 거쳐 새로 학습을 시켜야 하는 문제가 있습니다.

사람의 뇌는 에너지를 사용하는데, 이를 기준으로 알파고가 사용한 에너지를 환산하면 알파고가 바둑 대국을 할 때 소비한 에너지는

그림 3-25 Google의 머신러닝 컴퓨터 ©VentureBeat

약 1만 2,700명분에 해당합니다. 우수한 성능을 보이는 인공지능의 이면에는 대규모 투자와 엄청난 에너지를 소비하는 문제가 있습니다. 최근 들어 초대형 인공지능 시스템 개발에 일부 회사들이 큰 투자를 해 그림 3-25와 같은 머신러닝 컴퓨터를 구축하는 데 인공지능이 활성화되면서 에너지 소비는 환경과 지구온난화에 우려가 될 정도로 심각해질 수 있습니다. 대규모 비용 투자를 할 수 없으면 성능이 우수한 인공지능을 개발하기 어렵고, 인공지능 시스템의 규모가 커질수록 소비되는 전기량이 엄청나게 늘어나는 문제가 발생합니다.

이처럼 많은 한계와 어려운 과정을 잘 극복했을 경우에만 비로소 성능 좋은 머신러닝 시스템이 탄생하게 됩니다. 달리 이야기하면 연구 단계에서 나온 수많은 아이디어 중 실제 성공하는 기술은 일부분에 불과하고, 언론에 공개되지 않은 실패 사례가 많습니다. 기술혁신 과정의 어려운 점은 인공지능뿐만 아니라 반도체와 5G 통신, 신약 개발 대부분 연구와 기술 개발에서 일반적으로 일어납니다.

▪한국의 대규모 학습 데이터 구축▪

이처럼 학습 데이터의 품질은 머신러닝의 성능에 큰 영향을 미칩니다. 하지만 좋은 학습용 데이터를 수집하고 정리하는 것은 쉬운 일이 아니며, 인공지능 기술을 육성하기 위해 국가 차원에서 학습용 데이터를 구축하기도 합니다. 왜냐하면 규모가 방대한 데이터를 개인이나 기업이 구축하기에는 너무나 많은 비용과 시간이 소요되기 때문입니다.

최근 정부에서 인공지능 학습용 데이터 170종(4억 8천만 건)을 구축해 공개했습니다. 이 구축 프로젝트는 2017년 시작했으며 2020년부터는 디지털 뉴딜 '데이터 댐' 프로젝트의 하나로 확대되어 진행되었습니다. 공개된 데이터는 자율주행 분야(도로주행영상 등 21종), 헬스케어 분야(암 진단 영상 등 32종), 자연어 분야(한국어 방언 등 39종), 컴퓨터 비전 분야(스포츠 영상 등 15종), 안전 분야(노후 시설물 이미지 등 19종), 농축수산 분야(가축 영상 등 14종), 국토환경 분야(산림 이미지 등 12종), 기타 분야(패션 상품 이미지 등 18종) 등입니다. 이렇게 구축된 데이터는 자체적으로 구축이 어려운 개인, 기업, 벤처, 연구소, 대학 등 머신러닝을 연구하고 개발하려는 많은 사람이 활용하도록 할 계획입니다. 현재 이 데이터는 AI-Hub 사이트(www.aihub.or.kr)에서 공개중입니다.

현재 이 프로젝트의 구상은 5G 통신 기술과 접목해 더욱 많은 데이터를 수집해 머신러닝의 학습용으로 사용하고자 하는 것입니다. 이렇게 되면 교통, 공장, 사무실, 가정 내 전자제품 등 우리 실생활이나 산업 현장에서 생성되는 엄청난 데이터를 수집할 수 있고, 그만큼 다양한 머신러닝 시스템을 학습시킬 수 있게 됩니다.

▪ 초거대 AI ▪

요즘 기업들은 초거대 인공지능 개발에 투자하고 있습니다. 머신러닝 알고리즘은 규모가 엄청난 데이터를 학습하거나 학습 알고리즘이 아주 복잡한 계산을 하는 경우가 많습니다. 그래서 컴퓨터 처리 속도가 중요한데, 최근에는 학습 데이터 규모나 알고리즘 계산 규모가 과거와 달리 급격하게 증가하고 있습니다.

규모가 큰 인공지능을 초거대 AI라고 하는데, 이를 계산하려면 굉장히 많은 학습 데이터와 슈퍼 컴퓨터에 버금가는 성능의 시스템이 필요합니다. 많은 기업에서 인공지능의 성능을 최대한 높이기 위해서 엄청난 비용을 투자하며 초거대 AI를 구축하려 노력합니다.

한국 기업들도 약 2,040억 개 파라미터*를 가진 자연어 처리 모델을 개발했다고 발표했습니다. 현재 초거대 AI의 개발 주도권 경쟁이 치열해 많은 기업이 대학과 공동 연구로 수천억을 투자해서 400~500테라플롭스 이상의 성능을 가진 슈퍼컴퓨터를 도입하고

---

* **파라미터** 신경회로망에서 뉴런들 사이의 가중치(Weight)와 편향(Bias)

있습니다. 테라플롭스는 1초에 1천조 번 연산하는 컴퓨터 성능을 나타내는 지표입니다.

초거대 AI는 언어 모델을 개발하는 데서 수많은 정보를 처리해 산업 현장에서 사용할 수 있는 분야로 확대되고 있습니다. 최근 LG는 2021년까지 6천억 개 파라미터, 2022년까지는 1조 개 파라미터를 가진 인공지능을 개발하겠다는 목표를 세웠으며 이를 이용해 논문 등 다양한 정보를 학습해 신소재 개발이나 프로그램 코딩 자동화 등에 활용한다고 합니다.

한편 2021년 6월 중국은 파라미터 수가 1조 7천억 개인 우다오 Wudao 2.0를 개발했다고 발표했습니다. 2021년 중국이 발표한 세계 최대 언어 모델로 중국어 이외에 영어 등 다른 언어도 이해할 수 있고, 특히 이미지와 텍스트를 연계하여 이해할 수 있습니다. 이는 그동안 초거대 AI로 알려진 언어 모델 GPT-3의 파라미터인 1,750억 개보다 10배 많은 것으로, 약 4.9TB의 텍스트와 이미지 정보를 가지고 학습했습니다.

학습에 사용된 데이터는 중국어와 영어이고, 언어와 이미지를 동시에 포함하는 작업을 할 수 있습니다. 예를 들어 언어로 경치를 설명하면 인공지능이 그 내용을 기반으로 그림을 스케치할 수 있고, 어떤 내용을 언어로 설명하면 그 내용을 잘 표현할 수 있는 그림을 그릴 수 있습니다. 중국 정부는 자연어 처리 부분에서 세계 주도권을 쥘 수 있는 인공지능 강국으로 발돋움하려고 합니다.

그러나 초거대 AI를 학습시키는 데 필요한 고품질 학습용 데이터

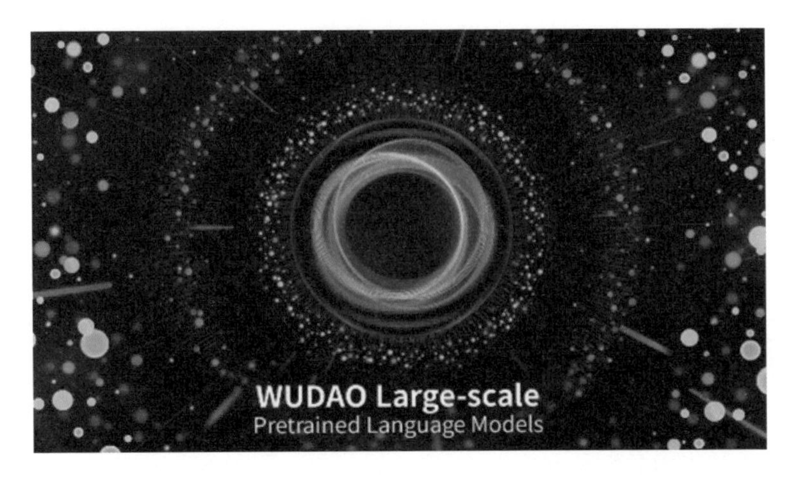

그림 3-26 파라미터 1조 7천억 개의 초거대 AI인 우다오(Wudao 2.0) 발표 모습
©Tsinghua University News

를 마련하기가 갈수록 어려워지고 있습니다. 앞서 언급한 GPT3 언어 모델의 경우 학습용 데이터를 만들기 위해 다양한 소스로 데이터를 약 45TB 수집했습니다. 하지만 이 데이터를 정제해 실제 기계학습에 사용한 데이터는 약 570GB로 전체 수집 데이터의 약 1.2%에 불과합니다. 이처럼 수준 높은 기계학습을 위해 품질 좋은 데이터를 마련하는 것이 갈수록 어려워지고 있습니다.

▪ 머신러닝의 미래 ▪

머신러닝 기술은 현재 태동기에 있습니다. 언론에서 머신러닝 사례가 많이 소개되지만 아직 개발해야 할 부분이 많고, 활용 사례도 더 많이 발굴되어야 합니다. 전 세계에서 머신러닝과 관련된 특허는 3~4년 전부터 급격히 증가하고 있습니다. 이는 앞서 언급된 몇 가지 한계점을 극복하려는 다양한 연구가 진행되고 많은 분야에 적용되며 여러 기업이 이 기술을 도입해 활용하기 시작했다는 것을 의미합니다.

현재 머신러닝에서 큰 걸림돌인 학습용 데이터를 준비하는 사람이 수집하고 정리하는 방식 대신 인공지능이 데이터를 수집하고 정리하는 방안이 연구되면서 품질 좋은 학습용 데이터 수집이 가능해졌습니다. 대용량 학습 데이터 처리에 필요한 고성능 컴퓨터도 뉴로모픽이나 광자 컴퓨터 기술이 소개되면서 현재보다 수백 또는 수천배 빠른 컴퓨터 연산이 가능해졌습니다. 이런 고속 처리 기술이 상용화되면 현재 몇 주일이나 몇 개월이 걸리는 기계학습도 며칠이나 몇 시간 만에 처리할 수 있습니다.

그리고 앞서 설명한 머신러닝의 블랙박스 문제를 해결하기 위해 xAI(Explainable AI, 설명 가능한 AI) 연구가 진행되는데, 머신러닝 시스템이 연산하는 과정의 일부 정보를 외부에 제공하도록 알고리즘 변경을 시도하는 것입니다. 이렇게 머신러닝의 한계가 하나둘 개선된다면 각 기술 영역에서 소개한 다양한 활용 분야에서 성능이 좀더 우수한 딥러닝 기술이 소개될 것입니다.

하지만 머신러닝의 발전에 대한 다른 시각도 있습니다. 딥러닝 분야의 세계적 석학인 뉴욕대학 개리 마르쿠스Gary Marcus 교수는 비록 딥러닝 연구가 엄청나게 이루어지지만 시간이 갈수록 연구 발전의 성과가 점차 둔화되며 조만간 딥러닝 기술 발전도 한계에 이를 것이라고 전망했습니다.

그런 점에서 이제 연구자들은 딥러닝 기술 다음의 Next-Deep-Learning을 준비해야 할 때가 되었다고 주장합니다. 딥러닝이 뛰어난 기술이긴 하지만 이 또한 한계가 있는 기술인데도 많은 연구자가 딥러닝 연구·개발에만 매달리는 것에 대한 따끔한 지적입니다.

QUESTION

- 사람의 언어를 어떻게 컴퓨터가 이해할 수 있을까?
- 컴퓨터가 하는 언어 번역의 수준은 어느 정도일까?
- 정말 컴퓨터로 언어 요약이 가능할까?
- 인공지능은 미래에 어떤 언어 능력을 가질 수 있을까?

PART 4

인공지능의 자연어 처리

10101010
01010101
101

자연어 처리의 정의와 원리

지능적인 인간만이 가지고 있는 언어.
인공지능은 과연 어떻게 도전하고 있을까?

언어는 오랜 세월 정보를 기록하고 소통하는 데 필요한 도구로 활용되어왔고, 인류는 언어로 많은 지식을 축적하며 문화를 형성해왔습니다. 인간 이외에 단순한 의사소통을 하는 동물이 일부 존재하지만, 고도의 언어 체계를 갖춘 인간만이 수준 높은 문명을 만들어온 고등 지능 생명체라고 할 수 있습니다. 우주 탐사에서 생명체 흔적과 더불어 문명의 흔적을 탐지하려는 시도는 지능을 지닌 또 다른 생명체가 존재하는지 알아보고자 함입니다. 그만큼 언어 체계 활용은 해당 생명체의 지능 수준과 밀접한 관계가 있습니다.

오래전부터 인간의 언어 체계를 컴퓨터 시스템에서 개발해 활용하고자 노력하지만 언어 체계가 매우 복잡하고 정교하다보니 어려운 점이 많습니다. 지금도 전 세계에서 수많은 연구·개발자가 이러한 문제를 해결해 인간 언어 수준의 컴퓨터 시스템을 개발하려고 노력합니다.

■ 자연어 처리는 무엇인가? ■

언어는 일반적으로 다양한 구성요소로 이루어져 있으며, 언어마다 서로 다른 표현과 규칙이 있습니다. 표현 언어의 앞뒤 상황이나 발음 차이로 같은 문장이라도 다른 의미로 해석되기도 하므로 언어 간 소통은 쉽지 않습니다. 하지만 이 체계를 논리적으로 잘 분석하면 컴퓨터도 언어 정보를 처리할 수 있는 소프트웨어를 개발할 수 있습니다. 이것이 인공지능의 자연어 처리Natural Language Processing입니다.

자연어 처리는 언어학Linguistic, 컴퓨터 과학Computer Science, 인공지능 등 여러 학문을 접목해 발전하는 기술입니다. 인간이 사용하는 언어를 컴퓨터가 이해하고 정보를 처리할 수 있게 해서 인간과 컴퓨터가 의사소통을 하고, 언어를 포함한 다양한 정보를 컴퓨터가 효율적으로 처리하는 등 여러 분야에서 활용할 수 있습니다. 자연어 처리는 인간 지능이 컴퓨터와 연계될 수 있는 체계를 제공할 뿐만 아니라 컴퓨터 또한 지능을 가진 시스템으로 인식되게 하는 중요한 기술입니다.

인류가 수천 년 동안 발전시켜온 언어 체계는 상당히 복잡해서 자연어 처리 기술이 인간 수준의 언어를 완벽하게 개발하기엔 아직 한계가 있습니다. 하지만 최근 컴퓨터 기술의 눈부신 발전과 다양한 자연어 처리 소프트웨어가 개발되면서 기존 한계를 넘어서는 성능이 우수한 시스템이 들어서고 있습니다. 자연어 처리 기술이 지속적으로 발전됨에 따라 그 활용 분야도 음성인식, 문자인식, 기계 번역, 텍스트 요약 등 다양한 분야로 확대되고 있습니다.

■ 언어의 구성요소와 구조 ■

컴퓨터가 어떻게 인간 언어를 처리하는지 이해하려면 먼저 언어 구조를 알아야 합니다. 인공지능 연구자들은 언어의 각 구성요소를 이해하고 이를 컴퓨터 시스템에서 적절하게 개발하는 방법을 연구하고 있습니다. 오랜 기간 발전되어온 인간의 언어 체계는 매우 복잡하지만 일반적으로 다음과 같은 구성요소를 가지고 있습니다.

의미(Semantics)

언어는 어떤 내용 또는 의미를 표현하는 기법입니다. 이러한 의미는 단어에 포함되어 있으며 단어들의 모임으로 일정한 표현을 나타내기도 합니다. 독립적인 의미를 가진 최소 단위를 형태소morphemes라 하며, 그 의미를 컴퓨터에 입력해 자연어 처리를 하면 문장의 의미를 이해할 수 있습니다. 그런데 하나의 단어는 여러 의미를 내포할 수 있으며, 동일한 문장도 앞뒤 문맥이나 발음 형태에 따라 의미가 조금씩 달라질 수 있습니다. 따라서 동일한 단어를 사용하는 문장이 어떤 의미를 가지고 있는지 컴퓨터가 처리하고 인식하기 위해 의미 분석Semantic Analysis, 단어집Dictionary 같은 여러 분야 기술이 같이 개발되고 있습니다.

발음(Phonology)

각 단어에는 발음이 있습니다. 하지만 음의 고저·장단에 따라 단어의 의미가 달라질 수 있고, 동일한 발음이라도 성별·나이·지방에 따라 미묘한 차이가 있습니다. 인간도 가끔 익숙하지 않은 발음을 이해하기 어려운 것처럼 컴퓨터 시스템이 동일 단어의 미묘한 발음 차이를 인식하려면 정교하게 설계된 음성인식Voice Recognition 기술이 필요합니다. 한편 발음과 더불어 손짓과 몸짓(제스처)도 강력한 의사전달 수단입니다. 카메라로 수집한 인간 행동의 영상 정보를 입력된 언어 정보와 같이 컴퓨터가 처리해 그 의미를 이해하는 제스처 인식 기술Gesture Recognition을 활용하기도 합니다.

문법(Grammar)

문법은 문장Sentence 또는 절Clause, 구Phrase, 단어를 구성하는 체계적인 규칙입니다. 언어마다 문법 체계가 다르기 때문에 인간이 다른 언어를 이해하기가 어려운 것처럼 컴퓨터 시스템에서 복잡한 문법 규칙을 개발하는 것은 쉬운 일이 아닙니다. 특히 문어체와 달리 실생활에서 사용되는 구어체의 변형은 매우 다양해서 음성인식으로 자연어 처리를 하는 데 상당한 기술이 요구됩니다.

문법에는 단어의 복잡한 변형 규칙에 대한 언어 형태론Morphology이 있습니다. 명사의 복수에 -s를 추가하는 것과 사람을 표현하기 위해 단어 뒤에 −er를 추가하는 등 다양한 언어 형태론 규칙을 컴퓨터가 적절하게 이해하도록 개발해야 합니다. 형태론도 언어마다 체계가

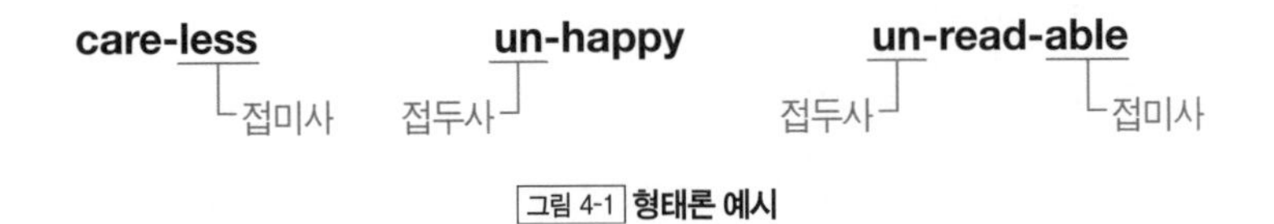

그림 4-1 형태론 예시

달라서 이러한 규칙을 컴퓨터 시스템이 이해하고 처리하게 소프트웨어를 개발하는 것이 필요합니다. 또 다른 문법의 형태로는 구문론 Syntax이 있는데, 이는 단어가 문장을 구성하기 위해 어떤 순서로 나열되어야 하는지 규칙을 표현합니다.

언어 유형(Linguistic typology)

언어들은 몇 가지 유형과 형태로 구분될 수 있습니다. 예를 들어 한글은 "나는 차를 운전합니다"(주어-목적어-동사)의 순서로 나열하지만 영어는 "I drive a car"(주어-동사-목적어)로 나열합니다. 한글의 경우를 SOV language(목적어 다음에 동사)라고 하며 일본어·몽골어 등이 이에 해당하고, 영어·프랑스어·중국어 등은 SVO language(동사 다음에 목적어)라고 합니다. 컴퓨터에 의한 기계 번역의 경우 다른 언어 유형을 컴퓨터가 정확하게 처리하는 소프트웨어 성능이 언어 번역 결과물의 수준을 가름합니다.

▪자연어 처리의 역사▪

자연어 처리 기술은 1950년대부터 개발되었습니다. 1954년 미국 조지타운대학과 IBM이 협력해 러시아 언어 60여 개 문장을 영어로 자동 번역하는 시스템을 개발했습니다. 이러한 시도는 자연어 처리의 첫 가능성을 제시한 것으로 사람들은 좀더 수준 높은 번역 시스템이 출현하리라 기대했지만, 그 이후 주목할 만한 성과를 만들어내진 못했습니다. 이는 언어의 복잡한 체계를 처리하기에는 당시 소프트웨어 수준과 컴퓨터 성능이 제대로 받쳐주지 못했기 때문입니다. 하지만 이후 MIT 등 많은 연구소에서 언어 체계의 근본적 이해를 기반으로 자연어 처리에 필요한 다양한 소프트웨어를 연구·개발해왔습니다.

1990년부터는 대규모 말뭉치Corpora*를 통계적으로 처리해 기계 번역을 하는 기법이 개발되었습니다. 말뭉치는 컴퓨터의 자연어 처리에 활용하기 위해 언어 표본을 정리한 집합을 말합니다. IBM이 캐나다 국회가 만든 다국어 말뭉치와 유럽연합EU에서 만든 대규모 정부 문서 데이터를 통계적 기계학습 기법에 적용해 자동 번역을 시도했습니다. 주로 정부에서 작성한 문서 자료를 활용하다보니 표현 단어와 문장 체계가 제한되어 공공기관 문서 번역에 국한되어 사용되었습니다.

2000년대 들어오면서 인터넷 웹Web 환경 발달로 말뭉치를 엄청나게 수집하게 되었고, 기계학습 소프트웨어 또한 발전하면서 자연어 처리 성능이 지속적으로 개선되고 있습니다. 최근에는 고성능 컴퓨터 환경에서 신경회로망 기법을 적용하면서 말뭉치 기반의 자연어 처리 기술이 적용되는 범위와 수준이 눈부시게 발전하고 있습니다.

---

* **말뭉치** 컴퓨터가 언어 텍스트를 가공, 분석, 처리할 수 있도록 모아놓은 말들의 집합을 뜻한다. 예를 들어 '한여름' '다르다' '아무거나' '아롱아롱' 등 다양한 단어의 모음으로 구성되어 있다. 자연어 처리에 사용되는 한글 말뭉치 규모는 약 18억 어절 정도 되며, 영어 말뭉치의 규모는 약 280억 어절 정도가 구축되어 있다.

■ 자연어 처리 기술 ■

앞서 살펴본 것과 같이 언어는 다양한 형태소, 문법, 언어 유형, 발음의 패턴으로 구성되어 있고, 각 요소를 효과적으로 처리할 수 있는 소프트웨어가 그간 지속적으로 연구·개발되어왔습니다. 언어의 단일 요소의 처리 성능을 높이는 소프트웨어와 더불어 다양한 기법을 통합해 성능이 좀더 개선된 자연어 처리 시스템들이 개발되기도 합니다.

규칙기반의 자연어 처리

언어의 구성요소를 컴퓨터가 이해할 수 있는 심볼과 규칙으로 개발하는 경우입니다. 많은 연구로 언어가 가지고 있는 단어와 체계가 알려져 있고, 이 중 일부를 규칙기반의 소프트웨어로 개발해 활용합니다. 하지만 규모가 방대한 단어와 상황에 따라 미묘하게 변화하는 문법을 모두 개발하는 것은 현실적으로 불가능하기 때문에 초기 자연어 처리의 수준도 제한적일 수밖에 없었습니다. 예를 들면 정치 분야에서 사용되는 언어 표현과 항공기 설계를 설명하는 단어와 표현은 다르고, 기술적 문서와 문학 작품에 사용되는 단어와 문법 또한 차이가 있습니다. 이러한 이유로 특정 분야의 언어를 처리하기 위해 개발한 자연어 처리 엔진을 다른 분야에 활용할 경우 시스템 성능이 현저히 떨어집니다. 따라서 초기의 규칙기반 자연어 처리 시스템은 제한적인 분야에서만 활용될 수밖에 없었습니다.

기계학습 기반 자연어 처리

위의 한계를 극복하기 위해 통계적 기법이 도입되어 복잡한 언어 체계를 모델링하는 데 사용되어왔습니다. 예를 들어 특정 단어의 출현 빈도를 분석해 주요 핵심 단어들을 추출하는 단어 임베딩Embedding에 대한 다양한 연구·개발이 진행되었습니다. 또한 자주 사용하지 않는 특이한 표현이나 맞춤법, 단어 생략 같은 오류도 통계적으로 처리해 원래 표현을 추정해낼 수 있습니다.

통계적 기법의 자연어 처리 수준을 높이고자 최근 딥러닝 기반의 자연어 처리가 소개되고 있습니다. 이 기법을 적용해 다양한 언어 표현을 소프트웨어에 입력함으로써 컴퓨터가 스스로 언어 표현의 규칙을 학습하는 기법이 개발되었습니다. 신경회로망 기술이 자연어 처리에 적용되면서 성능이 눈에 띄게 발전했으며 이제 자연어 처리는 언어의 감성 분석, 요약, 기계 번역 등 다양한 분야에서 우수한 성능을 발휘합니다. 다만 자연어 처리를 신경회로망 기반의 딥러닝 시스템으로 훈련하려면 엄청나게 많은 학습 데이터가 필요합니다.

최근 OpenAI에서 발표한 GPT3 언어 모델은 약 5천억 개 언어 텍스트로 훈련한 언어 모델입니다. 규모가 엄청난 언어 텍스트로 학습된 GPT-3의 언어 능력은 사람과 구별되지 않을 정도로 우수해 연구·개발자들이 GPT3 사용에 조심하라고 경고할 정도입니다.

외국어 소통 기술, 기계 번역

인간 언어에 도전하며 날로 발전해
번역에서 통역까지 영역을 넓혀가는 인공지능.

기계 번역Machine Translation이 필요한 이유는 여러 인간 사이의 소통을 편리하게 하기 위해서입니다. 우리가 학교에서 외국어를 공부하는 이유는 크게 2가지입니다. 첫째는 다른 언어로 표현된 내용을 읽거나 외국인과 소통해 우리의 지식과 경험을 넓히기 위해서입니다. 둘째는 외국어의 문법이나 단어 등을 공부하면서 논리적 사고 능력을 키우기 위해서입니다. 둘째 목적은 컴퓨터가 언어의 문법이나 논리적 체계를 이해해 자연어 처리 능력을 가지는 것과 유사하다고 볼 수 있습니다.

하지만 외국어를 습득하는 것은 쉬운 일이 아닙니다. 영어, 일본어, 중국어 등 각 나라의 언어마다 문법과 단어의 의미가 다르기 때문에 수년간 공부와 연습을 해야 외국어로 소통이 가능해집니다. 외국어를 사용하는 경우가 갈수록 늘어나서 컴퓨터가 한 언어가 표현하는 내용을 다른 언어로 표현하는 기술이 필요하게 되었고, 이러한 것을 기계 번역이라고 합니다. 현재 많은 기계 번역 기술이 개발되어 사용되고 있고, 우리도 인터넷에서 손쉽게 사용할 수 있습니다.

▪ 기계 번역은 어떻게 할까? ▪

앞서 설명한 것처럼 기계 번역은 1950년대에 처음 시도되었고, 초기에는 규칙기반으로 컴퓨터가 번역을 했습니다. 이때 규칙이란 문법, 문장구조, 단어의 의미 등을 규칙기반(○○이면 ○○이다) 형태로 컴퓨터에 입력해 문장을 번역했습니다. 이런 방식은 간단하지만 입력되지 않은 규칙이나 단어를 번역하기는 어렵다는 단점이 있습니다. 인간이 가지고 있는 언어의 규칙, 문장 구조, 단어 수가 엄청나게 많아서 이를 모두 규칙기반으로 개발하는 것은 불가능했습니다.

규칙기반 기계 번역의 한계점을 극복하기 위해 통계적 기법을 사용해 기계 번역의 수준을 높이는 노력이 진행되어왔습니다. 대규모 말뭉치를 활용해 자주 사용되는 단어 쌍을 통계적으로 분석하고 이를 활용해 컴퓨터에 학습을 시킵니다. 이렇게 학습된 기계 번역으로 번역하면 상세한 언어 지식이 없어도 좋은 결과를 낼 수 있습니다. 다만 대규모 말뭉치를 만들기가 어렵고, 이런 빅 데이터를 계산하는 강력한 컴퓨터 성능도 필요합니다.

최근에는 기계 번역에 딥러닝 기법을 적용해 전체 번역 수준을 한층 더 발전시키고 있습니다. 일상 언어 표현에서 사용되는 다양한 단어와 상관관계를 컴퓨터가 이해할 수 있는 표시법으로 만든 다음 이를 활용해 신경회로망 기반의 딥러닝 시스템을 학습시킵니다. 컴

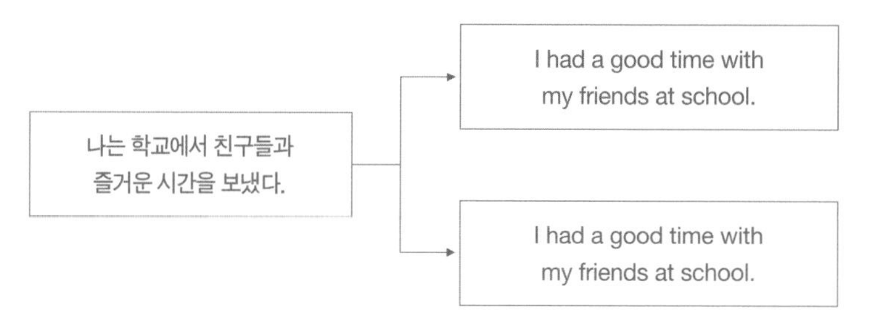

그림 4-2 **기계 번역 사례 1**

퓨터는 번역 수준을 높이기 위해 굉장히 많은 표현 단어를 학습하게 되고, GPT-3라는 최신 언어 모델은 약 3천억 개 언어 데이터를 학습한 결과로 이를 활용한 기계 번역은 뛰어난 성능을 보입니다.

요즘 인터넷에는 무료로 기계 번역 서비스를 제공하는 곳이 많습니다. 한글을 영어로 기계 번역하는 몇 가지 사례를 살펴보면서 현재 번역의 수준과 한계점을 살펴보고자 합니다.

그림 4-2는 한글 문장 구조가 단순해 2개 회사의 기계 번역 시스템이 동일한 영어 문장으로 번역합니다. **그림 4-3**처럼 단어의 문장 구조를 약간 복잡하게 구성해서 기계 번역을 시키면 영어 문장의 일부 단어가 다르게 표현되기는 하지만 전체적으로 잘 번역된 영어 결과

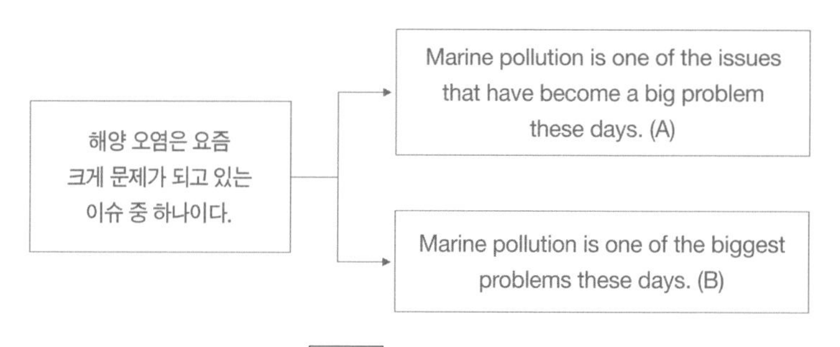

그림 4-3 **기계 번역 사례 2**

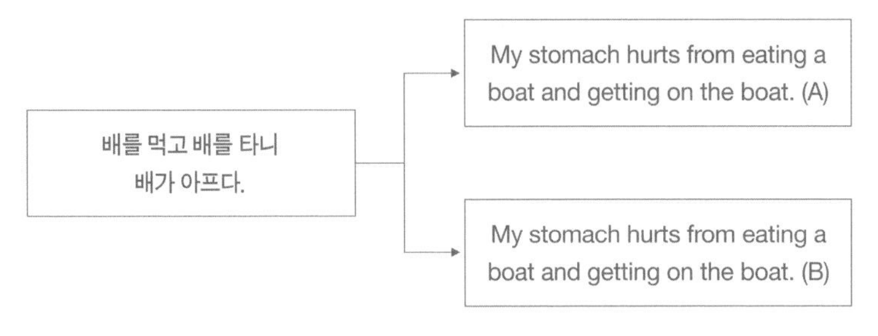

그림 4-4 **기계 번역 사례 3**

물이 나옵니다(**그림 4-3**의 A는 해외 A사의 번역기 결과이고, B는 국내 B사의 번역기 결과).

하지만 **그림 4-4**처럼 문장 구조와 단어가 단순하지만 기계 번역이 어려워하는 경우도 있습니다. 위의 경우는 '배(과일)를 먹고 배(선박)를 타니 배(신체)가 아프다'는 이야기인데, 이때 사용되는 '배'라는 단어 모습은 동일하지만 그 의미는 모두 다릅니다. 하지만 기계 번역은 이 의미를 구분하는 데 어려움을 겪습니다.

그래서 두 기계 번역 시스템 모두 잘못된 영어 번역 결과를 제공합니다. 바른 번역 결과는 My stomach hurts from eating a pear and getting on the boat입니다. 우리는 전체 문장을 보고 다음과 같이 판단합니다.

- 배를 먹고: '먹고'라는 단어 때문에 '배'가 과일을 가리킨다는 것을 알고
- 배를 타니: '타니'라는 단어 때문에 '배'가 선박을 가리킨다는 것을 알고
- 배가 아프다: '아프다'라는 단어 때문에 '배'가 신체를 가리킨다는 것을 안다.

하지만 컴퓨터는 같은 단어인 '배'가 어떤 경우 무엇을 가리키는지 판단하지 못합니다. 뒤에 오는 낱말을 참고해 첫 단어의 의미가 무엇인지 기계학습을 시킬 수 있지만, 우리가 일상생활에서 사용하는 언어에는 무수히 많은 표현이 있기 때문에 수십억에서 수백억 개 언어 표현을 기계학습하더라도 일부 번역에 실수가 있을 수 있습니다. 그만큼 인간의 언어 체계는 복잡하고 다양하기 때문입니다.

기계 번역 시스템의 성능을 평가하는 데는 원본 문장을 번역한 문장을 다시 번역해서 원본 문장이 만들어지는지 알아보는 방법이 있습니다. 그림 4-5의 예제에서는 두 번역에 약간 차이가 있는데, 두 번

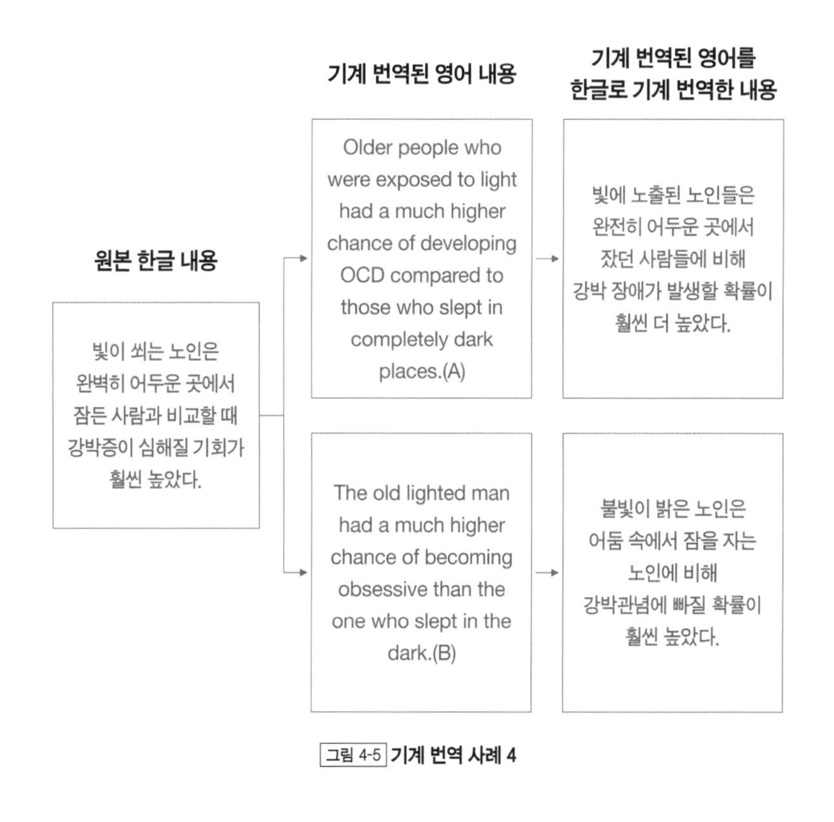

그림 4-5 기계 번역 사례 4

째 번역에 약간 오류가 발생했습니다. '빛을 쐬는 노인은'이라는 문구를 두 번째 번역에서는 'The old lighted man…'이라고 잘못 번역했습니다.

번역된 내용을 다시 원래 언어로 번역해 원본 문장과 유사한 의미로 번역되는지 살펴봐야 합니다. 첫 번째 기계 번역 시스템은 일부 표현은 다르지만 원본 한글 문장을 영어로 잘 번역했으며, 이를 다시 한글로 번역했을 때도 한국어 원본과 유사합니다. 하지만 두 번째 번역은 'The old lighted man…'이라고 어색하게 번역했고, 이를 다시 한국어로 번역했을 경우 원본과 다른 결과를 보여줍니다.

이상 몇 가지 사례에서 살펴본 것처럼 기계 번역 시스템의 성능이 많이 발전했지만, 아직 일부는 어색하게 번역하거나 잘못 번역합니다. 많은 기술이 연구·개발되기 때문에 이러한 문제점은 앞으로 계속 개선될 것입니다.

▪기계 번역 학습에 필요한 언어 데이터▪

기계 번역의 내부 엔진 성능에 크게 영향을 미치는 것은 기계학습에 사용되는 언어 데이터입니다. 다양한 형태의 언어를 기계학습시킴으로써 기계 번역 또는 자연어 처리 엔진의 성능을 높이는 것인데, 학습에 사용되는 언어 예제가 수십억 개 또는 수백억 개에 도달할 정도로 엄청난 규모입니다. 이런 학습용 데이터를 수집하고 정리하는 것도 큰일이며, 이렇게 수집된 데이터를 가지고 기계학습을 시키려면 고성능 컴퓨터가 필요합니다. 요즘은 인터넷 환경에 있는 수많은 언어 문장 데이터를 수집하고 가공해서 자연어 처리의 학습용 데이터를 만들고 있습니다.

기계 번역의 활용 분야는 기술문서, 법률문서, 정부문서, 신문기사, 회사 주요 업무 문서, 개인 이메일 번역 등 매우 다양하게 활용되고 있고, 이제는 핸드폰 앱으로 외국인의 음성을 인식해서 텍스트로 번역하는 데도 활용됩니다. 요즘은 해외 신문이나 자료도 간단하게 인터넷의 기계 번역기를 활용하는데, 비록 완벽한 번역을 하지는 못하더라도 의미와 문맥을 파악하는 데는 큰 어려움이 없습니다.

최근 기계 번역기는 텍스트 문장을 읽어서 번역하는 방식에서 이제는 음성인식으로 외국어를 듣고 다른 언어로 말해주는 통역 분야에서도 활용되고 있습니다. 다만 통역에 사용되는 표현은 문장으로 작성된 것보다 좀더 자유롭고 함축된 의미와 말하는 사람의 표정, 제스처, 발음의 높낮이 등 다양한 요소가 함축되어 완벽하게 기계 통역을 하기는 쉽지 않습니다. 기계 통역이 좀더 수준 높은 성능을 내려면 기계 번역 기술 이외에 정확하게 발성을 인식하는 음성인식 기술, 사람의 표정과 제스처 인식기술 등이 같이 합쳐져야 좋은 결과를 낼 수 있습니다. 이러한 분야의 기술 또한 눈부시게 발전하고 있고, 조만간 인간 수준의 통역을 하는 시스템이 개발될 수도 있습니다.

인공지능의 기계 번역·통역 기술이 발전함에 따라 번역가·통역가의 직업이 위협받기 시작했습니다. 옛날에는 전문 번역가·통역사가 인기 있는 직업이었습니다. 전문 번역가들은 관련 업무의 배경지식과 해당 외국어를 자유롭게 구사할 수 있는 실력을 가지고 다양한 분야에서 활동했지만, 지금은 번역의 역할이 점점 컴퓨터로 넘어가는 추세입니다. 하지만 아직도 중요한 외교 문서와 회담, 중요 계약문서 등은 사람이 직접 번역해서 실수 없이 완벽하게 처리합니다. 요즘은 일차적으로 번역을 컴퓨터가 하고 이어서 이차적으로 전문 번역가가 그 결과물을 검토해 오류를 수정하는 방식으로도 진행합니다.

외신기자 또는 특파원 직업도 위협받게 되었습니다. 과거에 일반인이 외국어에 익숙하지 않을 때는 기자들이 해외에 가서 직접 뉴스를 취재하고 자국 언어로 기사를 작성해 신문사 또는 잡지사로 전송했습니다. 그런데 요즘은 인터넷에 전 세계 다양한 뉴스와 잡지 정보가 있고, 외국어로 작성된 것이라도 기계 번역으로 빠르게 자국어로 번역해 읽어볼 수 있습니다. 따라서 기자 또는 특파원을 해외로 보낼 필요가 갈수록 줄어들고 있습니다.

기계 번역의 성능이 눈부시게 발전하고 실생활에 사용하는 수준이 되자 다른 기술들과 연결해 좀더 많은 분야에서 활용할 수 있는 새로운 방안이 나타나고 있습니다.

▪ 자연어 처리와 다양한 기술의 통합 ▪

자연어 처리와 더불어 인간과 인공지능이 직접 정보를 주고받을 수 있도록 음성인식 기술이나 발성 기술이 접목되면 좀더 편리한 인공지능 서비스를 만들 수 있습니다.

기계 번역 + OCR

이는 기계 번역 시스템과 글자 이미지를 인식하는 시스템을 연결한 것으로, 한글로 된 문서를 카메라로 촬영하고, 사진에 나타나는 글자 이미지를 실제 텍스트 글자로 변환한 다음 이를 다시 기계 번역으로 처리해 영어 결과물을 보여주는 방식입니다. 사용자가 번역하고자 하는 문장을 실제로 타이핑할 필요 없이 관련 문서를 카메라로 촬영하고 시스템에 이미지를 입력하면 자동으로 원하는 외국어로 변환되어 편리하게 사용할 수 있습니다.

OCR Optical Character Recognition, 광학 글자 인식 기술은 글자 이미지 형태를 분석해서 컴퓨터가 이해할 수 있는 실제 텍스트 글자로 변환하는 기술인데, 이 기술 또한 많이 발전했습니다. 손으로 작성한 여러 형태의 이미지 정보를 정확하게 분석해서 무슨 글자인지 파악할 수 있습니다. 이 기술이 기계 번역 시스템과 같이 연결되면서 기계 번역이 좀더 활발하게 사용될 수 있도록 합니다.

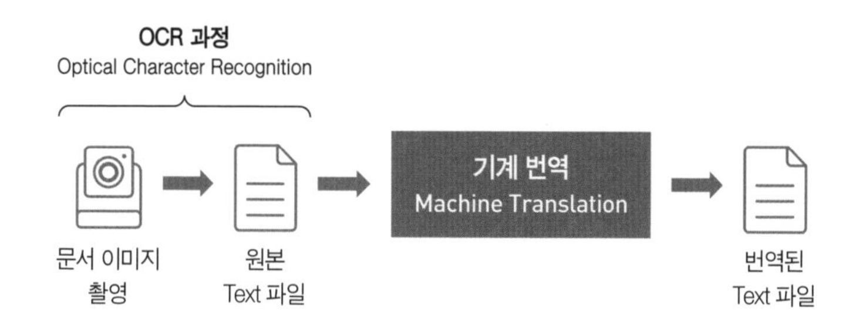

그림 4-6 기계 번역과 OCR이 통합되는 경우

기계 번역: 음성인식 + 음성합성 TTS

텍스트 언어가 문장으로 작성되기도 하지만 사람 목소리로 발성되면서 소통에 사용되기도 합니다. 목소리의 음성신호를 인공지능이 인식해 사람이 말하는 내용을 컴퓨터가 알 수 있는 문장으로 변환해줍니다.

과거에는 사람마다 목소리와 발성에 미묘한 차이가 있어 음성을 정확하게 인식하기 어려웠으나 이 분야의 인공지능 기술 또한 눈부시게 발전해 이제는 사람의 음성신호를 정확하게 인식하고 문장으로 변환해줍니다. 음성 인식 기술이 기계 번역과 연결되면서 이제는 거의 실시간으로 사람이 한 말을 다른 외국어로 번역해 해외 여행 등 실생활에서 간편하게 사용할 수 있게 되었습니다.

비록 자연어 처리 기능이 계속 발전하고는 있지만, 그렇다고 외국어 공부를 소홀히 해서는 안 됩니다. 언어를 사용할 수 있는 일은 매우 많으며 단순히 언어로만 표현되는 것 이면에는 문화 또는 역사적 배경, 사업 관계, 개인 간 관계 등 많은 요소가 포함되어 있습니다. 이를 고려하지 않고 단순히 문장 자체로만 번역하면 전혀 다른 의미로 전달될 수 있습니다.

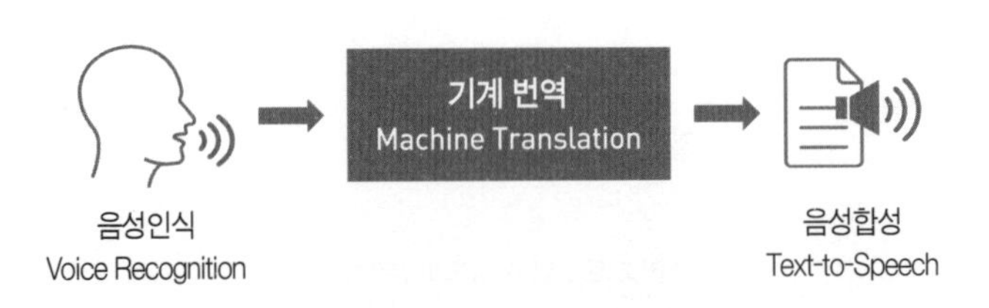

그림 4-7 기계 번역과 TTS가 통합되는 경우

더구나 중요한 법률적 계약이나 투자에서는 번역에 실수가 있을 경우 그 피해는 굉장히 큽니다. 그리고 언어는 상대방을 이해하고, 다른 문화를 이해하는 데 매우 중요한 수단이기 때문에 단지 인공지능이 번역하는 것에만 의존하면 큰 낭패를 볼 수 있습니다.

자동 요약의 원리와 응용분야

복잡한 내용도 알아서 척척 요약해주는 인공지능,
보고서 요약이나 회의록 작성도 할까?

텍스트 문장의 자동 요약은 인공지능 자연어 처리의 한 기술로, 긴 원본 문장 텍스트에서 중요한 사항을 요약 정리합니다. 사람은 여러 페이지의 문장이나 긴 보고서, 신문기사 등의 핵심 내용을 이해하려면 전체 내용을 읽어보아야 합니다. 자료가 매우 많으면 그 내용을 모두 읽어서 핵심 내용을 정리하는 일은 매우 힘들고, 시간이 많이 필요합니다. 이런 문제를 해결하기 위해 컴퓨터에 텍스트를 입력하고 자동 요약 기술을 활용하면 비교적 짧은 시간에 중요한 내용을 이해할 수 있습니다.

실제로 연구 논문, 특허 문서, 중요 보고서 같은 경우 저자가 직접 전체 내용을 간략하게 정리해 개요Abstract 또는 요약Summary 문장을 작성합니다. 방대한 본문을 모두 읽기 전에 요약된 내용을 먼저 읽어보고 파악한 다음 본문을 읽어서 전체 문서의 이해를 돕습니다. 자동 요약의 또 다른 방법은 전체 내용을 대표할 수 있는 주요 단어들,

즉 키워드를 자동으로 정리하는 것입니다.

자동 요약 기술이 갈수록 중요해지는 이유는 그만큼 우리가 읽어야 하는 정보와 지식의 양이 많기 때문입니다. 제한된 시간 안에 많은 정보를 모두 읽고 이해하기는 어렵기 때문에 요약문을 이용해 중요한 정보를 먼저 이해하고 구체적인 정보가 필요하면 그때 해당되는 원문을 읽는 방법을 많이 활용합니다.

▪자동 요약의 작동 원리▪

자동 요약Automatic Summarization의 작동 원리는 크게 2가지가 있습니다. 하나는 추출적 텍스트 요약Extractive Text Summarization입니다. 이 방법은 전체 원본 문서를 문장 단위로 분할하고, 문장마다 컴퓨터가 여러 가지 방법으로 중요도를 평가한 다음 높은 점수를 받은 문장만 일부 추출해 요약문을 만듭니다. 문장의 중요도를 평가하는 방법에 따라 전체 내용이 얼마나 잘 요약되는지 결정되는데, 예를 들면 문장들 사이의 유사도를 복잡한 수학적 방법으로 컴퓨터가 계산하고, 점수를 비교해 높은 점수를 받은 문장들로 요약문을 작성하는 것입니다.

그림 4-8에 보여준 것은 한글의 과학 기사를 간단하게 세 문장으로 요약한 것입니다. 과학 기사의 전체 내용을 각 문장으로 구분한 다음, 나타나는 주요 단어 등을 분석해서 어떤 문장이 전체 내용을 잘 표현하는지 복잡한 수학 계산을 적용해 점수를 내고, 이 중에서 가장 높은 점수를 받은 세 문장을 정리한 사례입니다.

또 다른 자동 요약 방법은 컴퓨터가 원본 문장 내용을 모두 분

원본 내용

미국 항공우주국(나사·NASA)이 이르면 다음 달 8일 화성에서 이동형 탐사 로봇 퍼서비어런스에 탑재된 소형 헬리콥터 '인지뉴이티(Ingenuity)'의 첫 시험비행을 진행할 예정이라고 23일(현지 시각) 발표했다. 비행이 성공할 경우 인지뉴이티는 지구 이외 천체에서 최초로 비행에 성공한 동력 비행체가 된다.
미 CNN 등 외신에 따르면, 지난달 19일 화성 착륙에 성공한 퍼서비어런스는 이번 시험비행을 위해 나사가 지정한 비행 구역으로 이동하고 있다. 나사는 이륙 장소 탐색을 마무리했고 이르면 다음달 8일 인지뉴이티의 첫 동력 비행을 시도할 예정이다.
현재 인지뉴이티는 퍼서비어런스의 아래쪽에 붙어 전원을 공급받고 있다. 1.8kg 무게의 인지뉴이티는 얇은 화성 대기층에서 날 수 있도록 탄소섬유로 만들어진 날개 네 개를 갖고 있다. 이 날개들은 분당 2,400회 회전하도록 설계됐으며, 지구의 탑승용 헬리콥터보다 약 8배 빠른 속도다.
화성의 중력은 지구의 3분의 1에 불과하지만, 대기 밀도가 지구의 100분의 1에 불과해 비행이 쉽지 않다. 〈뉴욕타임스〉는 "화성 지표면에서 이륙을 시도하는 것은 지구 상공 10만 피트(약 30km)에서 이륙을 시도하는 것과 같다"고 했다. 인지뉴이티는 영하 90도까지 떨어지는 화성의 밤 날씨를 견디기 위해 태양열 전지도 달려 있다.
나사는 이번 비행을 통해 화성 대기에서 드론 비행이 가능한지 시험하는 것을 목표로 삼고 있다. 첫 비행에서는 초당 1m 속도로 지상 3m 높이까지 올라갔다가 착륙할 예정이며, 최초 테스트에 성공하면 나사는 비행 시간과 높이를 조금씩 달리하면서 최대 다섯 차례 시험비행을 진행할 예정이다.
일련의 비행 과정에 총 31일 정도가 소요될 것으로 예상되며, 최초 실험 비행의 성공 여부에 따라 닷새쯤 더 걸릴 수도 있다. 이 과정들은 인지뉴이티에 탑재돼 있는 두 대의 소형 카메라로 촬영돼 지구로 송신된다.
시험 비행이 성공할 경우 인지뉴이티는 지구가 아닌 다른 행성에서의 비행에 성공한 최초의 동력 비행체라는 기록을 세우게 된다. 나사 측은 "마치 라이트 형제가 인류 첫 비행을 시도한 것에 견줄 수 있다"고 말했다. 나사는 이 비행의 상징성을 강조하기 위해 라이트 형제의 비행기 날개에 붙어 있던 우표 크기의 천을 인지뉴이티에 붙이기도 했다.

인공 지능이 요약한 문장

美 NASA 다음달 시험비행 미국 항공우주국이 이르면 다음달 8일 화성에서 이동형 탐사 로봇 퍼서비어런스에 탑재된 소형 헬리콥터 '인지뉴이티'의 첫 시험비행을 진행할 예정이라고 23일 발표했다.
비행이 성공할 경우 인지뉴이티는 지구 이외 천체에서 최초로 비행에 성공한 동력 비행체가 된다.
미 CNN 등 외신에 따르면, 지난달 19일 화성 착륙에 성공한 퍼서비어런스는 이번 시험비행을 위해 나사가 지정한 비행 구역으로 이동하고 있다

그림 4-8 **추출적 텍스트 요약 사례**

석한 다음 요약한 내용을 새롭게 작성하는 추상적 요약Abstractive Text Summarization입니다. 이는 마치 사람이 전체 내용을 이해하고 요약문을 새로 작성하는 것과 같은 방법으로, 고도의 기술이 필요합니다. 이 방법에는 신경회로망을 사용하는데, 여기서 '지도 학습' 기법을 적용합니다. 원문 문장과 사람이 직접 작성한 요약문의 다양한 사례를

가지고 신경회로망을 학습시킨 다음 실제 요약하고 싶은 원본 문장을 입력해 요약문을 만듭니다. 이 방법의 단점은 기계학습을 시키기 위한 다양한 원문과 요약문 예시가 필요하다는 것입니다. 최근 구글에서 약 3억 5천만 개의 웹 페이지 내용을 기반으로 딥러닝 엔진을 학습시킨 자동 요약 시스템을 발표했는데 이는 논문, 특허, 신문기사, 이메일 등 다양한 정보를 자연스러운 형태로 요약해줍니다.

자동 요약 시스템은 최근 들어 실제 업무에도 활용되고 있습니다. 연구자들이 논문을 검색하면 보통 수십 건에서 수백 건을 찾을 수 있습니다. 그런데 이 모든 논문을 하나하나 읽어보는 것은 불가능하기 때문에 인공지능의 자동 요약 기능이 논문 초록을 요약해서 간단하게 한 문장으로 작성해주면, 요약된 내용을 바탕으로 좀더 유용한 논문을 찾아낼 수 있습니다. 이처럼 많은 정보와 지식을 처리하는 데 자동 요약 기능을 편리하게 활용할 수 있습니다.

▪ 키워드 추출 ▪

문장을 요약하는 또 다른 방법은 원본 문서를 문장으로 요약하는 대신 주요 단어들을 자동으로 정리해주는 것입니다. 인공지능의 자연어 처리 기술이 정리해주는 주요 단어들만 가지고 원본 문서의 전체 내용을 간략하게 파악할 수 있습니다. **그림 4-9**는 중학교 영어 교과서에 나오는 문단을 키워드 추출기에 입력해 중요한 단어들을 추출한 것입니다. 추출된 단어들을 보면 입력된 문단의 핵심 내용을 추측할 수 있는 주요 단어들로 구성되어 있음을 알 수 있습니다.

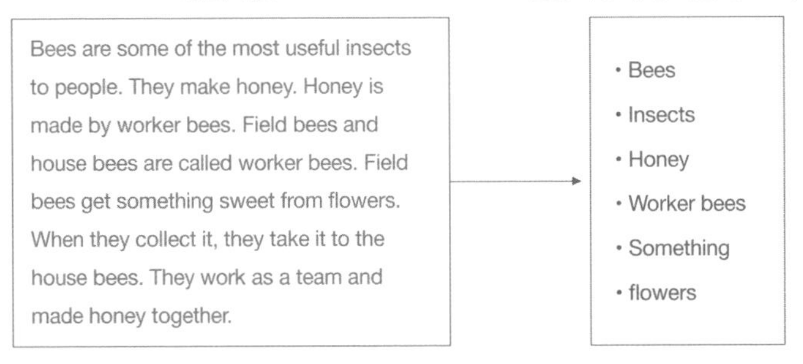

그림 4-9 **키워드 추출 사례**

자연어 처리의 문서 요약과 키워드 추출 기술을 활용하면 많은 문서 중 관심 있는 내용만 선택할 수 있습니다. 그림 4-10의 설명처럼 우선 1단계로 전체 문서들의 키워드를 추출해서 이를 기반으로 관심 있는 문서들을 선택하고, 각 문서의 내용을 자동 요약해 읽어보면서 좀더 관심 있는 문서들을 선택합니다. 그리고 최종 선택된 문서 내용을 읽어보면서 주요 관심사를 파악합니다. 이런 방법을 활용하면 수많은 자료를 모두 읽어볼 필요 없이 비교적 빠른 시간에 중요한 정보를 이해할 수 있습니다.

언어로 표현된 방대한 정보 또는 지식에서 핵심 내용을 정리 요약하는 기술은 앞으로도 계속 발전해 다양한 분야에서 활용될 것입니다.

자동 요약 분야에서도 다른 AI 기술과 연계되어 좀더 편리하게 사용하는 방법이 나타나고 있습니다. 그림 4-11처럼 긴 보고서, 연구 논문 또는 신문기사를 간단하게 요약하고 음성합성으로 읽어주는 방법이 가능합니다. 또한 연설 또는 회의 내용을 음성인식을 활용해

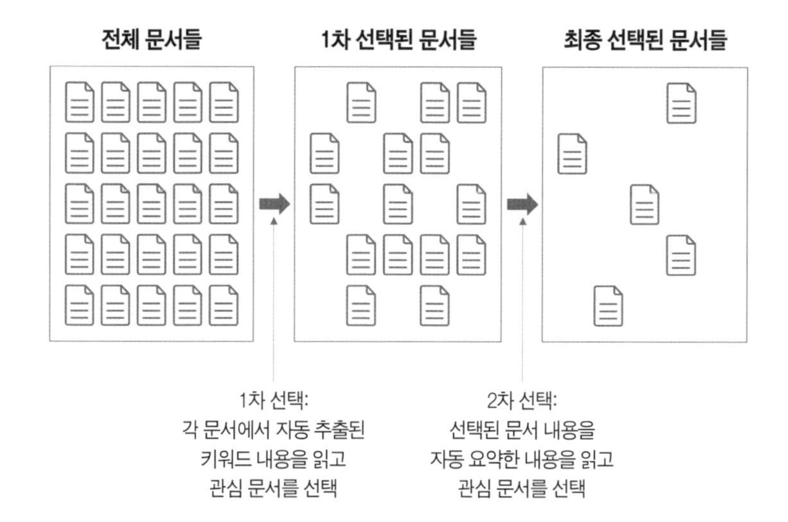

그림 4-10 **자연어 처리 기술을 이용한 단계적 관심 문서 선택 방법**

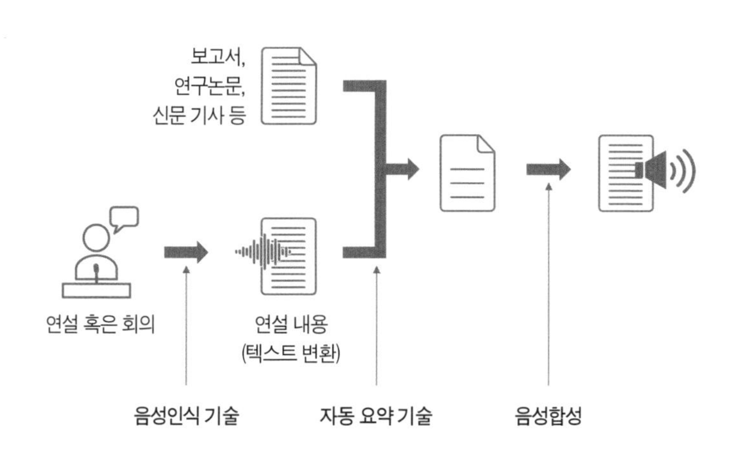

그림 4-11 **다양한 자연어 처리 기술의 연결**

텍스트로 전환하고, 이를 다시 자동 요약해 음성합성 기술로 읽어주는 방법도 가능합니다.

이렇게 인공지능의 다양한 자연어 처리 기술을 활용하면 긴 보고서나 연설내용을 편리하게 이해할 수 있습니다. 요즘은 이렇게 다양한 기술을 연결해 편리한 기능으로 활용할 수 있는 아이디어들이 쏟아져 나오고 있습니다. 누구나 아이디어가 있으면 이미 개발되어 있는 AI 기술을 활용해 새로운 서비스를 제공할 수 있습니다. 실제로 2013년에는 미국 야후에서 17세 소년이 만든 뉴스기사 요약 시스템을 막대한 금액을 지불하고 사들인 사례도 있었습니다.

▪자동 요약의 응용분야▪

비디오 요약(Video summarization)

요즘은 언어 요약에서 아이디어를 얻어 동영상 요약이라는 기술이 연구·개발되고 있습니다. 방대한 양의 비디오 영상 정보에서 필요한 영상만 정리해서 요약하는 기술입니다. 유튜브에는 긴 영화 또는 드라마의 줄거리를 10분 내외로 간단히 정리한 동영상이 많습니다. 현재는 사람이 직접 내용을 이해하고 중요한 내용 또는 장면을 정리하고 합쳐서 요약된 동영상을 만듭니다. 비디오 요약은 전체 동영상 중 중요한 장면만 정리해서 요약 편을 만드는 것입니다. 이제 이 과정을 AI가 할 수 있게 연구가 진행되고 있습니다.

인공지능이 작성하는 뉴스(Automated Journalism)

이제는 많은 정보를 기반으로 주요 내용을 정리해서 인공지능이 뉴스기사를 작성하기도 합니다. 날씨, 스포츠 경기, 주식 정보 등은 비교적 데이터를 많이 활용하는 등 정해진 틀이 있고, 자연어 처리 시스템이 특정 분야별로 정해진 데이터의 정보를 활용해 문장을 생성합니다. 이때 무조건 정보를 자동 요약하는 것뿐만 아니라 스토리가 구성되도록 정보를 정리하고 나열하는 기능도 포함됩니다. 기존의 입력 정보를 모두 이해하고 요약 내용을 다시 작성하는 추상적 자동 요약과 비슷하지만 인공지능이 작성하는 뉴스의 경우 입력되는 정보량이 훨씬 많으며, 생성해야 하는 정보도 요약이 아니라 뉴스기사처럼 논리적으로 서술되어야 하는 고난도 작업입니다.

국내외에서 다양한 인공지능이 작성하는 뉴스 시스템이 주로 날씨, 스포츠, 주식 등의 뉴스기사를 작성하고 있고, 이제는 그 분야가 사회, 문화, 정치 등 다양하게 확대되고 있습니다. 작성되는 뉴스기사 내용도 사람이 작성한 것과 유사하게 정리되어 일반 독자들이 해당 기사를 인공지능이 작성했는지 분간하기가 쉽지 않습니다.

하지만 인공지능은 기존에 수집된 정보를 기반으로 뉴스기사를 작성하기 때문에 아직 취재되지 않은 정보를 기반으로 뉴스를 작성할 수 없다는 한계가 있습니다. 뉴스는 새로운 사실, 사건, 현상 등에 대해 작성하는 것이라 아직은 사람이 직접 현장에서 정보를 수집하고 인터뷰하면서 기사를 작성해야 합니다. 사람이 수집한 정보를 기반으로 인공지능이 뉴스를 작성하기 때문에 여전히 사람의 역할은 중요합니다.

요즘은 한 단계 나아가 인공지능이 소설, 영화 대본 등 창작 영역으로 활동 범위를 넓히고 있습니다. 방대한 양의 데이터를 인공지능에 기계학습시키고, 이를 기반으로 창작하게 하는 방식입니다. 이제 인공지능의 범위도 단순히 기존 정보를 정리·요약하는 단계에서 벗어나 창의적인 활동으로 발전하고 있습니다.

▪고려할 사항들▪

전체적으로 정보, 지식, 비디오 등을 요약해서 빨리 핵심 정보를 파악하게 하는 것은 생활에 매우 편리합니다. 하지만 짧고 함축된 지식 위주로 정보를 습득하게 되면 깊은 지식과 분석하거나 생각하는 능력이 떨어질 수 있습니다. 특히 청소년이나 젊은 세대와 같이 지식 습득뿐만 아니라 생각하고 관찰하는 능력을 키워야 하는 사람들에게는 조심해야 하는 사항입니다. 함축된 정보는 빠른 시간에 정보를 파악하게 하지만, 때로는 정보를 왜곡하거나 부분적으로만 전달해서 전체 맥락을 이해하지 못하는 문제를 일으킬 수 있습니다.

따라서 AI가 여러 가지 생활에 편리한 기능을 제공할지라도 정보처리 능력을 키우기 위해 책을 많이 읽고 생각하는 훈련을 게을리해서는 안 됩니다. 그렇게 해야 창의적인 사고를 할 수 있고, 미래에 AI를 한 단계 더 발전시키거나 새로운 것을 만들 아이디어를 낼 수 있습니다. 만약 이를 소홀히 하면 인공지능에 의존하게 되거나 자칫 기술의 지배를 받는 상황이 발생할 수도 있습니다.

자연어 처리의 응용분야와 미래

무너진 바벨탑을 극복할 수 있을까?
인공지능이 언어 간 소통에 큰 획을 그으려 한다.

자연어 처리는 앞서 살펴본 것과 같이 다양한 곳에서 활용되고 있고, 그 기술이 발전함에 따라 응용분야는 갈수록 늘고 있습니다.

▪ 기계독해 ▪

기계독해Machine Reading Comprehension는 컴퓨터가 주어진 텍스트 문장을 읽고 관련된 질문에 답변하는 것입니다. 사람은 주어진 문장을 읽고 질문 내용의 답을 찾기 위해 생각하지만 기계독해 시스템은 문장을 읽고 입력된 정보에서 답변을 검색합니다.

예를 들어 **그림 4-12**는 태극기에 대한 설명입니다. 컴퓨터 자연어 처리 기술을 이용해서 문장을 기계독해시킨 다음, 문장에 포함된 정보에 대해 질문하면 컴퓨터가 답변하는 것입니다. 실제로는 이 예시보다 구조가 훨씬 복잡한 문장이나 긴 문장을 컴퓨터가 읽어서 질문에 답변할 수 있습니다.

기계독해에 사용된 문장

우리나라에서 국기 제정에 대한 논의가 처음 있었던 것은 1876년(고종 13) 1월이었다. 운양호사건을 계기로 한·일 사이에 강화도조약 체결이 논의되는 동안, 일본 측은 '운양호에는 엄연히 일본 국기가 게양되어 있었는데, 왜 포격했느냐?'면서 트집을 잡았지만, 조선 측에서는 '국기'가 무엇을 뜻하는지 알 수 없었다.
이 일이 계기가 되어 조정에서 비로소 국기 제정의 필요성이 활발히 논의되었고, 82년 8월 9일 수신사 박영효 등 일행이 인천에서 일본 배를 타고 도일할 때 당장 게양해야 할 국기가 있어야겠다고 생각한 나머지, 그전에 이미 조정에서 대체적으로 정해진 국기 도안 내용을 약간 고쳐 태극 사괘의 도안이 그려진 기를 만들었다. 이들 일행은 8월 14일 고베(神戶)에 도착하여 숙소 건물 지붕 위에 이 기를 게양했는데, 이것이 태극기의 효시다. 이것을 조정에서 83년 정식으로 국기로 채택, 공포했고, 대한민국이 수립된 후 1949년 문교부에 심의위원회를 설치, 음양과 사괘의 배치 안을 결정, 오늘에 이르렀다.

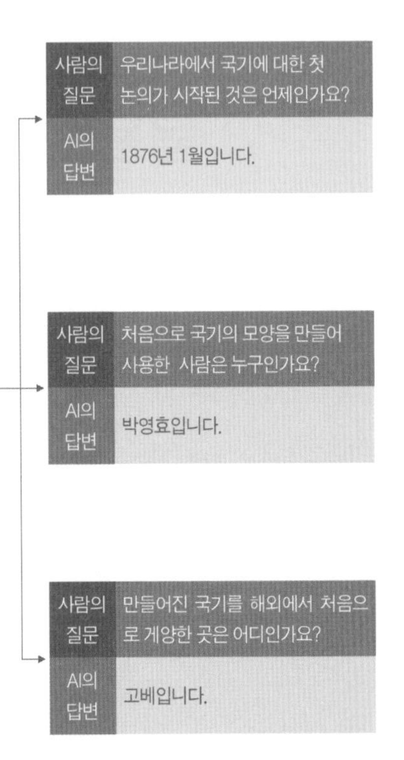

그림 4-12 **기계독해 예시**

기계독해의 성능도 얼마나 다양한 문장을 이용해 기계학습을 시켰는지가 중요합니다. 수많은 문장을 가지고 기계학습한 경우에는 어려운 문장도 잘 이해하고 답변할 수 있지만, 적은 문장만으로 기계학습을 한 경우에는 사용된 분야 이외의 문장이 입력되면 시스템이 이해하는 데 어려움을 겪을 수 있습니다. 이 방법은 단순한 정보 검색보다 한 단계 수준 높은 검색을 하고자 할 때 사용하는 것으로, '기존의 검색 방법과 다르다'는 의미에서 기계독해를 이용한 검색을 비욘드 서치Beyond Search라고도 합니다.

기계독해의 활용 범위는 매우 다양합니다. 예를 들어 간단한 질문과 답변으로 진행되는 전화 또는 인터넷 문의 업무를 기계독해를 통해 고객에게 서비스를 제공할 수 있습니다. 고객이 주로 많이 하는 질문 내용을 수집해서 기계학습을 시키면 고객의 질문에 컴퓨터가 적절한 답을 할 수 있습니다. 매우 많은 정보를 포함하는 상품 설명서, 서비스 계약서 등의 문서도 기계독해를 통해 필요한 부분에 대한 질문에 답하는 서비스를 제공할 수 있습니다. 이런 서비스로 제품 설명서나 서비스 계약서를 모두 읽어보지 않더라도 기계독해 시스템에 질문해 필요한 정보를 빨리 알아낼 수 있습니다.

▪ 대화 시스템 ▪

기계독해 시스템이 긴 문장을 읽어 질문과 답변을 하는 방식이라면, 대화 시스템Dialogue System은 긴 문장뿐만 아니라 기타 다양한 정보와 데이터를 이용해 기계학습을 하고 질문에 답변하는 시스템입니다. 현재의 대화 시스템은 기초적인 질문과 답변 또는 명령을 수행하는 정도입니다. 예를 들어 '오늘은 며칠인가?' '오늘 날씨는 어떤가?' '현재 중요한 뉴스기사는?' '최신 음악을 들려줘' 등 비교적 단순한 내용을 물어보거나 명령하는 형태입니다. 이러한 대화 시스템의 형태는 주로 질문-답변Question & Answer으로 되어 있습니다.

앞서 소개한 기계독해도 관련 문장으로 학습한 인공지능에 질문하고 답변하는 형태로 활용됩니다. 사람이 새로운 사실을 알기 위해 하는 질문에는 그림 4-13처럼 크게 6가지 형태가 있습니다. 여기서

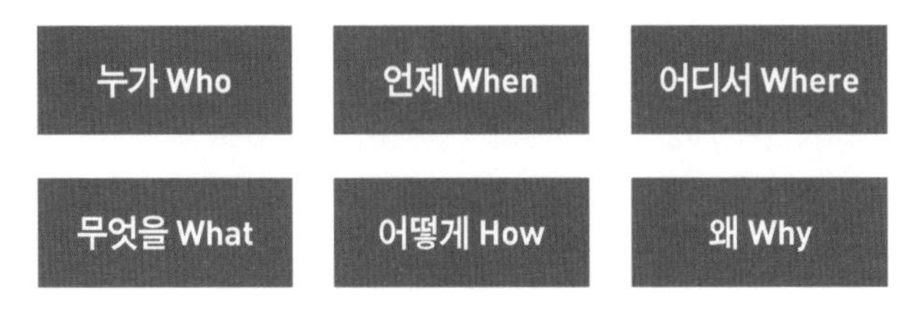

그림 4-13 **질문의 기본적인 6가지 종류**

'누가' '언제' '어디서' '무엇을'이라고 질문하는 4가지 형태는 비교적 간단한 정보를 검색해서 답변할 수 있습니다. 그런데 '어떻게How' '왜Why' 질문에 답변하려면 여러 가지 정보를 참고하고 생각해서 적절한 답변을 만들어야 하는데, 이는 인공지능에 아직은 어려운 일입니다. 인공지능이 사람처럼 생각하게 하는 기술이 연구·개발 중이지만 아직은 이런 질문에 답변하는 것이 쉬운 일은 아닙니다. 특히 '왜Why' 질문은 사람에게도 어려운 질문이며, 각 개인의 의견이나 주관에 따라 다양한 답변이 나올 수 있습니다. 이런 고차원의 생각, 추론이 필요한 부분은 인공지능에 힘든 일입니다.

대화 시스템이 다양한 인공지능 기술과 연결되면 매우 다양한 분야에서 활용될 수 있습니다. 현재 4차 산업 또는 IoT 기술 등의 발전으로 스마트 홈, 스마트 자동차, 휴머노이드 로봇, 가상 비서 등 인공지능의 자연어 처리 기술을 활용하는 분야는 계속 늘고 있습니다. 이는 인간과 기계가 소통하는 여러 방법 중 언어를 사용하는 것이 비교적 편리하기 때문으로, 기계가 언어로 표현된 정보를 이해하고 처리해서 다시 인간에게 알려주는 방식으로 작동합니다. 대화 시스템에 인터넷에서 제공하는 날씨, 뉴스기사, 교통 정보, 차량 정보,

그림 4-14 **인공지능 대화용 스피커**

스마트 홈 정보 등 다양한 정보를 연결하면 사람이 시스템을 통해 수집하거나 명령할 수 있게 됩니다. 이렇게 되면 집 안에서 음성 명령으로 가전제품을 작동하고, 운전 중에 음성 명령으로 계좌이체를 하고, 자전거를 타고 가면서 주식 정보를 물어볼 수 있습니다.

■ 챗봇 ■

대화 시스템과 유사한 챗봇Chat Bot 시스템은 이미 일상생활에서 많이 사용되는데, 챗봇을 활용해 고객의 간단한 문의 사항에 답변하는 서비스를 제공합니다. 이는 앞서 설명한 것처럼 업무에 관련된 다양한 정보를 이용해 기계학습을 한 후 시스템이 고객의 질문 내용을 대화 시스템으로 답변하는 것입니다. 단순한 형태의 챗봇은 딥러닝보다는 규칙기반의 지식을 가지고 답변하기도 하는데, 이 경우 성능이 떨어질 수 있습니다. 실제로 다양한 챗봇을 사용해보면, 질문에 답하는 경우도 있지만, 간단한 질문도 이해하지 못하는 챗봇이 있습니다. 현재 챗봇은 업무와 상관없는 질문에 답변 성능이 많이 떨어지는데 이는 특정 지식만 이용해 시스템이 학습했기 때문입니다. 현재 챗봇의 시스템도 성능을 높이기 위해 다양한 기술이 연구·개발되고 있어서 앞으로 계속 발전해나갈 것입니다.

▪회의록 작성▪

회사에서는 회의가 많고, 회의 내용을 간단하게 정리해 참석자 또는 관련된 사람들에게 내용을 공유해야 합니다. 현재는 회의에 참석한 사람이 회의 내용을 이해하고 주요 사항을 문서로 정리합니다. 하지만 인공지능을 이용하면 음성인식 기법으로 회의 중 논의된 내용을 텍스트로 변환할 수 있고, 변환된 내용을 기계가 독해하고 요약해서 회의록을 작성할 수 있습니다. 요즘은 회의가 전화 또는 인터넷 영상회의 시스템으로 이루어지는데, 이 경우 인공지능 회의록 작성 시스템과 연결하면 온라인으로 이루어진 대화 내용을 인공지능이 인식하고 정리해 회의록을 작성할 수 있습니다.

이미 국내와 해외의 여러 벤처기업이 이러한 서비스를 제공하고 있는데, 특히 외국인과의 회의를 실시간 번역·통역 시스템과 연결해서 진행할 수 있습니다. 인공지능이 작성한 회의록은 참석한 사람들의 언어로 자동 번역되어 참석자들에게 공유할 수도 있습니다. 또한 유사한 기술을 적용해 강의 내용을 인공지능이 청취하고 핵심 내용을 정리하는 AI 강의록 작성 등 다양한 분야에서 활용할 수 있습니다.

▪ 이미지 캡셔닝 ▪

자연어 처리 기술이 다른 인공지능 기술과 연결되면서 활용 분야가 빠르게 확대되고 있습니다. 이미지 캡셔닝Captioning 기술은 인공지능의 이미지 인식 기술과 자연어 처리 기술을 연결해 이미지 내용을 설명하는 문장을 컴퓨터가 생성하는 기술입니다. 그림 4-15는 카메라가 촬영한 이미지를 컴퓨터가 분석하고, 그 정보를 활용해 적절한 문장 구조와 단어를 선택하고 합성함으로써 사람이 이해할 수 있는 문장으로 자동 생성하는 것을 보여줍니다.

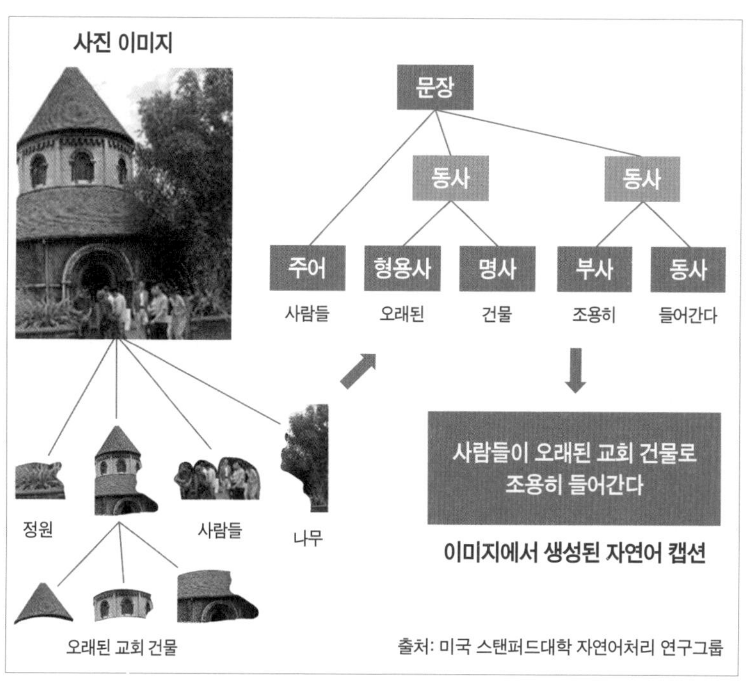

딥러닝을 이용한 자연어 처리 기술과 접목해 사진 이미지에서 의미있는 문장을 추출한다.

그림 4-15 **이미지 캡셔닝 예시**

그림 4-15 좌측 상단의 큰 사진 이미지는 매우 복잡한 물체 이미지로 구성되어 있습니다. 인공지능의 이미지 인식 기술에서 이 사진 이미지를 분석해 여러 가지 식물이 자라는 정원, 옛날 고풍스러운 건물, 여러 사람, 교회로 들어가는 행동, 나무 이미지 등을 별도로 분석해냅니다. 그리고 건물을 다시 지붕 형태, 창문 형태, 건물 입구로 세부적으로 분석함으로써 이 건물이 고풍스러운 옛날 교회 건물임을 인식합니다. 이렇게 인식된 여러 정보들을 이용해 전체 사진을 설명하는 한글 문장을 만들려면 자연어 처리 시스템은 한글 문장 구조를 구성하고, 각각 인식된 세부 이미지 정보를 적절한 한글 단어로 변환합니다.

이렇게 되면 사진 이미지를 설명하는 한글 문장('사람들이 오래된 교회 건물로 조용히 들어간다')이 생성됩니다. **그림 4-15**는 한글 문장을 예시로 했지만 만약 동일한 사진 이미지 설명을 영어 문장으로 하려면, 영어 문장 구조와 각 세부 이미지에 적합한 영어 단어가 선택되어 영어 문장이 생성됩니다.

이러한 이미지 캡셔닝 기술로 규모가 방대한 사진 이미지를 처리해 적절한 설명 텍스트 데이터베이스를 구축하면 이미지 검색을 매우 편리하게 할 수 있습니다. 사건 현장이나 공사 현장에서 촬영한 사진으로 상황을 설명하는 문장을 자동 생성해서 사용할 수도 있습니다.

■ **감성 분석** ■

감성 분석Sentiment analysis은 문장에 포함된 사람의 감성 정보를 분석하는 것으로, 문장의 내용이나 주제보다는 어떤 감정을 가지고 있는지 분석하는 것입니다. 여기서 감성이란 '좋다' '나쁘다' '긍정적이다' '부정적이다' '중립이다' '예쁘다' 등 다양한 감정을 표현하는 단어 정보를 분석하는 것입니다. 이 분석 기법은 어떤 물건이나 서비스에 대한 설문조사에서 소비자 호응도를 알아보거나 SNS 또는 여론조사에서 사람들의 반응을 알아보는 곳에 활용됩니다.

감성 분석은 SNS, 블로그, 인터넷 댓글 등 다양한 경로로 텍스트 정보를 수집하고 감성을 나타나는 단어의 출현 빈도를 분석합니다. 긍정적 표현, 부정적 표현, 중립적 표현을 나타내는 단어의 빈도를 분석하면 해당 제품이나 서비스, 영화, 행사, 국가 정책 등에 대해 사람들이 어떤 감정이나 호응도를 가지고 있는지 분석할 수 있습니다. 최근에는 컴퓨터를 통해 실시간으로 정보를 수집해 제품 출시나

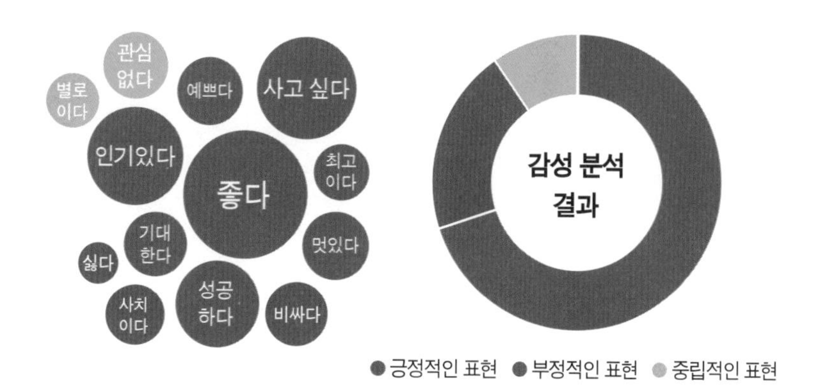

그림 4-16 **감성 분석 예시**

영화 상영 후 바로 소비자들의 반응을 분석해서 긍정적 호응이 많을 경우 더 적극적으로 홍보하고, 부정적 반응이 많은 경우 빨리 그 원인을 찾아서 대처합니다. 감성 분석은 회사가 소비자들의 민감한 반응을 빠른 시간에 정확하게 파악해 적절한 조치를 취할 수 있게 해 줍니다.

▪ 음성인식과 음성합성 ▪

자연어 처리 기술과는 차이가 있지만 음성인식과 합성기술은 자연어 처리와 매우 밀접하게 연결되어 활용됩니다. 음성은 발음에 따라 전기 신호 형태가 매우 다르게 나타납니다. 마이크를 통해 들어오는 음성의 전기 신호 형태를 파악해서 어떤 발음인지 인식하는 것이 음성인식 기술이고, 이 전기 신호의 형태대로 스피커를 통해 발성하는 것이 음성합성입니다.

음성인식과 합성의 기본 개념은 간단하지만 실제로는 매우 복잡하게 나타납니다. 예를 들어 같은 단어의 발음이라도 남성, 여성, 연령, 지방에 따라 매우 미묘한 차이가 있기 때문에 전기 신호가 약간 차이가 납니다. 그래서 전기 신호만 가지고 해당 단어를 정확하게 파악하는 것은 쉬운 일이 아니지만 최근에는 딥러닝 기술을 활용해 다양한 발음의 신호 형태를 미리 기계학습한 다음 실제 음성신호를 인식하는데, 매우 높은 정확도를 보입니다.

한편 음성합성TTS: Text-To-Speech은 입력된 텍스트 정보를 기계가 발음하는 시스템입니다. 음성합성에도 여러 방법이 있으며, 최근에는

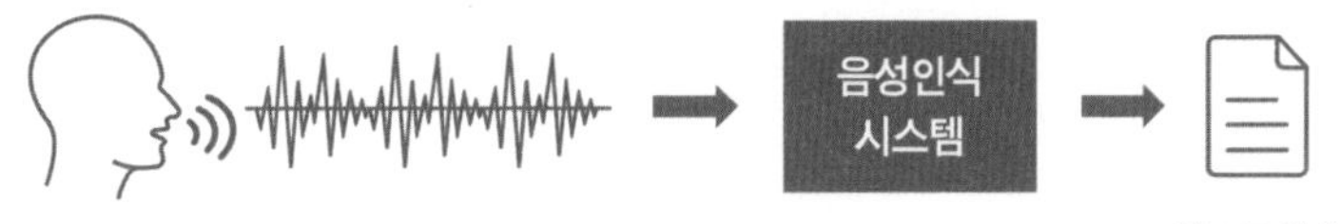

그림 4-17 음성 시스템 예시

머신러닝 기법을 사용해 사람 목소리와 거의 유사한 음성합성이 가능해져 동일한 텍스트를 다양한 성별, 나이에 차이를 두는 발음이 가능합니다. 이러한 음성합성 기술은 자연어 처리의 결과물을 좀더 편리하게 활용할 수 있게 함으로써 인공지능이 실생활에 적극적으로 사용되도록 해줍니다.

QUESTION

- 인간이 가지고 있는 지식을 인공지능에 전해줄 수 없을까?
- 생명체가 진화하는 것처럼 인공지능에도 그런 기능이 있을 수 있을까?
- 인공지능의 감각 역할을 하는 기술에는 무엇이 있을까?
- 인공지능이 로봇의 수준을 어떻게 발전시키고 있나?
- 빠른 계산이 필요한 인공지능용 반도체는 있나?
- 생명체에서 아이디어를 얻은 인공지능은 어떤 것인가?

PART 5

발전하는 인공지능 기법

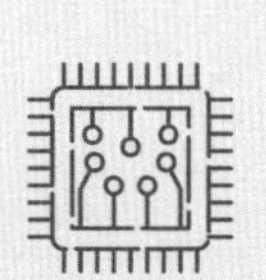

규칙기반 시스템의 원리와 활용분야

규칙으로 표현될 수 있는 인간의 오랜 경륜과 지식.
그리고 이를 활용하는 인공지능.

규칙기반 시스템은 인공지능 기술의 초창기부터 연구·개발되어온 분야 중 하나입니다. 사람의 많은 지식은 '조건-결론'이라는 구조를 가지고 있습니다. 예를 들어 '날씨가 더우면, 에어컨을 켠다' '비가 오면, 우산을 쓴다'와 같이 '~이면, ~이다'라는 형태의 지식이 많습니다. 이 규칙을 컴퓨터로 개발하면 마치 사람이 결정을 내리는 것과 같은 시스템을 만들 수 있습니다. 이러한 아이디어에서 착안해 규칙기반 시스템이 탄생해 많은 연구·개발이 진행되어왔고, 실제로 여러 분야에서 활용되고 있습니다.

▪규칙기반 시스템의 동작 원리▪

우선 규칙기반 시스템Rule-based system을 만들려면 사람의 지식을 어떻게 표현할지 정해야 합니다.

규칙

규칙Rule은 앞서 설명한 것처럼 '~이면, ~이다'라는 형태로 표시할 수 있습니다. 따라서 컴퓨터가 이해할 수 있도록 지식을 'IF~, THEN~'이라는 프로그램 구조로 표시하게 됩니다. 이를 지식표현Knowledge Representation이라 하고, 규칙기반 시스템을 때로는 지식기반 시스템Knowledge-based system이라고도 합니다.

데이터

인공지능에 활용되는 지식 형태는 규칙Rule과 다양한 데이터Data가 혼합되어 사용되는 경우가 많기 때문에 다음과 같은 데이터와 병행해서 사용됩니다. 예를 들어 '213호실의 온도가 28°C보다 높으면, 5번 에어컨을 작동한다'라고 할 경우 213호, 28°C, 5번 에어컨 등 데이터를 별도로 관리하는 것이 효율적일 수 있습니다. 지식의 구조를 잘 살펴보면 규칙과 더불어 다양한 데이터가 서로 혼합되어 있습니다.

방 호수	온도	에어컨
210호	28.2℃	1번 에어컨
211호	28.1℃	2번 에어컨
212호	27.9℃	3번 에어컨
213호	28.0℃	4번 에어컨
214호	28.1℃	5번 에어컨

그림 5-1 **규칙 지식의 구조**

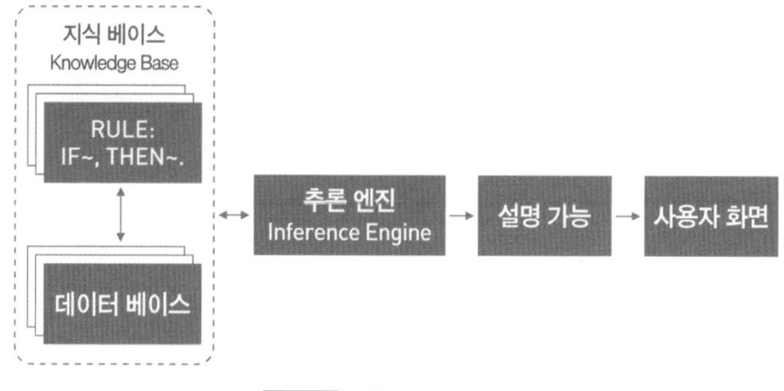

그림 5-2 **규칙기반 시스템 구조**

물론 다양한 경우를 모두 규칙으로만 개발할 수도 있지만 이를 지식과 데이터로 분리하면 시스템을 훨씬 간단하게 개발할 수 있습니다.

그림 5-1은 규칙기반과 데이터의 개념을 설명한 것인데, 수많은 규칙이 모여서 규칙 베이스 또는 지식 베이스를 구성합니다. 지식의 수가 많아지게 되면 규칙과 데이터를 분리해서 관리하는 것이 훨씬 효율적일 수 있습니다. 이런 정보를 기반으로 **그림 5-2**와 같은 개념의 규칙기반 시스템이 구축될 수 있습니다.

지식

컴퓨터로 활용하기 위한 지식 표현 방법에는 앞서 설명한 규칙기반 이외에도 시멘틱 네트워크Semantic Network*, 메타 지식Meta Knowledge** 등 매우 다양한 형태가 있지만, 이 장에서는 규칙기반 지식에 대해서만

* **시멘틱 네트워크** 지식 표현의 방법으로 객체, 개념, 사건들의 관계를 네트워크 형태로 표현한 것
** **메타 지식** '지식에 관한 지식'으로, 특정 지식 자체보다는 그 지식의 출처, 적용 분야, 다른 지식과 연관성 등 다양한 종류가 있다.

설명하겠습니다.

사람이 오랜 기간 학습하고 경험하면서 축적한 지식의 양은 굉장히 많기 때문에 이를 모두 규칙기반 형태로 표현하기는 쉬운 일이 아닙니다. 그래서 일반적으로 규칙기반 시스템을 개발할 때는 분야별로 한정된 지식을 모아 프로그래밍합니다. 예를 들어 주식거래 시스템, 화력발전소의 보일러 운전 시스템, 공장 자동화 시스템 등은 각 해당 분야의 전문가들로부터 필요한 지식만 수집하여 개발합니다. 이처럼 규칙기반 시스템을 해당 분야의 전문가들이 가지고 있는 지식을 활용한다는 관점에서 때로는 전문가Expert System라고도 합니다.

추론 엔진

사람이 학습, 경험 등으로 습득한 지식을 가지고 어떤 결론을 내리거나 판단하는 과정을 추론Reasoning이라고 합니다. 인공지능에서는 이러한 과정에서 아이디어를 얻어서 컴퓨터가 수많은 규칙과 데이터 정보를 처리해 어떤 결론이나 답을 찾을 수 있게 해주는 추론엔진Inference Engine이라는 것을 개발했습니다. 이는 이미 알고 있는 명제를 기반으로 새로운 명제를 도출하는 것과 비슷합니다. 추론하는 방법에도 여러 가지가 있는데, 다음과 같은 2가지 방법을 많이 사용합니다.

첫째는 연역적 추론입니다. **그림 5-3**은 간단한 연역적 추론Deductive Reasoning의 예시인데 1, 2번 지식으로 우리는 추운 겨울에도 따뜻한 온실 안에서 꽃이 필 수 있다는 사실을 알 수 있습니다. 이와 같이

1번 지식: 온실 안은 기온이 따뜻하다.(IF A, THEN B)
2번 지식: 기온이 따뜻하면 꽃이 핀다.(IF B, THEN C)
3번 지식: 온실 안이면 꽃이 핀다.(IF A, THEN C)

그림 5-3 **연역적 추론의 예시**

연역적 추론은 이미 알고 있는 지식에서 새로운 지식을 추리하는 방식으로, 컴퓨터 알고리즘이 IF~, THEN~으로 프로그램된 수많은 지식을 이와 같은 방식으로 처리해서 결론을 내리게 됩니다. 이는 수학이나 다른 분야에서도 많이 사용하는 추론 방식인데, 우리가 알고 있는 지식 또는 관찰한 내용을 기반으로 어떤 결론을 내리는 것과 비슷합니다. 또한 구체적인 사례(지식)로 출발해 어떤 사실을 일반화하는 데도 사용될 수 있습니다.

둘째는 귀납적 추론입니다. 귀납적 추론Inductive Reasoning은 그동안의 관찰, 경험에 기반해 어떤 결론을 도출하는 것입니다. 그런데 만약 도달한 결론에 반대되는 사실이 하나라도 발견되면 결론은 틀린 것이 됩니다. 귀납적 추론의 사례로 검은 백조Black Swan를 들 수 있습니다. 수많은 백조가 흰색을 띠고 있다는 관찰에 기반해 '백조는 희다'는 것이 과거부터 사실로 믿어져왔습니다. 그런데 아주 희귀하지만 검은색을 띠는 백조가 발견되면서 '백조는 희다'는 사실이 틀린 것이 되었습니다. 이처럼 귀납적 추론으로 도출된 결론이 반드시 사실이라고 단정적으로 정하기는 어렵습니다.

그런데 이러한 귀납적 추론은 우리 주변에 많습니다. 우리가 대다수 사례를 기반으로 진실이라고 믿더라도 반대되는 사실이 나중에 발견되면 우리가 믿는 사실이 거짓이 되는 것입니다. 예를 들어 지난 수십 년간 화성 사진 수천 장 어디에도 살아 있는 생명체의 흔적은 볼 수 없었습니다. 그래서 우리는 '화성에 생명체가 없을 것이다'라고 생각합니다. 하지만 만약 미래에 화성 생명체의 흔적을 사진으로 찍게 되면, 그동안 우리가 믿었던 가설은 틀린 것이 됩니다. 귀납적 추론에 따르면 우리가 알고 있는 많은 지식은 '잠정적인' 지식이 되는 셈입니다.

연역적 추론과 귀납적 추론 모두 사람이 경험과 지식을 바탕으로 결론을 내리는 데 많이 사용한 방법입니다. 규칙기반 시스템의 장점은 인공지능 시스템이 어떤 결론을 제시했을 때 추론 엔진이 처리한 규칙을 나열하게 되면, 어떻게 해서 시스템이 그런 결론을 내렸는지 알 수 있다는 점입니다. 이는 매우 중요한 기능인데, 시스템이 어떤 추론 과정을 거쳐 결론에 도달했는지 알면 인공지능이 제시한 결론을 충분히 이해할 수 있고 그 과정에서 새로운 사실을 알 수도 있기 때문입니다.

반면에 기계학습 또는 신경회로망 기반의 인공지능 시스템은 결론 도출 과정에 대한 설명이 많이 부족합니다. 이때 어떤 과정을 거쳐 그런 결론에 도달했는지 알 수 없으므로 막연히 인공지능이 제시하는 결과를 받아들이기 힘들 수도 있습니다.

이처럼 규칙기반 시스템의 구조는 간단하지만, 표현되는 지식 형태가 매우 다양하고 추론 방식도 여러 가지가 있어서 실제로 사용되는 규칙기반 시스템은 제법 복잡한 경우가 많습니다.

▪지식의 종류와 한계▪

규칙기반 인공지능 컴퓨터가 이해할 수 있는 지식은 다음과 같은 형태가 있습니다. 어떤 형태의 지식을 활용할지는 응용분야의 특성에 따라 달라지며, 여러 형태의 지식을 혼용해도 됩니다.

휴리스틱 지식

지식 중에는 수많은 경험을 바탕으로 습득한 것도 있는데, 예를 들어 아침이 일어나 보니 길바닥이 젖어 있고 하늘에 구름이 있다면 '간밤에 비가 왔나보다'라고 생각할 수 있습니다. 그런데 비가 왔을 수도 있지만 아침에 청소차가 지나가면서 물을 뿌렸을 수도 있습니다. 하지만 사람은 주어진 상황을 간단히 생각해서 쉽게 결론을 내리는 경향이 있습니다. 이렇게 경험으로 얻은 지식을 복잡하게 생각하지 않고 쉽게 결론 내리는 것을 '휴리스틱 지식Heuristic Knowledge'이라고 합니다.

이러한 휴리스틱 지식은 가끔 오류를 일으킬 수 있지만, 어떤 일을 오랫동안 하면서 경험으로 습득한 경우에는 문제를 쉽게 해결하는 데 큰 도움이 됩니다. 휴리스틱 지식은 전문가 시스템을 개발하는 데 많이 활용되지만 조심스럽게 사용됩니다.

퍼지 지식

세상의 모든 지식이 명확하게 정의되는 것은 아닙니다. '기온이 따뜻하다'는 말도 잘 생각해보면 과연 몇 도 정도가 따뜻한 것인지

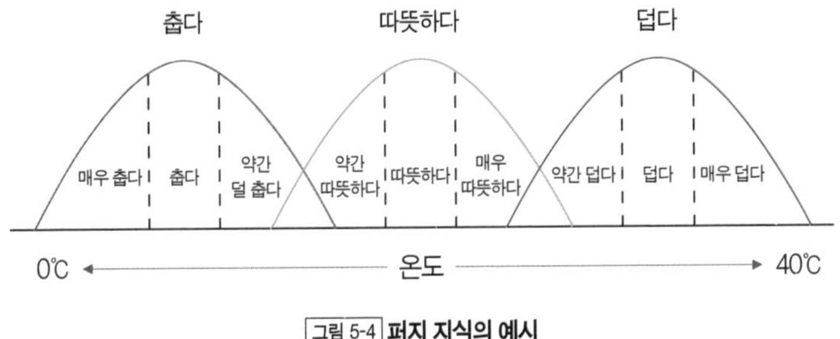

그림 5-4 **퍼지 지식의 예시**

기준이 모호합니다. 대부분 사람들은 기온이 30도가 넘어가면 덥다고 생각하고, 기온이 10도 이하면 쌀쌀하다고 생각합니다. 그러면 기온이 26도이면 이는 더운 것인가요, 아니면 추운 것인가요? 이처럼 지식에는 '예' 또는 '아니요'라고 딱 잘라서 대답하기 어려운 경우가 많습니다.

그림 5-4에서처럼 각 온도의 변화에 따라 사람이 느끼는 수준이 다르기 때문에 '춥다' '덥다'와 같은 단편적 표현으로 컴퓨터가 이해할 수 있는 온도를 나타낼 수 없습니다. 하지만 규칙기반 시스템을 개발할 때 이러한 모호한 지식도 프로그래밍으로 개발하며 이를 퍼지 로직Fuzzy Logic 시스템이라고 합니다.

그런데 규칙기반 시스템은 사람이 가지고 있는 지식을 컴퓨터로 구현해 개발한 것이지만 한계가 존재합니다. 사람의 지식이 모두 정확하다고 보장할 수가 없기 때문에 규칙기반 시스템에 제공하는 전문가의 지식 수준에 따라 시스템의 성능이 결정됩니다. 어떤 분야에서 20~30년간 일하면서 습득한 사람의 모든 지식을 빠짐없이 프로그래밍하는 것도 쉬운 일이 아닙니다. 그래서 규칙기반 시스템은 간단한 분야에 활용하거나, 다른 인공지능 시스템과 병행해서 사용함으로써 지능 수준을 높이고자 합니다.

▪규칙기반 시스템의 응용분야▪

우리 일상에는 일정한 규칙이 적용되는 분야가 많아서 규칙기반 시스템은 여러 분야에서 활용됩니다. 제품을 디자인하거나 복잡한 공장 자동화 시스템, 화학 공장을 운영하는 시스템, 금융 거래 시스템 등 다양한 분야에서 규칙기반 시스템을 활용합니다. 규칙기반 시스템의 한 형태인 퍼지로직 시스템은 다양한 가전제품에 활용됩니다. 먼지의 양에 따라 지능적으로 작동하는 공기 청정기, 지하철의 출발과 정지시 부드럽게 가속하고 감속하는 장치처럼 퍼지로직 시스템은 여러 분야에서 활용됩니다.

규칙기반 시스템은 법률 분야에도 적용할 수 있습니다. 법률 조항의 상당 부분이 '~이면, ~이다'라는 형태로 되어 있어 초기 인공지능 법률 시스템은 규칙기반의 전문가 시스템으로 개발되었습니다. 예를 들어 국가 간 금융거래 분야에 적용된 인공지능 시스템은 '외환 송금액이 XXX억 원 이상이면, A, B, C 서류를 중앙은행에 제출하고 승인을 받아야 한다' '송금하는 회사가 YYY 조건이면, ZZZ억 원 이상을 송금할 수 없다' 등 다양한 법률 조항이 전문가 시스템으로 구축되었습니다. 이때 프로그램을 개발한 사람들은 실제 국제 금융 분야에서 근무하는 변호사들이었습니다.

진화와 유전자의 알고리즘

생명체가 DNA로 진화하듯 이를 흉내 내어
스스로 진화하려는 인공지능.

앞서 설명한 것처럼 인공지능은 사람이 가지고 있는 지능을 닮은 컴퓨터 시스템을 개발하는 기술입니다. 반면 진화·유전자 알고리즘Evolution/Genetic Algorithms은 자연 생명체로부터 아이디어를 얻어 개발된 기술입니다.

진화Evolution는 생물이 주변 환경에 적응하면서 발전해가는 과정입니다. 19세기 영국의 과학자 찰스 다윈Charles Darwin은 『종의 기원』이라는 책에서 오랜 세월 생명체는 주변 환경에 적응하면서 진화해왔다고 주장했습니다. 시간이 수억 년 지나면서 주변 환경에 잘 적응하는 생명체는 살아남고 그렇지 않은 생명체는 자연스럽게 도태되었다는 설명입니다. 진화를 위해 생명체 내부에서 일어나는 과정은 매우 복잡하며, 아직도 풀리지 않은 신비의 수수께끼입니다.

■ 진화·유전자 알고리즘의 원리 ■

사람 몸에는 약 60조 개 세포가 있고, 사람이 살아가는 동안 세포들은 끊임없이 생성되고 죽어 없어집니다. 진화·유전자 알고리즘은 생명체가 진화하기 위해 일으키는 세포분열 과정에서 아이디어를 얻어 개발된 인공지능의 한 분야입니다.

염색체(Chromosome)

세포 내 염색체에서 아이디어를 얻어 정보를 특정한 코드 체계로 나열합니다. 코드는 0/1의 이진수일 수도 있고 0~10의 십진수일 수도 있는데, 사용되는 코드 체계는 매우 다양합니다. 코드 길이는 알고리즘이 해결하고자 하는 문제 특성에 따라 매우 다양하게 정의할 수 있으며, 각 코드 기호는 특정한 정보를 표시합니다.

집단(Pool)

특정 정보를 담은 코드들의 집단을 의미하며 수백 개에서 수천 개

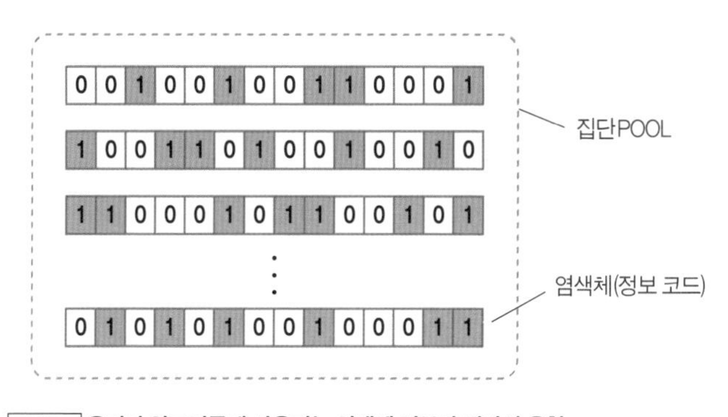

그림 5-5 유전자 알고리즘에 사용되는 염색체 정보와 집단의 유형

코드로 집단을 형성합니다. 코드 길이는 모두 같지만 내부에 담긴 정보는 모두 다릅니다. 최초 코드 집단을 만들려면 각 코드값을 무작위로 지정합니다. 여러 코드의 모임인 집단은 하나의 생명체라고 가정할 수 있습니다.

유전자 교차(Crossover)

유전자들이 서로 유전 정보 일부를 교환하는 것처럼 두 코드가 일부 정보를 잘라 서로 교환합니다. 코드 정보가 잘리는 위치를 정할 때 다양한 규칙이 있을 수 있습니다. 이렇게 두 코드를 교차하고 나면 새로운 코드가 2개 탄생하게 됩니다. 유전자 교차를 일으키는 코드의 규모를 지정할 수 있는데, 너무 많은 코드가 유전자 교차를 일으키면 전체 집단이 혼란을 일으킬 수 있고, 너무 적은 코드가 유전자 교차를 일으키면 거의 변화가 없는 집단이 계속 유지됩니다. 그래서 전체 코드 중에서 20~30%만 유전자 교차를 하게 할 수 있는데, 이 비율 또한 알고리즘이 해결하고자 하는 문제의 특성에 따라 달라집니다.

변이(Mutation)

유전자 교차로 생성된 새로운 코드 중 일부를 선택한 다음 특정 위치의 유전자 코드값을 무작위로 다른 값으로 변경합니다. 유전자에 일종의 돌연변이를 일으키는 것으로 코드에서도 비슷한 효과를 내기 위해서입니다. 많은 코드의 변이를 일으키면 집단이 혼란에 빠질 수 있기 때문에 보통 전체 집단의 1~2% 정도 코드만 변이를 일으키며, 알고리즘이 해결하고자 하는 문제에 따라 비율을 달리할 수 있습니다.

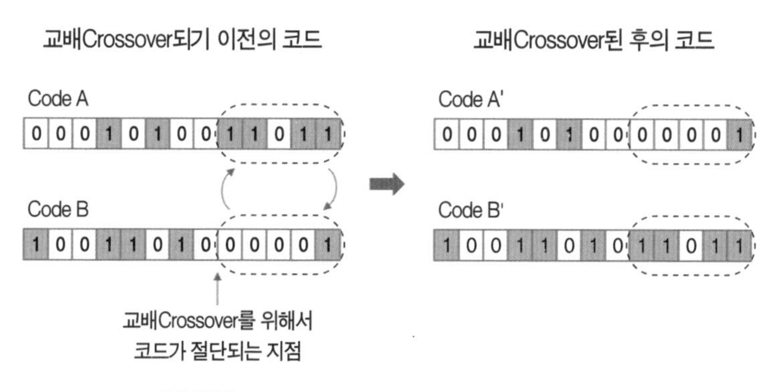

그림 5-6 **유전자 알고리즘에서 사용하는 유전자 교차 방법**

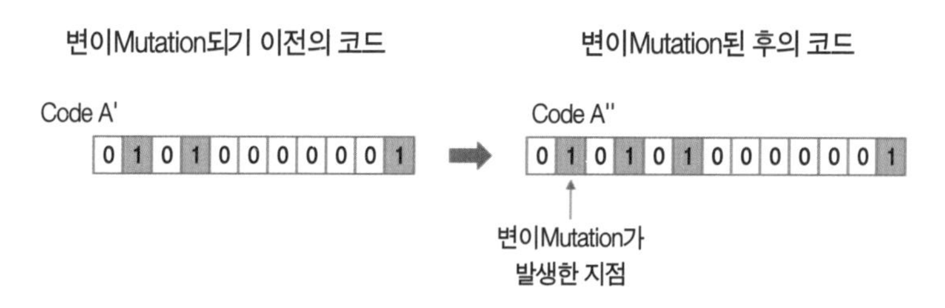

그림 5-7 **유전자 알고리즘에서 사용하는 변이 방법**

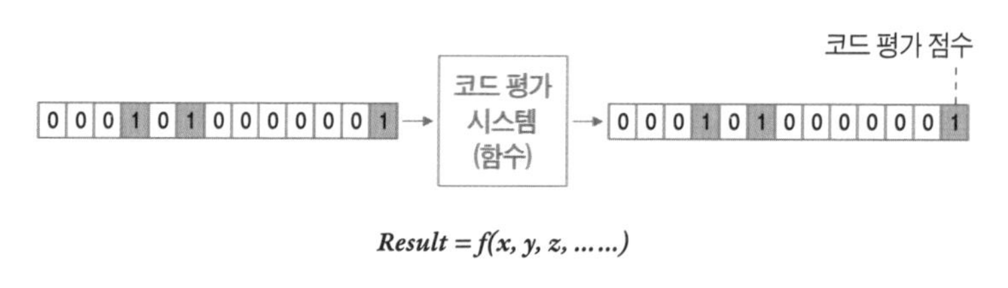

$$Result = f(x, y, z, \ldots\ldots)$$

그림 5-8 **유전자 알고리즘에서 유전자 정보의 평가방법**

평가(Evaluation)

유전자 교차와 변이 과정을 거쳐 새로운 코드가 만들어지면 코드가 의미하는 정보를 이용해 해결하고자 하는 문제를 대입하고 각 코드의 점수를 계산합니다. 이는 수학적으로 코드값(입력값 또는 x값)을 이용해 함수값(출력값 또는 y값)을 계산하는 것인데, 이렇게 하면 높은 점수를 받는 코드와 그렇지 않은 코드가 나오게 됩니다.

선택(Selection)

모든 코드의 평가 점수가 계산되었으면 이제 다음 세대의 집단Pool을 만들기 위한 코드들을 선택하게 됩니다. 다윈의 진화론에 착안해 높은 점수를 받은 코드(환경에 잘 적응한 유전자)들이 상대적으로 선택될 가능성이 높고, 낮은 점수를 받은 코드(환경에 잘 적응하지 못한 유전자)들은 선택될 가능성이 낮아집니다. 이런 선택 과정을 거치면 새로운 코드들의 집단이 만들어집니다.

세대(Generation)

위와 같은 일련의 과정을 거치는 것을 1세대라고 하고, 진화·유전자 알고리즘은 이런 과정을 보통 수천에서 수만 번 세대를 반복하게 됩니다. 이런 과정을 거치면서 우수한 평가 점수를 가지는 코드들이 집단에서 살아남게 되고, 그중에서 원하는 해답을 제시하는 코드가 존재하게 됩니다.

실제 사용되는 알고리즘은 해결하고자 하는 문제의 특성에 따라

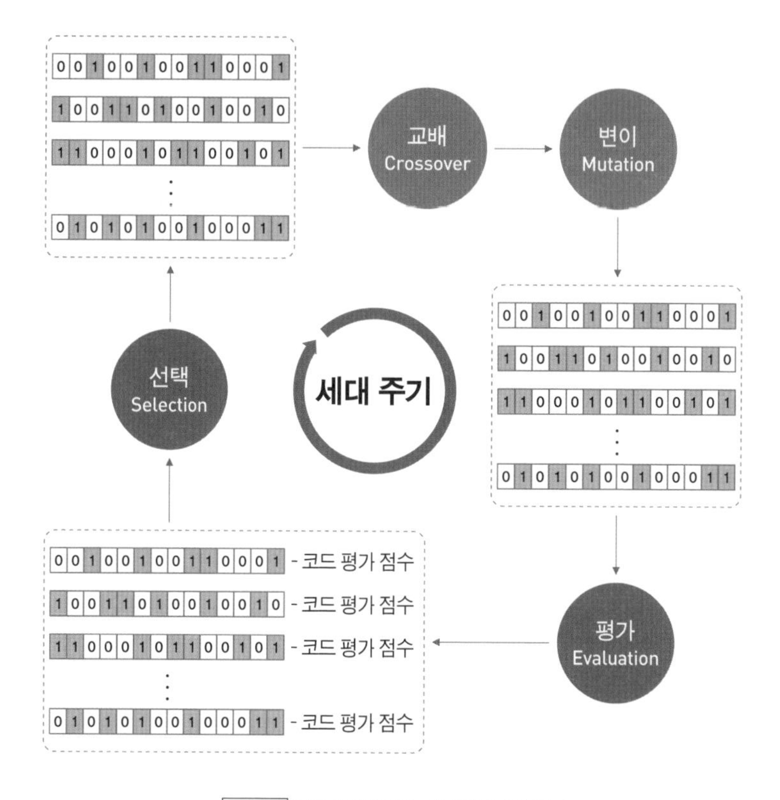

그림 5-9 **전체적인 유전자 알고리즘 계산 방식**

다양하게 변화해 사용합니다.

진화·유전자 알고리즘의 특징은 어떤 문제를 해결할 때 해당 문제에 대한 전문적 지식이 없어도 답을 찾을 수 있다는 것입니다. 잠재적 답의 정보를 포함하는 코드를 평가해 그 결과를 가지고 체계적이고 확률적으로 정답을 찾아가는 방식입니다. 그리고 많은 정보 코드를 집단으로 구성해서 답을 찾아가기 때문에 부분적 해답으로 잘못 찾아갈 확률이 줄어듭니다. 이는 문제가 매우 복잡하면 어떤 것이 정답인지 알 수 없고, 자칫하면 시스템이 제시하는 답이 좋아 보이기는 하지만 실제로 이보다 훨씬 더 좋은 답이 있을 수도 있습니다. 진화·유전자 알고리즘은 이러한 실수를 최소화하는 장점이 있습니다. 그 대신 이 알고리즘은 수천 개 코드 정보를 유전자 교차·변이시키는 복잡한 계산을 해야 하고, 각 코드 정보를 점수로 계산해서 다음 집단을 생성해야 하므로 슈퍼 컴퓨터나 고성능 컴퓨터를 많이 활용합니다.

▪ 진화·유전자 알고리즘의 응용분야 ▪

진화·유전자 알고리즘이 사용되는 몇 가지 예시를 살펴보면 다음과 같습니다.

반도체 설계

반도체 성능을 높이려면 눈에 보이지 않는 수많은 부품을 극히 작은 면적에 집중적으로 배치해야 합니다. 전자부품은 주변 부품과 여러 가지 신호 간섭을 일으키기도 하고 많은 열이 발생할 수도 있는데, 이러한 제한점들을 고려해 가장 좋은 부품 배치 설계를 해야 합니다. 쌀 한 톨만 한 면적에 수천 개에서 수만 개 부품을 3차원으로 배치하면서 신호 간섭의 부작용을 없애고, 열에너지 방출도 최소화하면서 작동하는 반도체를 설계하는 것은 결코 쉬운 문제가 아닙니다. 요즘 반도체 구조는 사람 손으로 계산해서 설계할 수 있는 한계를 벗어나기 때문에 진화·유전자 알고리즘 같은 인공지능 기술을 활용하면 가장 좋은 설계를 할 수 있습니다.

차량 운송 경로 설계

화물차는 여러 도시를 방문하면서 물품을 운송하는데, 경로를 잘못 정하면 특정 도시의 화물이 없거나 실을 수 있는 크기나 무게가 안 되어 빈 차로 특정 구간을 이동해야 하는 경우가 발생합니다. 이는 연료 낭비, 환경오염과 운전자 시간 낭비 등 여러 가지 문제를 일으키게 됩니다. 전국 10개 도시에서 하루에 약 1천 개의 다양한 화물 운송 요청이 들어오고 보유한 화물차는 20대라고 했을 경우, 연료 소모를 최소화하면서 하루에 최대한 많은 화물을 운송하려면 어떤 순서로 도시들을 방문해야 하는지 운행 경로를 작성하는 것은 매우 힘든 일입니다. 이런 문제에 진화·유전자 알고리즘을 적용하면 효율적인 운행 계획표를 작성할 수 있습니다.

이와 비슷한 개념을 공장이나 화물 창고 설계에 적용할 수도 있습니다. 4차 산업혁명의 영향으로 많은 공장이나 창고가 자동화되어 생산 라인과 로봇들이 이동하면서 작업을 수행합니다. 이때 주어진

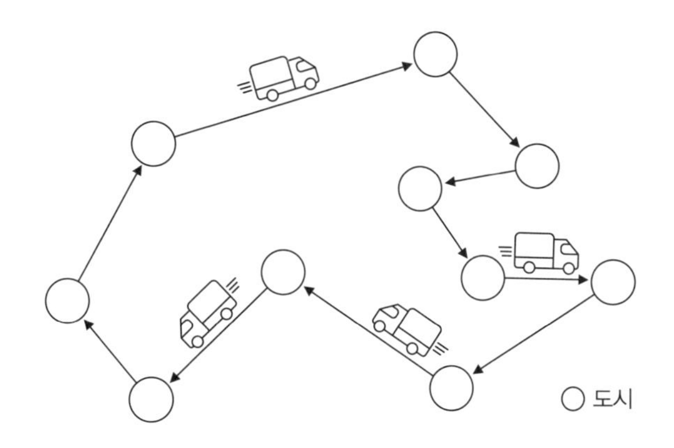

그림 5-10 여러 도시를 방문하는 가장 최적의 경로

공장면적에서 작업 공정을 가장 효율적으로 수행하도록 공장 기계를 배치하고, 로봇들이 최소 거리를 이동하면서 많은 작업을 수행할 수 있게 설계하는 것이 필요합니다. 요즘 산업 현장에는 사람의 능력으로 문제를 해결할 수 없는 아주 복잡한 것이 많기 때문입니다. 이 경우 진화·유전자 알고리즘을 적용하면 사람이 설계하는 것보다 훨씬 효율적인 설계를 만들어낼 수 있습니다.

진화·유전자 알고리즘은 해당 문제에 대한 전문적 지식이 없더라도 일부 적용할 수 있다는 장점 때문에 많은 분야에서 활용됩니다. 수학이나 자연의 복잡한 문제, 신약 개발, 금융이나 경제, 산업 전반의 다양한 문제뿐만 아니라 심지어 테러 대응 전략을 수립하는 데도 사용됩니다.

센서퓨전의 개념과 활용분야

복잡한 세상에서 살아남기,
다양한 정보를 취합해서 똑똑하게 판단하는 인공지능.

사람은 5가지 감각인 촉각, 시각, 미각, 후각, 청각을 가지고 주변 환경 정보를 수집한 다음 적절한 판단을 합니다. 사람을 닮아가고자 하는 인공지능도 다양한 감각 기능이 필요하며 이처럼 주변 환경의 정보를 수집하기 위한 기기를 센서Sensor라고 합니다. 센서는 특정 형태의 정보를 수집할 수 있는데 온도, 압력, 습도, 화학 물질, 거리, 속도, 무게, 빛, 소리, 이미지 감지 센서 등 종류가 매우 다양합니다.

사람이 여러 감각으로부터 감지되는 정보를 뇌에서 처리해 주변 상황을 인식하는 것처럼, 인공지능도 주변 상황을 정확하게 파악하기 위해서는 한 가지 센서 정보에만 의존하기보다는 다양한 센서 정보를 통합해 분석해야 합니다. 이러한 기법을 센서퓨전Sensor Fusion이라고 합니다.

▪ 다양한 형태의 정보 수집 센서 ▪

센서퓨전이 널리 사용되는 분야는 자율주행 자동차 분야입니다. 자율주행 자동차가 자율적으로 가속, 감속, 차선 변경, 회전 등을 하려면 주변 도로 상황이나 물체를 실시간으로 인식해야 합니다. 이렇게 많은 정보를 감지하려면 하나의 센서로는 불가능하며, 각 특성에 적합하게 다음과 같은 다양한 센서를 사용해야 합니다.

라이다(LiDAR)

라이다LiDAR, Light Detection and Ranging는 레이저 빛을 주변에 주기적으로 발사해서 빛이 물체에 부딪혀 반사되어오는 신호를 가지고 물체와 거리를 정확하게 측정하는 기술입니다(그림 5-11). 라이다를 활용하면 주변 물체에 대한 360도 3차원 정보를 얻을 수 있습니다. 과거 인공위성에 장착되어 지형 분석에 사용되었던 레이저 기술을 이용하여 차량 주변의 지형에 대한 3차원 영상을 만들어냅니다. 이때 발사되

그림 5-11 라이다로 감지한 자동차 주변 이미지 ©Techcrunch

는 레이저 빛은 1초에 최대 16만 번 정도이며, 감지 거리는 300m에서 1km에 해당하는 것도 있습니다.

그림 5-11 관련 유튜브 영상

이는 레이더의 작동 원리와 유사하지만 전자파 대신에 레이저 광선을 사용합니다. 라이다 기술의 발달로 최근에는 물체와 거리뿐만 아니라 물체가 움직이는 속도, 방향 등 여러 정보를 분석해낼 수 있습니다. 라이다로 수집된 주변 환경(도로, 건물, 다리, 사람 등) 정보와 GPS 정보를 연결해 자율주행에 사용합니다.

라이다는 비교적 주변 환경의 물체를 정확하게 감지할 수 있지만, 다른 센서들에 비해 가격이 비싼 편입니다. 초창기 라이다는 크고 무거우며 가격도 수천만 원에 달했지만, 최근에는 기술이 발달하고 대량생산이 가능해지면서 성능은 더 좋아지고 가격은 수백만 원대로 계속 내려가고 있습니다.

레이더(Radar)

레이더의 작동 원리는 전자파를 발사하고 물체에 부딪혀 돌아오는 신호를 분석하여 거리를 측정하는 것입니다. 물체를 감지하는 거리에 따라 단거리(30m 이내), 중거리(30~80m), 장거리(80~200m) 레이더로 구분합니다. 레이더는 전방에 단순한 물체 유무를 효과적으로 감지하는 데 사용되어 자동 감속(또는 브레이크) 장치 또는 자동 속도 조절 장치와 연결되어 활용됩니다.

하지만 레이더는 거리에 따라 감지하는 물체의 해상도가 낮아지고, 도로 표지판을 읽거나 거리 신호등 색깔 등 구체적 정보는 인식하지 못합니다. 그리고 언덕이나 굽은 도로의 물체 인식에 어려움이 있을 수 있습니다.

카메라(Camera)

영상 카메라Video Camera는 거리를 측정하거나 속도를 감지하기는 힘들지만 표지판을 읽고 전방의 차량 종류, 보행자, 자전거 등 물체를 구체적으로 인식할 수 있습니다. 차량에 사용되는 카메라는 고해상도이기 때문에 아주 정밀하게 물체를 인식할 수 있습니다. 카메라에서 얻을 수 있는 이미지 형태는 **그림 5-12**처럼 여러 가지가 있는데, 망원렌즈Telephoto와 피시 아이Fisheye 카메라 등 다양한 기능을 하는 카메라를 여러 대 설치해 여러 각도에서 전방을 주시하면, 자동차가 이동하면서 먼 거리의 물체와 가까운 거리의 물체, 좌우 또는 후방의 물체까지 동시에 인식할 수 있습니다.

자율주행용 카메라 기술은 주변의 물체를 실수 없이 정확히 인식

Telephoto camera(먼 거리 감지용)

Fisheye camera(가까운 거리 감지용)

그림 5-12 **카메라 종류에 따른 이미지 차이 ©Intel Corporation, ©Researchgate**

하도록 계속 발전하는데, 이는 이미지 신호를 실시간으로 처리할 수 있는 소프트웨어 알고리즘과 고성능 컴퓨터의 도움으로 이루어지고 있습니다. 하지만 카메라는 야간에는 감지 성능이 크게 떨어지고 눈, 비, 먼지, 안개 등 자연조건의 영향을 쉽게 받는 단점이 있습니다.

초음파 센서(Ultrasonic sensor)

초음파 센서는 초음파 신호를 발사하고 물체에 부딪혀 돌아오는 시간 차이를 이용해 비교적 근거리 물체를 감지합니다. 초음파 센서를 차량의 전·후·좌·우에 장착하면 차량이 이동하면서 주변의 물체 유무를 감지하는 데 효율적으로 사용할 수 있습니다. 초음파 센서는 차량의 후방 물체 탐지, 주차 보조Parking Assistant, 주차 조향 보조Parking steering control, 주차시 긴급 제동Park emergency brake systems, 주차 공간 탐색Parking space localization, 원격 주차 시스템Remote park assistants 등 다양하게 활용될 수 있습니다.

적외선 이미지 센서

적외선은 파장의 길이가 700nm~1mm 사이로 가시광선보다 파장 길이가 긴 빛이지만, 우리 눈으로는 쉽게 볼 수 없습니다. 그림 5-13처럼 열을 발생하는 모든 물체, 예를 들어 사람, 동물, 차량은 적외선을 발산하기 때문에 적외선 센서는 밤에 차량으로 이동할 때 주위에 있는 물체를 효과적으로 감지할 수 있습니다. 고성능 적외선 센

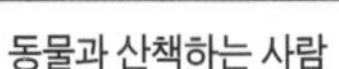

동물과 산책하는 사람

복잡한 도시 도로

자전거를 타고 가는 사람

그림 5-13 야간에 IR 센서가 감지한 이미지 ©Speedir, ©New Atlas

서는 물체의 모습까지 인식해서 사람인지 자동차인지를 판별할 수도 있습니다.

위치 및 관성 측정 센서(GPS/IMU)

GPS Global Position System는 위성에서 보내는 신호를 이용해 사용자의 위치를 정확히 파악하는 장치이며, IMU Inertial Measurement Unit는 물체의 가속/감속 수준을 감지하는 센서입니다.

앞서 살펴본 다양한 센서는 특성에 따라 처리하는 신호가 다르기 때문에 감지하는 특성도 다릅니다. 이 때문에 하나의 센서만 사용하는 것이 아니라 특성이 서로 다른 센서 여러 개로 주변 환경을 정확하게 인지하려는 것입니다. 차량은 이동하고 주변의 여러 물체도 움직이기 때문에 다양한 센서를 사용하는 만큼 감지되는 대용량 신호를 실시간으로 빨리 처리하고 분석하는 기술과 접목되어야 합니다. 센서 개수가 많아질수록 처리해야 하는 정보의 양은 증가하지만, 그만큼 주변 환경을 정확히 인식하는 장점이 있습니다.

그림 5-14는 자율주행 차량에 장착되는 센서의 종류와 역할을 설명

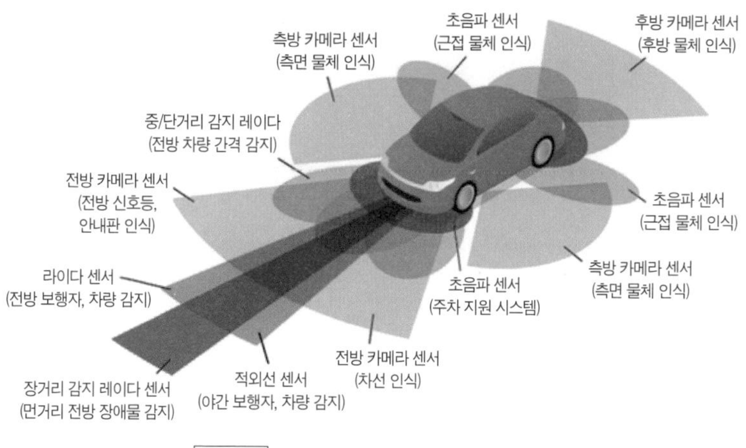

그림 5-14 **자율주행 차량에 사용되는 센서퓨전**

한 것인데, 이를 ADAS Advanced Driver Assistance System라고 합니다. 그림에서 보는 것처럼 여러 종류의 레이더 센서, IR 센서, LiDAR 센서, 360도 감지하는 카메라 다수, 차량 근처 물체를 인식하는 초음파 센서가 여러 대 장착되어 있습니다. 차량 내부에는 이들 센서에서 생성되는 엄청난 양의 데이터를 실시간으로 처리해서 차량이 자율적으로 운행하도록 하는 인공지능 시스템이 장착되어 있습니다.

센서퓨전에 사용되는 다양한 센서는 인간의 감각기관과 같은 것이고, 차량 내부의 인공지능 시스템은 인간의 뇌와 같으며, 뇌의 명령에 따라 차량은 감속, 가속, 좌·우 회전과 같은 동작을 하게 됩니다. 이렇게 센서퓨전으로 인식한 주변 상황에 따라 자동차는 다음과 같은 기능을 자율적으로 수행할 수 있습니다.

- 적응형 주행 제어 동작(Adaptive Cruise Control): 차량 주행 중 앞차와의 간격·속도를

일정하게 유지하기 위해 스스로 속도를 적절하게 가속 또는 감속하는 기능

- 차선이탈 방지 동작(Lane Keeping Assistant): 운행 중인 차선을 이탈하지 않고 안정적으로 주행하는 기능
- 사각지대 감지(Blind Spot Detection): 차량 주변 360도에 있는 차량, 물체, 보행자들을 감지하고 운전자에게 경고를 보내거나 자동으로 차량을 급정거하는 기능
- 자동 주차(Automatic Parking): 자동적으로 주차 공간을 찾고 안전하게 스스로 주차하는 기능
- 차선 변경(Line Change Assistant): 차량 전면과 측면의 센서를 이용하고 주변 주행 차량을 감지해서 적절하게 차선을 변경하는 기능
- 보행자 보호 시스템(Pedestrian protection system): 전방에 보행자 또는 물체가 있을 경우 자동으로 차량을 감속 또는 급정거하는 기능
- 교통 신호 인식(Traffic sign recognition): 전방에 있는 신호등의 색깔을 구분해서 정지·출발·회전 신호를 구분하며, 전방 안내판의 글자를 인식해서 자율주행에 활용

센서퓨전을 활용한 자율 자동차의 기술은 위에서 언급한 외부 환경을 감지하는 센서 기술뿐만 아니라 차량 내부에도 다양한 센서를 장착해서 운전자를 모니터링합니다. 운전자가 음주 상태이면 차량

그림 5-15 **숲속을 저공 비행하는 드론의 카메라 센서 이미지 ©MIT**

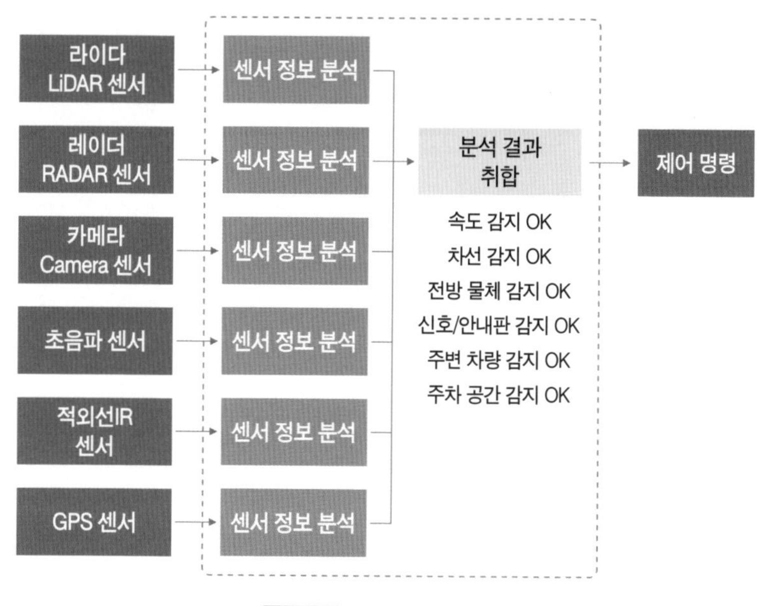

그림 5-16 **센서퓨전의 기본 개념**

시동이 걸리지 않게 하거나 운전자의 신체 신호를 모니터링해서 피곤하거나 졸린 상황이면 경고 신호를 보내줄 수도 있습니다.

자율주행 차량이 2차원 평면을 움직이는 것이라면, 자율 드론은 3차원 공간을 날아다니는 기기입니다. 일반적으로 장애물 종류는 지상에서 자율주행할 때 훨씬 많지만, 3차원 공간을 비행하는 드론은 그 대신 매우 빠른 속도로 이동합니다.

그림 5-15 관련 유튜브 영상

하지만 드론의 응용분야가 넓어지면서 숲속을 고속으로 저공비행하는 드론은 자율주행만큼 감지해야 하는 주변 장애물이 많습니다. **그림 5-15**는 미국 MIT에서 개발했던 드론으로, 숲속을 GPS 없이 센서들만 가지고 주변을 감지하면서 시속 약 50km로 비행할 때 카메라 센서 이미지들입니다.

그림 5-16에서 보이는 것처럼 다양한 센서를 사용해 주변 환경을 정확히 판단하는것이 센서퓨전의 기본 개념입니다. 각 센서들이 장단점이 있기 때문에 센서를 여러 개 사용하면서 강점과 약점을 서로 보완해야 합니다. 그 대신 센서의 종류가 많아지면 처리해야 하는 정보의 양도 많아지고, 인공지능의 여러 알고리즘이 사용되어 정확히 판단하게 됩니다. 센서 기술이 지속적으로 발달하는 만큼 센서퓨전은 인공지능이 똑똑한 판단을 내릴 수 있게 해줍니다.

컴퓨터 비전의 원리와 응용분야

인공지능이 눈을 가지게 되면
시야가 인간보다 넓어지게 된다.

사람은 여러 가지 감각 중 시각을 통해 상대적으로 많은 정보를 얻어 판단하고 결정합니다. 이와 같이 컴퓨터가 외부 환경을 '볼 수' 있는 기능을 제공하는 것이 컴퓨터 비전Computer Vision 또는 머신 비전Machine Vision입니다. 좀더 기술적으로 정의하면 정지된 사진 이미지뿐만 아니라 동영상 정보를 수집하고 분석해서 이해하는 것입니다. 일반적으로 사람이 시각 정보를 통해서 할 수 있는 일은 간단히 다음과 같습니다.

- 얼굴, 경치, 글씨 등 물체의 정보를 '인식'하고 필요한 경우 적절한 대응 행동을 할 수 있음
- 시각을 통해 얻은 정보를 '이해'하고 '설명'할 수 있음
- 비디오 영상을 보고 주요 사건이나 줄거리를 '요약'해서 이야기할 수 있음

사람은 시각을 통해 얻은 정보를 기반으로 다양한 분석을 할 수 있는데, 컴퓨터도 이와 같은 분석이나 판단을 할 수 있을까 하는 질문을 계기로 컴퓨터 비전 기술을 연구·개발하기 시작했습니다. 여러 가지 인공지능 기술 중 컴퓨터 비전은 오래전부터 활발하게 연구· 개발되어왔습니다. 초기 단계 로봇 또는 기계에 시각 기능을 제공하려는 목적으로 1960년대 후반 시작되어 당시에는 디지털 이미지 처리Digital Image Processing라는 분야로 활발히 연구·개발되었습니다. 최근에는 3차원 영상 이미지를 처리하는 기술로 발전했습니다.

▪ 컴퓨터 이미지 처리의 원리 ▪

이미지 영상 정보를 처리해 인식하려면 기본적으로 색깔Color, 물체의 감촉 또는 질감Texture, 패턴Pattern, 물체의 모양Shape 그리고 이미지에 포함되어 있는 다양한 물체 사이의 연관 관계 등을 분석할 수 있어야 합니다.

그림 5-17은 컴퓨터 비전 시스템 작동의 간단한 개념을 설명하는 것입니다. 카메라로부터 이미지를 얻으면 컴퓨터가 이를 인식할 수 있는 데이터 형태로 변환하고, 이미지 노이즈를 제거하는 사전 처리

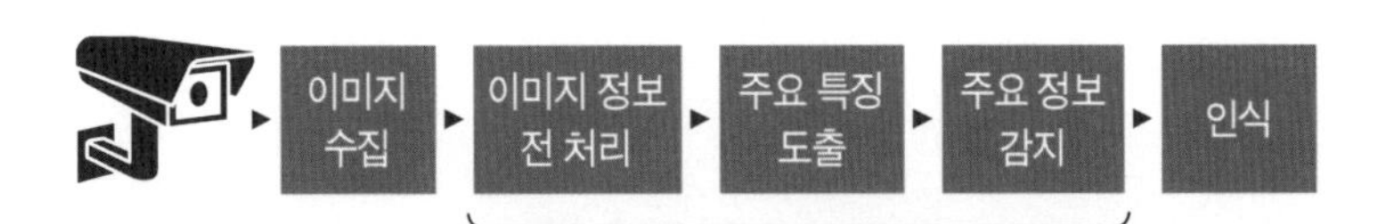

그림 5-17 컴퓨터 비전 시스템의 개념

과정을 거칩니다. 그 후 정리된 데이터를 이용해 이미지에 포함된 다양한 특징을 분석하기 위해 머신러닝이나 신경회로망 기반의 딥러닝 알고리즘을 적용합니다. 알고리즘의 성능에 따라 정확하게 이미지의 각 특징을 파악하게 되고, 이 정보를 기반으로 물체를 인식합니다.

▪ 컴퓨터 비전의 응용분야 ▪

그림 5-18은 동일 인물의 다양한 얼굴 표정 이미지입니다. 우리가 다양한 표정을 한 사진 속 인물이 동일인이라는 것을 인식하는 것처럼, 요즘 인공지능의 얼굴 인식 기술도 많이 발전해 서로 다른 표정의 이미지를 분석해서 동일한 사람인지 여부를 구별할 수 있습니다.

얼굴 인식

얼굴 인식 기술은 다양한 분야에서 활용됩니다. 예를 들어 은행이나 건물 출입시 얼굴을 인식해 신분을 확인하는 시스템은 이미 널리 사용되고 있습니다. 요즘은 건물 로비, 지하철, 공항 등 많은 사람이 지나가는 곳에서 컴퓨터 비전으로 사람들의 얼굴을 인식하고, 개인 신상 정보와 연결해 범죄자나 테러리스트를 찾아내는 데 사용하기

그림 5-18 같은 사람의 다양한 얼굴 표정 ©what-when-how

그림 5-19 길거리 사람 얼굴 인식 ©Aeon, ©American Security Today

도 합니다(그림 5-19).

얼굴 인식의 단점은 많은 사람이 움직이는 상황에서는 카메라 정보를 통해 입수한 이미지 정보를 실시간으로 처리해서 사람을 판별하기가 어렵다는 것입니다. 하지만 최근에는 알고리즘 기술이 많이 발달했고 고성능 컴퓨터가 대량의 데이터를 빠른 시간에 분석할 수 있어서 영화에서처럼 길거리 사람들의 얼굴을 인식하는 것이 가능해지고 있습니다.

물체 인식

물체 인식은 얼굴 인식과 비슷하지만 인식하고자 하는 물체에 따라 난이도가 달라질 수 있습니다. 인공지능은 여러 물체가 있는 상황에서도 개별 물체를 인식하고, 손으로 작성한 다양한 형태의 글씨도 인식합니다. 그림 5-20의 좌측은 일반적으로 사진 이미지에 있는 물체를 정확하게 인식하는 것이고, 우측은 사람 손으로 작성한 다양한 형태의 숫자를 보여주는 것입니다. 400여 종에 달하는 개를 판별하는 것은 결코 쉬운 일이 아니며, 다양한 필기체를 컴퓨터가 인식

물체 인식

손으로 작성한 숫자

그림 5-20 **이미지 내 물체 인식과 다양한 손 글씨 인식 ©Codemade, ©Primary Objects**

하는 것도 어려운 일입니다.

물체 인식에는 주로 신경회로망 기반의 딥러닝 기법이 널리 사용되는데, 수많은 학습 이미지를 가지고 신경회로망을 학습시킵니다. **그림 5-20**의 우측 필기체는 숫자를 인식하도록 신경회로망을 사전 학습시킬 때 사용되는 이미지의 예시입니다.

3D 카메라 이미지

일반적으로 카메라는 2차원적 이미지를 촬영하는데, 카메라를 여러 대 활용하면 3차원 이미지를 촬영할 수 있습니다. **그림 5-21**처럼 카메라 위치를 다르게 하면 발생하는 시각차*를 이용해 여러 각도에서 촬영한 이미지를 합성하는 과정을 거칩니다. 고성능 3D 카메라를 활용하면 물체 인식, 색깔 구분, 질감 감지뿐만 아니라 물체와 거리도 계산할 수 있어 활용 범위가 매우 넓어집니다.

---

* **시각차** 한 물체를 2개의 다른 시선으로 보았을 경우 명백한 물체 위치의 차이를 의미하며, 두 시선 사이 각으로 측정한다.

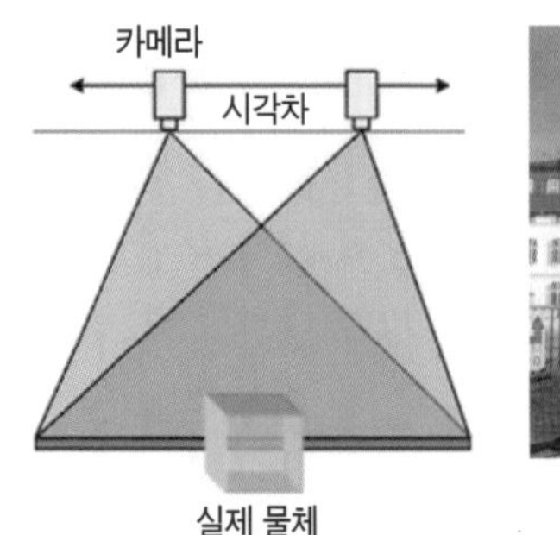

그림 5-21 차원 카메라 촬영 원리와 이미지 예시 ©EETech Media, LLC

호크아이

스포츠 경기에서 사람 눈이 감지하지 못하는 각도, 빠른 속도로 움직이는 물체나 운동이 있을 경우 점수 판정이나 심판 결과에 대해 논쟁이 벌어지기도 합니다. 이제는 고성능 카메라를 가지고 정확히 어떤 일이 있었는지 컴퓨터가 판독해서 사람이 공정한 의사결정을 내리는 데 도움을 줍니다. 여기에 활용하는 카메라를 호크아이Hawk Eye라고 하며, 이 카메라는 원거리에 있는 물체나 움직임도 정확히 감지하는 높은 해상도를 가지고 있습니다. 초당 사진을 약 250장 고속 촬영하고 분석해 공의 궤적이 정확히 어떻게 되는지도 알려 줍니다(그림 5-22).

산업용 로봇의 컴퓨터 비전

산업 현장에서는 최근 공장 자동화 또는 스마트 공장을 구축하는 열풍이 불고 있습니다. 4차 산업혁명을 주도하기 위해 IoT, 인공지능 등 다양한 첨단 기술을 적용해 지능적인 공장을 구축할 수 있기

그림 5-22 **스포츠 경기에 사용되는 호크아이 ©Hawk-Eye Innovations Ltd**

때문입니다. 공장에 인공지능을 구현하려면 다양한 센서가 필요한데, 그중에서 컴퓨터 비전은 매우 중요한 역할을 합니다.

카메라로 인식된 정보를 분석해 전체적으로 공장의 기계들이 정상적으로 작동하는지 분석할 수 있고, 그림 5-23처럼 생산된 물품의 품질 검사에도 사용할 수 있습니다. 특히 대량생산으로 제품 품질을 빠른 시간 내에 정확하게 판단해야 합니다. 이는 사람에게는 매우 힘든 일인데, 예를 들면 눈에 보이지 않는 초정밀 반도체 부품이 제대로 생산되는지 사람이 판독하는 것은 불가능합니다. 그래서 컴퓨터 비전 기술을 이용해 생산되는 물품에 문제가 없는지 빠른 시간에 판독하는 기술이 널리 활용되고 있습니다. 그림 5-23의 A는 제조된 용

(A)

(B)

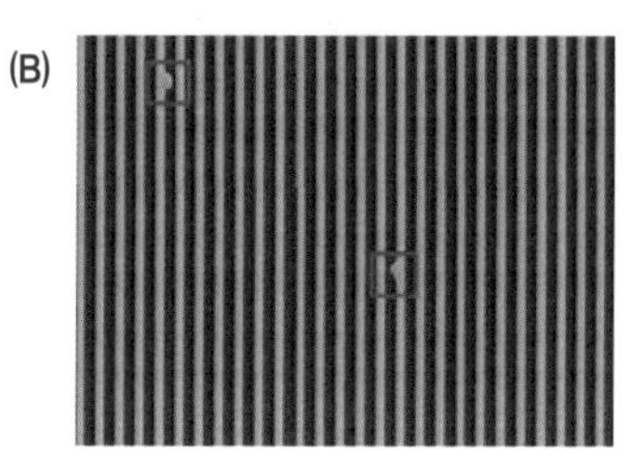

그림 5-23 **공장 자동화에 사용되는 카메라 ©Ennomotive, ©RSIP Vision**

기의 이물질이나 유리 용기의 파손 여부를 감지한 것이고, B는 미세한 반도체 회로에 결함이 있는지 감지한 것입니다.

모바일 로봇을 위한 컴퓨터 비전

사람은 오래전부터 로봇에 시각 기능을 가지게 해 사람처럼 주변을 보고 스스로 장애물을 피해서 움직일 수 있게 하고자 했습니다. 초기 컴퓨터 비전 기술은 가까운 물체만 인식하는 수준이었지만, 최근에는 컴퓨터 비전 기술이 눈부시게 발전해 로봇의 물체 인식 수준이 매우 높아졌습니다. 이 기술이 초기에는 쉽지 않았던 것은 로봇이 물체와 물체 그늘 그리고 웅덩이를 정확히 판별하는 데 어려움을 겪었기 때문입니다. 하지만 최근 컴퓨터 비전 기술과 장애물을 피해 가는 경로를 스스로 생성하는 인공지능 알고리즘 기술의 발전으로 이제는 로봇이 주변 물체와 부딪치지 않고 잘 이동할 수 있습니다.

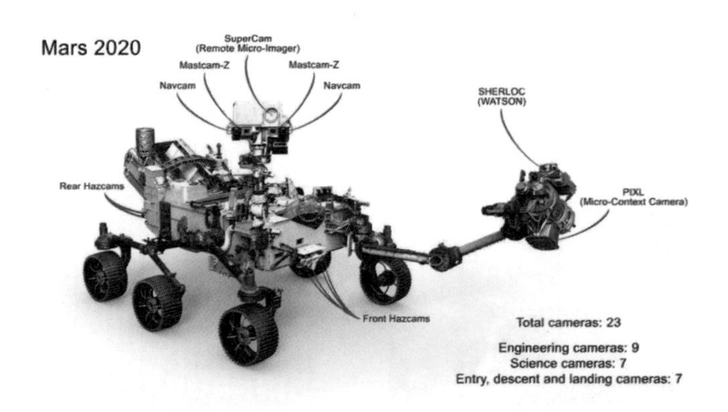

그림 5-24 **미국 항공우주국의 화성 탐사선 ©Hearst Magazine Media, Inc**

그림 5-24는 최근 화성에 착륙한 탐사선 퍼서비어런스Perseverance의 컴퓨터 비전 시스템으로, 각 용도에 맞는 다양한 카메라가 총 23대 장착되어 있습니다. 2020년 미국 NASA는 더 많은 카메라를 화성 탐사에 활용했습니다. 여기에는 원거리용, 근거리용, 전방용, 후방용, 과학 탐사용 카메라들이 포함되어 있고, 특정 카메라가 고장 났을 경우를 대비해서 여분의 카메라가 설계되어 있습니다. 즉 탐사선의 카메라는 본연의 활용 목적 이외에 긴급한 경우에는 다른 목적으로도 활용될 수 있습니다.

메디컬 이미지

메디컬 이미지 분야에서도 컴퓨터 비전은 매우 활발하게 사용되는데, 가시광선에 의존하는 일반적인 카메라뿐만 아니라 X선, 초음파, 특정 주파수 등 매우 다양한 신호를 활용합니다. 이는 사람 신체 내부를 촬영하려면 일반 카메라로는 한계가 있기 때문입니다. 최근에는 의료 분야의 컴퓨터 비전 기술이 많이 발전되어 신체 내부 장기에 대한 3D 이미지까지 생성할 수 있습니다.

일반적으로 의료 분야에서 컴퓨터 비전이 처리하는 이미지 내용은 **그림 5-25**에서처럼 매우 미묘한 부분이 많으며, 의사들은 이런 이미지를 사용해 질환 여부를 판독합니다. 하지만 초기 단계 질환은 이미지에 아주 작거나 희미하게 보이기 때문에 사람 눈으로 이를 정확히 감지하기에는 한계가 있습니다. 그래서 인공지능이 의료 이미지를 분석해 의사에게 예상되는 문제점이나 잠재적 질환을 조언

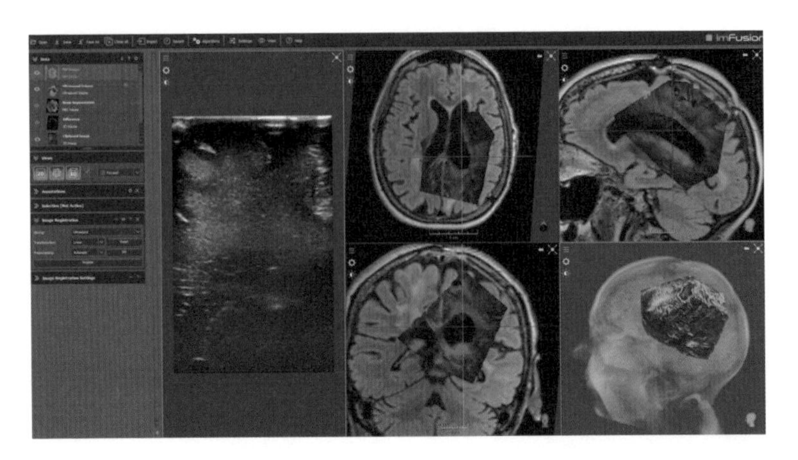

그림 5-25 다양한 의료 영상 이미지로 질병 판독 ©Nvidia

해줄 수 있으며, 의사들은 이를 활용함으로써 좀더 정확히 판독하게 됩니다.

최근 의료 분야에서는 영상 이미지를 판독하는 것뿐만 아니라 아주 까다로운 뇌 치료 분야에도 활용되고 있습니다. 사람의 뇌에 아주 미세한 전류를 보내서 뇌 특정부위의 신경을 자극하고 활성화하는데 이러한 전기 자극 방법은 뇌졸중과 치매예방, 우울증 치료 등에 사용될 수 있습니다. 인공지능이 MRI 이미지를 분석해 실제 환자의 뇌 모습을 컴퓨터로 재현하고 전기 자극을 해야 할 치료 부위를 정확하게 지정해줍니다. 이 정보를 기반으로 의사가 환자를 치료함으로써 효과를 극대화할 수 있습니다.

▪컴퓨터 비전 기술의 위험▪

이처럼 뛰어난 컴퓨터 비전 기술도 나쁜 의도로 사용할 수 있는데,

그중 하나가 딥 페이크Deep Fake입니다. 예를 들어 사진 이미지나 영상 이미지를 합성해 존재하지 않거나 일어나지 않았던 일을 실제 있었던 것처럼 조작해낼 수 있습니다. 이 기술을 활용하면 다른 사람 얼굴을 신체에 접목해 가짜 사진을 만들어내거나 영상 이미지를 조작해 실제와 전혀 다른 영상 이미지를 가짜로 만들 수 있습니다. 이 기술로 실제 유명인 모습을 복사해서 전혀 다른 사람의 신체에 접목해 인물 사진을 만들거나, 동영상을 만들어 배포하는 일이 일어나고 있습니다. 전문가들도 사진이나 동영상만 봐서는 진짜와 가짜를 구별할 수 없을 정도로 정교하게 조작되고 있습니다.

이러한 딥 페이크는 이미지나 영상 정보 조작뿐만 아니라 가짜 뉴스도 만들어낼 수 있습니다. 인공지능이 여러 뉴스 정보를 수집하고 일부 사실은 조작해서 새로운 뉴스를 그럴듯하게 생성합니다. 만약 독자가 정확한 사실을 모른다면, 인공지능이 조작해 만들어낸 딥 페

원본 딥 페이크

그림 5-26 딥 페이크 기술로 조작된 사진 이미지 ©kknews

그림 5-26 관련 유튜브 영상

이크 뉴스를 믿을 수도 있습니다. 심지어 사람 목소리도 조작해 사람의 입 모양과 발음을 일치시켜 하지 않은 말을 실제 한 것처럼 동영상을 제작할 수도 있습니다.

이처럼 만약 사람이 나쁜 의도로 인공지능 기술을 사용하면 우리 생활에 심각한 문제를 일으킬 수 있습니다. 그런데 인공지능 기술로 조작된 정보를 찾아내는 또 다른 인공지능 기술이 연구·개발되고 있습니다. 이 기술을 이용해 이미지, 영상 또는 뉴스가 조작되었는지 분석하는 고도의 기술입니다.

딥 페이크로 조작된 이미지나 영상을 만들 때 사용된 머신러닝 모델의 미묘한 정보를 역추적해 찾아내는 방법도 있고, 딥 페이크로 생성된 이미지를 학습해 찾아내는 등 다양한 기법이 연구되고 있습니다. 이처럼 일부 나쁜 목적으로 사용되는 인공지능 기술을 찾아내기 위해 또 다른 '선한 인공지능'이 활용되고 있습니다.

로봇과 자율주행

점차 인간의 형상을 닮아가는 지능 로봇,
그리고 알아서 목적지를 찾아가는 자동차.

사물이 마치 인간처럼 생각하고 행동하는 것을 상상하는 일은 고대 그리스 신화까지 거슬러 올라갑니다. 신화에는 흙으로 만들어진 대장장이가 불을 자유자재로 다루면서 사람 명령대로 연장을 만들거나, 청동으로 만들어진 사람이 해적으로부터 도시를 보호한다는 이야기들이 있습니다. 이처럼 사람은 옛날부터 자신을 닮은 물체(로봇)를 상상했고, 중세와 근대에는 비록 초기 모습이지만 자동화된 기계들이 동서양에 나타났습니다.

체코슬로바키아 소설가 카렐 차페크Karel Capek가 그의 희곡 〈R.U.R(Rosuum's Universal Robots)〉에서 처음으로 'Robot'이라는 단어를 사용했습니다. 여기서 Robot은 체코슬로바키아어의 Robota(노동)라는 단어에서 유래한 것으로, 여기서 알 수 있듯이 Robot은 인간의 일을 대신해주는 기계를 의미합니다. 따라서 로봇의 정의는 어떤 특정한 행동을 스스로 수행할 수 있는 기계입니다.

▪자동화 로봇과 지능 로봇▪

스스로 작동하는 기계의 수행 방식에는 프로그래밍된 동작만 수행하는 경우가 있고, 자율적으로 판단해서 동작을 수행하는 경우가 있습니다.

초기 로봇은 정의된 특정한 동작만 하는 자동화Automated 로봇 형태가 많았습니다. 이는 사전에 프로그래밍된 순서대로 동작을 하는 기계로, 최근까지 공장 자동화에 많이 사용되어 대량생산에 크게 기여했습니다. 그런데 자동화 로봇은 사전에 정의된 동작 말고는 수행할 수 없기 때문에 지능이 있다고 하기에는 어렵습니다. 예를 들어 공장 컨베이어 벨트에서 지나가는 물병을 잡아서 박스에 넣는 자동화 로봇의 경우, 넘어진 물병이 지나가버리면 아무런 조치를 할 수 없습니다.

하지만 지능화(Intelligent 또는 Autonomous) 로봇은 물병이 넘어진 것을 '인지Recognition'하고, 넘어진 물병을 집어 박스에 넣으려면 어떤 순서로 팔이 움직여야 하는지 '추론(Reasoning 또는 Inferencing)'하고, 추론이 제시하는 순서대로 실제 '동작Action'을 합니다. 지능화 로봇은 사전에 프로그래밍되어 있지 않아도 상황을 인식하고 스스로 판단하여 적절한 행동을 하는 특징이 있습니다.

자동화 로봇과 지능화 로봇의 차이는 '인지' '추론' 그리고 유연한 '동작' 능력 유무에 있습니다. 요즘은 자동화 중심 로봇에서 지능화된 로봇으로 기술이 발전해가는 추세입니다.

로봇을 설계하거나 제작할 때 다음의 3가지 원칙을 준수해야 하며, 산업 현장에 사용되는 로봇은 산업 안전 수칙과 맞물려 여러 원칙을 준수하도록 만들어져야 합니다.

- 첫째 원칙: 로봇은 인간을 다치게 해서는 안 되며, 아무 동작을 하지 않음으로써 인간이 해를 입게 해서도 안 됨
- 둘째 원칙: 첫째 원칙을 위반하지 않는 범위에서 로봇은 반드시 인간의 명령에 복종해야 함
- 셋째 원칙: 첫째와 둘째 원칙을 위반하지 않는 범위에서 로봇은 자신을 보호해야 함

대부분 로봇이 움직이는 동작은 생명체의 움직임에서 아이디어를 가지고 왔습니다. 많은 로봇이 생명체의 뼈와 관절 개념을 모방한 금속 구조와 모터를 활용해 다양한 동작을 할 수 있습니다.

로봇 분야에서 창의적 아이디어가 많이 개발되고 있는데, **그림 5-27**과 같이 문어 같은 연체류 생물에서 아이디어를 얻어 관절이 없는 로봇도 등장했습니다. 또한 눈에 보이지 않는 아주 작은 로봇을 개

(A) 무관절 로봇

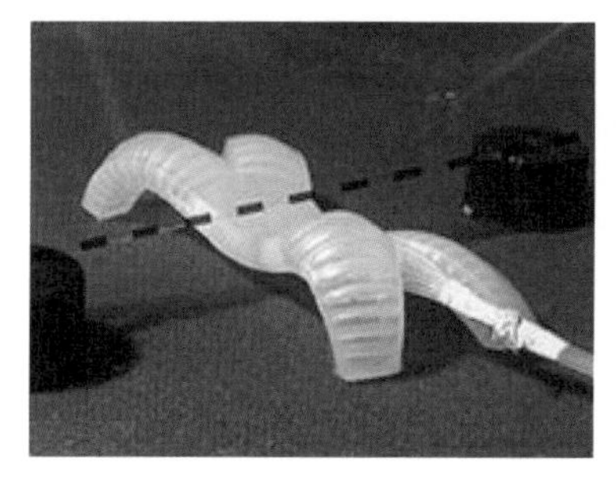

(B) 나노 로봇

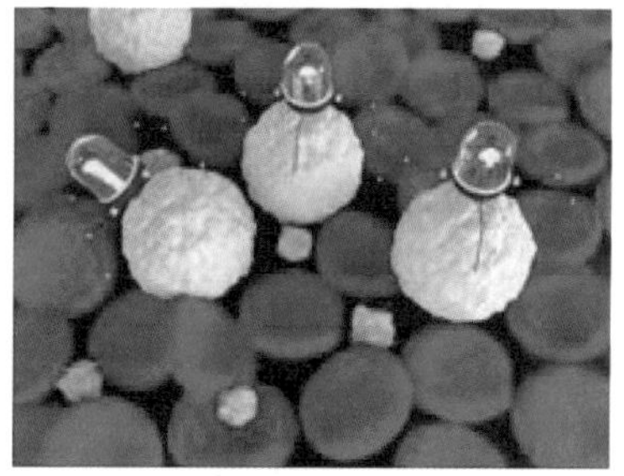

그림 5-27 **무관절 로봇과 나노 로봇 ©Harvard Magazine, ©Endeavor Business Media**

그림 5-27 관련 유튜브 영상

발해 생명체 내부의 질환 치료에 활용하려는 연구도 진행되고 있습니다.

무관절 로봇은 금속과 모터 없이 움직일 수 있는 무관절 로봇은 문어, 물고기 또는 뱀과 같이 유연한 몸 구조를 가지고 자유자재로 이동할 수 있는 생명체에서 아이디어를 가지고 왔습니다. 무관절 로봇 내부에는 복잡한 기계 부품이 없기 때문에 무거운 차량에 깔린 후에도 자연스럽게 움직일 수 있고, 무너진 건물 잔해의 빈틈을 유연하게 이동할 수 있도록 기존의 금속과 모터 중심의 로봇과는 완전히 다른 개념으로 연구 · 개발되고 있습니다.

나노 로봇은 로봇 부품이 세포 크기의 나노(10-9m) 단위로 매우 작아 눈으로는 식별할 수 없는 극초소형 로봇입니다. 나노 로봇은 신체 내부에 투입되어 치료하고자 하는 질환 부위에 특정 약물을 정확하게 전할 수 있습니다.

그밖에도 산업 현장에서 사용되는 산업용 로봇, 인간 모습을 닮은 휴머노이드 등 로봇은 종류가 매우 다양합니다. 각 로봇의 역할과 특성에 맞는 센서와 다양한 인공지능 기술이 접목되면서 많은 영역에서 사람의 역할을 대신하거나 일을 도와주고 있습니다. 로봇의 기능과 지능이 발전하면서 그 활용 범위 또한 다음과 같이 다양하게 발전하고 있습니다.

• 산업용 로봇: 4차 산업혁명 또는 스마트 공장을 건설하기 위해서 많은 산업용 로봇이

사용되고 있습니다. 산업용 로봇은 자동화를 넘어서 지능화 단계로 발전하며, 제품의 생산 속도와 품질 향상에 크게 기여합니다.

- 범용 로봇: 일상에서 다양한 역할을 수행하는 로봇으로, 예를 들면 백화점이나 매장에서 안내와 간단한 서빙을 하거나 야간에 건물을 돌아다니며 순찰을 하는 등 여러 가지 역할을 합니다.
- 위험 임무 수행 로봇: 인간이 직접 임무를 수행하기에 불가능하거나 위험한 경우를 대신해서 역할을 하는 로봇으로 우주 탐사, 폭발물 해체, 심해저 탐사 등의 임무를 수행합니다.
- 가정용 로봇: 가장 일반적인 예시는 로봇 청소기입니다. 다양한 센서와 자율주행으로 집 안을 청소하며, 배터리가 소진되면 자율적으로 충전 장소로 되돌아오는 기능도 있습니다.
- 광산용 로봇: 과거에 사람이 직접 지하로 내려가서 석탄을 캐던 것을 요즘은 로봇이 대신 수행합니다. 도로나 철도 건설시 터널 공사에도 많이 활용됩니다.
- 의료용 로봇: 최근 매우 빠르게 발전하는 영역으로, 고성능의 센서와 로봇 팔 등으로 매우 정교한 수술을 할 수 있습니다. 인공지능 기술을 접목하면 수술 부위에 대한 정밀한 절제 등이 가능합니다.

과거의 기계 중심 로봇과 달리 최근에는 다양한 센서가 접목되어 정보를 분석해 인공지능이 스스로 판단해 작동하는 지능형 로봇이 크게 인기를 끌고 있습니다. 국내 일부 식당이나 호텔에서 주문받는 일, 음식을 가져다주는 일, 객실 손님에게 타월이나 음료를 배달하는 일 등을 로봇이 실행합니다. 서빙 로봇은 식당이나 호텔 내부의 좁은 통로에서 자율주행하면서 음식이나 물건을 정확한 위치로 전달하고, 간단한 음성 명령을 인식하며, 배터리 전력이 떨어져가면 스스로 충전할 수 있는 위치로 이동하기도 합니다. 또한 5G 초고속 통신망에 연결되어 중앙센터에서 명령을 받을 수 있고, 서빙 로봇이 이동하면서 주변의 연기, 침수 등 이상 상황이 인식되면 바로 보고할 수도 있는 등 그 기능이 갈수록 다양해지고 있습니다.

■ 자율주행 ■

기계가 지능을 가지는 또 다른 형태로는 자율주행이 있습니다. 차량이 주행할 때 속도, 방향 등을 제어하며 가속, 감속, 차선 변경, 교차로 진입, 고속도로 진입, 횡단보도 정지처럼 매우 복잡한 동작을 합니다. 국제자동차기술자협회SAE International에서 자율주행 수준을 6단계로 나누어 정의했는데, 이 기준에 따라 전 세계 자동차 회사들이 미래 자율주행 차량의 수준을 높이기 위해 많은 연구·개발을 진행하고 있습니다. 그림 5-28은 자동차기술자협회에서 정의한 자율주행 6단계를 설명하는 것으로, 자율주행 기술은 시스템이 운전에 관여하는 정도와 운전자가 차를 제어하는 방법에 따라 비자동화부터 완전 자동화까지 여러 단계로 나뉩니다.

레벨 0: 비자율주행

이 단계는 순전히 운전자가 차량을 주행하는 것을 의미합니다. 전방 장애물 발견시 자동으로 긴급 제동, 사각지대 물체 경고 등 간단

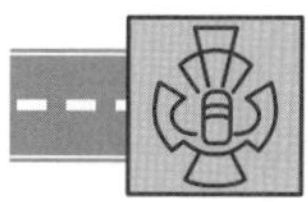

레벨 5: 완전 자율주행
자동차 스스로 주변 상황을 감지하면서 모든 주행 동작을 스스로 하며, 어떠한 돌발 상황에서도 운전자 개입은 필요 없음

레벨 4: 고도 자율주행
운전자가 목적지를 지정하는 것 이외의 주행에 관련된 동작을 자동차 스스로가 수행

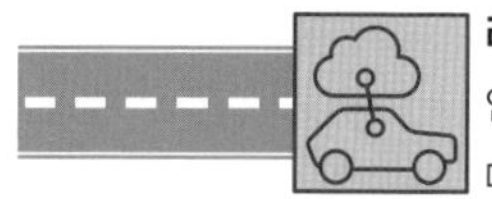

레벨 3: 조건부 자율주행
안정적인 조건하에서만 자동차 스스로 자율주행을 할 수 있으며, 비상시 운전자가 즉시 자동차를 제어해야 함

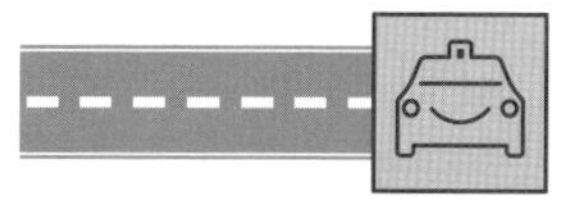

레벨 2: 부분 자율주행
운전자는 핸들을 잡고는 있지만, 주행 속도 조절 및 차선 준수에 대해서 자동차가 일부 자율적으로 제어

레벨 1: 운전자 보조 주행
주행 속도 조절 및 차선 준수에 대해서 자동차가 보조 역할을 수행

레벨 0: 비자율주행
자율주행 장치 없이 순전히 운전자의 동작으로 주행

그림 5-28 **자율주행의 6단계 수준**

한 기능은 포함될 수 있으나 전반적으로 운전자가 자동차 주변을 확인하고 주행에 대해 차량을 제어해야 합니다.

레벨 1: 운전자 보조 주행

이 단계에서는 일정한 속도를 유지하는 크루저 컨트롤ACC: Adaptive Cruise Control 또는 차선 유지 장치 둘 중 하나가 차량에 장착되어 있습니다. 운전의 보조 역할을 수행할 뿐이므로 운전자는 어떠한 경우에도 핸들에서 손을 떼면 안 됩니다.

레벨 2: 부분 자율주행

이 단계부터는 기본적 수준이기는 하지만 ADAS Advanced Driver Assistant Systems가 차량에 장착되고, 일정 속도를 유지하는 크루저 컨트롤과 차선 유지 장치가 동시에 구비됩니다. 차량이 스스로 정지 또는 감속할 수 있으며, 회전하기 위한 핸들 동작 일부도 간단하게 할 수 있습니다. 하지만 여전히 운전자는 핸들을 잡고 있어야 하며, '자율주행 장치가 차량을 적절히 제어하지 않는다'고 판단되는 즉시 사람이 운전에 개입해야 합니다.

레벨 3: 조건부 자율주행

이 단계에서는 안정적인 주행 상황, 즉 자동차 전용도로이거나 차량이 많지 않은 도로, 밝은 대낮처럼 운전하기 좋은 환경에 한해 자동차가 자율주행을 합니다. 운전자가 반드시 핸들을 잡을 필요는 없으며, 자동차가 스스로 차선 변경, 앞차 추월, 장애물 회피 또는 전방의 교통 혼잡도를 감지해 우회도로를 이용할 수 있습니다. 일정 수준의 자율주행이 가능한 단계이지만, 여전히 돌발 상황이 발생하면 운전자는 차량 운행에 즉시 개입해야 합니다.

레벨 4: 고도 자율주행

매우 수준 높은 자율주행이 가능하며 스스로 주행이 가능한 단계입니다. 운전자는 초기 목적지 입력 이외에 특별히 운전에 개입할 필요가 없으며, 자율주행 장치가 주변의 교통 상황 등을 감지하고 스스로 주행할 수 있습니다. 주변 교통 환경이 매우 복잡한 경우라도 차량이 스스로 주변 상황을 인식하면서 운행할 수 있으며, 운전자가 필요하다고 판단하는 경우에만 차량 제어를 합니다. 레벨 4에 도전하기 위해 현재 도로 환경에서 테스트 중인 차량이 있지만, 아직 판매되지는 않습니다. 레벨 4 차량이 도로에서 주행하려면 여러 교통 법규도 제정되고 보완되어야 하는데, 이 부분이 신속히 진행되지 않고 있습니다. 따라서 기술적으로 레벨 4에 해당하는 차량이 나오더라도 판매까지는 통과해야 하는 관문들이 있습니다.

레벨 5: 완전 자율주행

이 단계는 어떠한 상황(비록 위험한 돌발 상황)에서도 운전자 개입은 필요 없으며 완전히 차량이 스스로 판단해 주행하는 수준입니다. 차량 내부에 핸들, 브레이크, 엑셀 등 운전 장치가 없을 수도 있고, 운전자는 목적지만 입력할 수 있으면 됩니다. 차량 내부는 운전하는 공간이 아니라 영화 또는 음악을 감상할 수 있는 엔터테인먼트 공간, 이동 중 여러 사람과 회의할 수 있는 미팅 공간, 잠을 자거나 독서를 할 수 있는 개인적Personal 공간, 인터넷뱅킹, 쇼핑, 인터넷 강의 수강 또는 회사 일 같은 업무 공간 등으로도 활용될 수 있습니다. 자동차가 이동 목적 이외에 다양한 수단으로 활용될 수 있으며, 인공지능의 도움으로 차량의 목적이 다른 것으로 바뀔 수도 있음을 보여줍니다. 현재 많은 자동차 회사에서 자율주행시 사람이 차량 내부에서 할 수 있는 다양한 서비스를 개발하고 있습니다.

▪ 자율주행과 다른 인공지능 기술의 통합 ▪

차량 운전시 운전자가 전방을 주시하면서 운전에 신경 쓰기 때문에 명령이 체계적이고 구체적이지 않은 경우가 많습니다. (비록 완전한 문장 형태가 아닌, 아주 간단한 명령도 인공지능이 운전자 의도가 무엇인지 파악하고 실행하는 기술 개발이 연구되고 있습니다.) 차량에 탑재된 인공지능은 이런 제한적 음성 정보도 인식해서 명령을 수행할 수 있도록 기능이 발전하고 있습니다.

자율주행 기술과 AI 비서의 통합

지금까지는 운전자가 한 명령을 음성인식 인공지능이 인식해서 차량 내부에 저장된 지도를 검색했습니다. 그런데 운전자의 명령이 다양해지고, 새로운 맛집이 생기는 등 지도 정보가 계속 변경되어 방대한 양의 데이터를 차량에 미리 저장해놓을 수 없습니다. 그래서 앞으로는 차량 내부 데이터뿐만 아니라 차량 관리 중앙센터와 네트워크로 연결해 정보를 주고받을 것입니다. 이렇게 되면 차량 내부에서도 중앙센터의 방대한 정보를 활용할 수 있고, 나아가 인터넷 정보를 이용할 수 있습니다.

그리고 운전자 명령뿐만 아니라 차량 상태도 중앙센터로 전송되어 언제 정기점검을 받으면 되는지, 어느 정비소로 가면 되는지는 물론 인터넷 예약도 인공지능의 서비스를 받을 수 있습니다. 또한 운행 중인 차량들의 운전 속도, 예상 운행 경로, 목적지 정보를 중앙센터로 보내면 인공지능이 특정 도로나 교차로로 차량이 몰려서 교통 체증을 일으키지 않도록 적절하게 교통을 분산할 수도 있습니다.

차량 내부에 탑재된 인공지능 성능이 발전하면 차량과 중앙센터의 데이터 통신량이 많아져 빠른 송수신 속도가 필요합니다. 5G가 도입되면 거의 실시간으로 차량과 중앙센터 간의 통신이 가능해지고, 음악이나 영화도 운행 중인 차량으로 전송될 수 있으며, 심지어 차량들 간의 통신도 가능해집니다. 많은 차량 제조회사에서 인공지능 기술을 차량과 탑재함과 동시에 5G와 같은 초고속 통신을 차량에 연결하려는 이유가 바로 여기에 있습니다.

자율주행 선박

육상의 자율주행 차량과 공중의 드론처럼 해상에서 활용할 수 있는 자율주행 선박에 대한 연구·개발도 진행되고 있습니다. 해상 운

그림 5-29 인공지능이 자율 운행해 대서양 횡단을 계획하는 무인 선박 ©Techcrunch

항 중에 만날 수 있는 선박, 부표, 방파제, 해상에 떠다니는 파편, 기타 해양 위험물을 피해가며 안전하게 운항하고, 항구에서 자율적으로 출항과 접안을 할 수 있는 기능을 개발하고 있습니다. 선박에 탑재된 인공지능이 자율적으로 항해를 주관하며 날씨와 해류 등 모든 조건을 고려해 최적의 경로로 운항합니다.

그림 5-30 **포항의 좁은 운하에서 시범 자율 운행중인 선박 ©비즈니스포스트**

현재 영국에서는 인공지능이 운항하는 완전 자율주행 선박을 건조하고 있습니다. 자율 주행하는 무인 선박인 메이플라워호는 IBM의 인공지능 기술을 사용합니다. 1620년 영국에서 100여 명이 넘는 이민자를 태우고 미국 매사추세츠 플리머스까지 항해한 메이플라워Mayflower호를 기념하기 위해 400년 전 항해 경로를 무인 자율 선박으로 항해할 계획입니다. 이 선박에 탑재될 인공지능은 이미 해상 이미지 수백만 장을 학습했으며, 해상에서 만날 수 있는 다양한 운항 시나리오에 대해 선박의 머신러닝 모델을 준비했습니다. 그리고 자율주행 차량처럼 AISAutomated Identification System와 라이다, 레이더, 카메라 등 다양한 센서 장비를 탑재하고, 항해에 영향을 미치는 날씨 정보는 기상정보를 제공하는 회사로부터 실시간으로 예측 정보를 받아서 인공지능이 판단하게 됩니다.

자율주행 선박은 여러 나라가 연구·개발을 하고 있으며, 한국에서도 현대중공업 계열사인 아비커스가 개발한 자율주행 선박이 폭 10m, 길이 약 10km에 해당하는 운하를 출항·운항·접안까지 사람의 도움 없이 스스로 운전한 기록이 있습니다. 폭이 좁은 운하에서 마주 오는 선박을 인식하고 항로를 조정하는 등 안전하게 운항을 마쳤습니다. 이 선박에는 레이저 기반의 라이다와 특수 카메라 등 다양한 센서가 장치되었으며, 스스로 장애물을 효과적으로 피해갈 수 있도록 했습니다.

자율주행 지게차

자율주행 응용분야는 산업 현장에도 적용되어 스마트 공장이나 스마트 창고에서 물건을 나르는 자율주행 지게차도 등장했습니다.

그림 5-31 산업 현장의 자율주행 지게차 ©Association for Advancing Automation

산업 현장은 좁은 공간에 많은 설비가 설치되어 있고, 사람이나 지게차 등이 이동하는 등 매우 복잡합니다. 스마트 창고 또한 수많은 물건이 정리되어 있고, 이동할 수 있는 복도는 미로처럼 복잡합니다. 이러한 환경에서 자율주행 로봇이 사람과 지게차를 대신해 이동하며 물건을 실어 나릅니다. 이러한 자율주행 지게차는 4차 산업의 현장에서 갈수록 중요한 역할을 하며, 그 성능 또한 눈부시게 발전하고 있습니다.

아마존의 자율주행 택시

자율주행에 대한 경쟁은 갈수록 치열해져 자동차 회사 이외에도 아마존과 같은 IT·유통 회사들도 이 분야에 뛰어들 준비를 하고 있

그림 5-32 **아마존의 자회사 Zoox가 개발중인 무인 자율주행 차량 Robotaxi ©Hearst Autos, Inc**

습니다. 아마존은 2020년 12월 개발이 완료된 자율주행 택시인 로보택시Robotaxi를 소개했습니다. 최대 4명이 탈 수 있으며, 한 번 충전으로 16시간 운행할 수 있고, 최고 속도는 고속도로 운행이 가능한 시속 120km 수준에 달합니다. 테슬라 전기차 최상위 모델의 차량에 탑재하는 배터리보다 큰 배터리를 장착하고, 6개 라이다 센서와 카메라 등 여러 센서를 장착해 최대 시야를 270도 확보할 수 있습니다. 차량 구조를 특별히 디자인해 전·후 운전뿐만 아니라 운행중 좌·우도 가능하도록 설계했습니다. 현재 이 차량은 미국 일부 도시에서 시험 운행중입니다.

그림 5-32 관련 유튜브 영상

AI 반도체의 원리와 종류

인공지능 연산에 적합한 알고리즘 반도체,
아예 반도체를 사람의 신경망처럼 만들려는 시도.

인공지능, 특히 머신러닝 알고리즘은 대용량 데이터를 활용해 많은 계산을 수행하는데, 인공지능을 적용하고자 하는 분야의 특성에 따라 수백만에서 수억 개 데이터값을 이용해 계산해야 합니다. 컴퓨터 성능에 따라 이 계산은 며칠에서 몇 주가 걸릴 수 있는데, 한 번 인공지능 알고리즘을 수행하는 데 이렇게 시간이 오래 걸리면 시스템 개발이 어려울 수 있습니다.

최근 인공지능 시스템 개발 경쟁이 알고리즘 성능 향상과 대규모 학습 데이터 확보뿐만 아니라 컴퓨터의 계산 성능으로 확대되고 있습니다. 간단한 인공지능 테스트 프로그램은 개인용 PC에서도 실행할 수 있지만, 산업이나 비즈니스에서 활용 가능한 수준의 인공지능은 계산 능력이 빠른 고성능 컴퓨터가 필요합니다. 지능적인 사고를 하는 사람의 뇌는 뇌세포 약 1천억 개가 서로 동시에 신경 자극 신호 처리를 하면서 작동합니다. 이는 정보를 순서대로 계산하는 것이 아니라 여러 계산을 동시에 처리해서 매우 빠르게 결과값을 만들어 내는 것입니다. 여기서 아이디어를 얻어 컴퓨터도 많은 계산을 동시에 처리할 수 있는 병렬처리 기술을 개발하고 있습니다.

■ 컴퓨터의 병렬처리 원리 ■

인공지능 시스템에 필요한 데이터와 계산의 규모가 급격히 증가하면서 기존 컴퓨터 구조로는 알고리즘이 요구하는 성능을 제공하기 어려워지고 있습니다. 이는 기존 컴퓨터가 가지고 있는 구조 자체의 한계로, 이를 극복하기 위해 많은 연구자가 대안을 찾고 있습니다. 근본적인 접근 방법은 '어떻게 하면 컴퓨터의 병렬처리 기능을 강화할 수 있는가' 하는 것입니다.

현재 우리가 널리 사용하는 컴퓨터는 폰 노이만Von Neumann이라는 과학자가 제시한 CPUCentral Processing Unit 구조로 되어 있습니다. 이는 많은 계산을 동시에 처리할 수 있는 병렬처리와 다르게 계산을 순서대로 하는 방식입니다. 이 문제점을 개선한 것이 병렬처리를 할 수 있는 GPUGraphical Processing Unit 구조입니다.

그림 5-33는 현재 널리 사용하고 있는 CPU와 GPU의 구조를 비교한 것입니다. 일반적인 CPU 구조는 복잡한 계산을 순차적으로 진행하는 반면, GPU 구조는 그림처럼 여러 계산 장치가 연결되어 있어서 복잡한 계산을 작은 계산으로 나눠 동시에 처리함으로써 빠르게 결과값을 낼 수 있습니다.

현재 GPU는 기술적으로 3,500여 개 이상의 사칙연산과 논리 계산 장치를 병렬로 연결할 수 있어서 속도가 매우 빠릅니다. 물론 여러 계산을 동시에 할 수 있도록 알고리즘 자체를 특별히 개발했을 경우 속도 효과를 최대로 거둘 수 있습니다.

인공지능 기술이 갈수록 발전하면서 복잡한 계산을 빠른 시간에

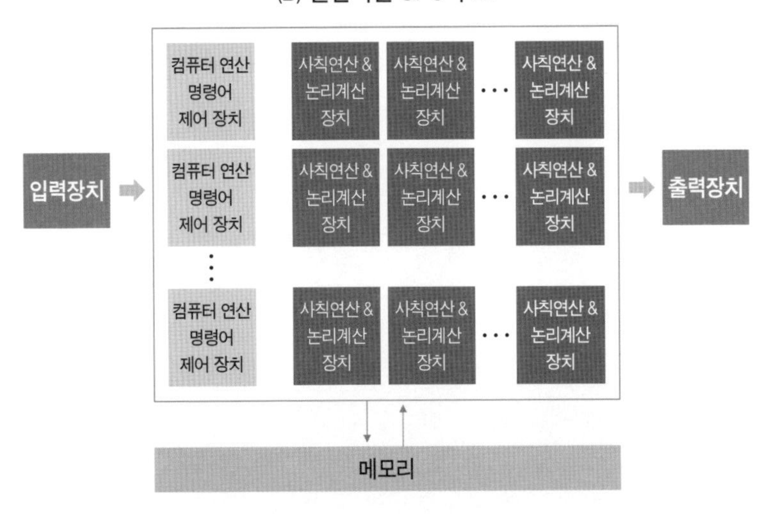

그림 5-33 CPU와 GPU의 구조 비교

처리할 수 있는 다양한 반도체 기술이 나타났는데, AI 반도체라고 하는 이 기술에는 다음과 같은 종류가 있습니다.

■ AI 반도체의 종류 ■

AI 반도체는 병렬처리 기능을 강화해서 인공지능 알고리즘을 빠르게 실행할 수 있는 기술을 말합니다. 이 기술의 핵심은 '얼마나 빨리 계산할 수 있느냐'와 '전력 소모를 얼마나 적게 하느냐'에 달렸습니다. 인공지능 알고리즘이 워낙 대규모 계산을 하기 때문에 전력 소모가 큽니다. 이러한 문제점을 해결하고 미래 AI 계산에 활용할 수 있는 다양한 반도체 기술이 연구·개발되고 있는데, 여기에는 앞서 간단히 소개한 Graphical Processing Unit(GPU), Field Programmable Gate Array(FPGA), Neural Processing Unit(NPU), PIM(Processing in Memory)과 뉴로모픽 칩Neuromorphic Chip 등이 있습니다. AI 반도체는 최근 새로이 크게 부각되는 연구 분야로, 여기서 언급한 기술 이외에도 Cognitive computing, Physical neural Network, Optical neural network, Deep learning accelerator(DLP) 등의 기술이 있습니다.

Graphical Processing Unit(GPU)

GPU의 원래 목적은 컴퓨터 그래픽 이미지를 실시간으로 계산하는 것으로, 그동안 컴퓨터 게임 용도로 많이 활용되었습니다. 컴퓨터 모니터의 그래픽 정보 처리 원리는 화면을 구성하는 아주 작은 이미지 픽셀(컴퓨터 화면 해상도가 1920×1080이면 약 200만 개 픽셀로

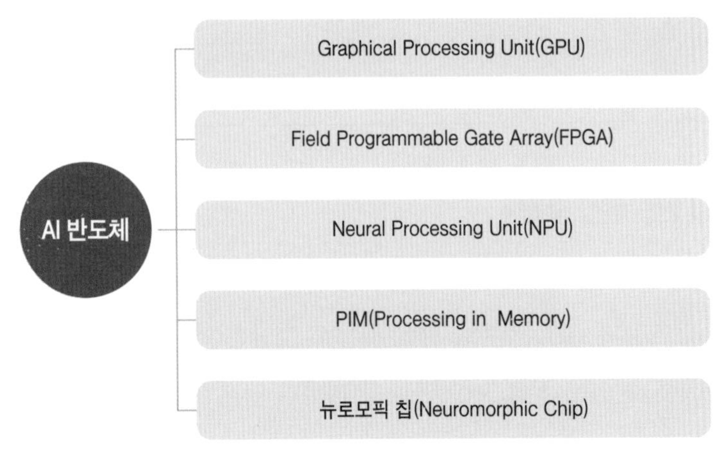

그림 5-34 **AI 반도체의 종류**

전체 화면이 구성됨)의 색깔을 빠른 시간에 계산하는 것으로, 인공지능 알고리즘에 필요한 병렬처리 계산 방식과 유사합니다. GPU는 이미 오래전부터 그래픽 카드 등에 많이 사용되었기 때문에 기술적인 관점에서도 많이 발전했고, 비교적 안정적인 기술입니다. 이러한 이유로 GPU가 대용량 데이터를 처리하는 빅데이터, 데이터 마이닝 연산이나 인공지능 연산에 널리 활용되고 있습니다.

그런데 GPU가 대용량 병렬처리에 특화되어 높은 성능을 내지만 인공지능, 특히 신경회로망의 기계학습에 필요한 복잡한 연산에는 정확하게 적합하다고 할 수 없습니다. 그래서 요즘 대규모 기계학습에 좀더 최적화된 반도체 기술이 연구되고 있습니다.

Field Programmable Gate Array(FPGA)

일반적으로 반도체는 생산이나 설계 단계에서 내부 회로의 구조가 확정되어 제품이 생산된 뒤에는 내부 구조를 변경할 수 없습니다. 그런데 FPGA는 비메모리 반도체의 일종으로 제품이 생산된 후 사용하고자 하는 분야의 계산에 적합하게 반도체 내부 구조를 프로그램으로 변경할 수 있습니다.

초기 FPGA는 내부 구조를 여러 번 변경할 수 있는 대신 계산 속도가 느리고 소비 전력이 크다는 단점이 있었으나, 최근에는 기술 발전으로 계산 속도가 GPU에 버금갈 정도로 빨라졌고, FPGA를 특정 인공지능 알고리즘 구조에 최적화해 반도체 회로를 프로그래밍할 수 있습니다. 즉 FPGA는 인공지능을 적용하려는 분야의 특성에 맞게 반도체 회로 구조를 변경해 우수한 처리 속도를 낼 수 있습니다. 최근 마이크로소프트에서 FPGA를 이용해 추론Reasoning 알고리즘에 적합한 회로를 프로그래밍해서 사용한 사례도 있습니다.

Neural Processing Unit(NPU)

기본 개념은 GPU와 유사하지만 신경회로망을 통한 기계학습에 사용할 사칙연산(특히 곱셈)을 빠르게 실행할 수 있도록 반도체 회로가 수많은 계산 모듈로 구성되었습니다. 이는 사람 뇌의 수많은 시냅스Synapse가 정보를 병렬처리하는 개념에서 아이디어를 얻어 반도체 칩 구조에 적용한 것입니다. CPU 또는 GPU에서 신경회로망 연산에 필요한 부분만 남기고 사용하지 않는 기능을 대부분 제거한 거라고 생각하면 됩니다.

일반적으로 과거의 CPU 기술로 대규모 기계학습을 수행할 경우

건물 한 층에 해당하는 컴퓨터 설비와 엄청난 전기가 필요합니다. 하지만 NPU 기술은 대규모 연산에 꼭 필요한 기능만 하나의 반도체에 집약한 기술이기에 부피나 전력 소모를 많이 줄일 수 있습니다.

최근 IBM은 4,096개 계산 모듈을 하나의 NPU 반도체에 집약하고 이런 반도체를 여러 개 연결해 100만 개 정도의 뇌 뉴런과 2억 개 정도의 뇌 시냅스가 작동하는 것과 비슷한 성능을 달성하는 데 성공했습니다. NPU는 기존의 기술보다 훨씬 빠른 성능을 보여주는 동시에 전력 소모는 크게 줄일 수 있어 미래 AI 반도체 기술의 하나로 인기를 얻고 있습니다.

NPU에도 TPUTensor Processing Unit, IPUIntelligent Processing Unit, BPUBrain Processing Unit, DPUDeep Learning Processing Unit 등 세부 기술이 다양합니다.

PIM(Processing in memory)

인공지능 알고리즘은 본질적으로 병렬처리(동시처리)와 함께 메모리를 빈번하게 사용합니다. 실제 알고리즘 수행 시간의 상당 부분이 메모리 장치에 데이터를 읽고 쓰는 데 사용됩니다. 이러한 점을 개선하기 위해 기존의 메모리와 연산장치를 분리하는 것이 아니라 아예 메모리 안에서 연산할 수 있게 하는 개념의 반도체입니다. 이렇게 되면 인공지능 알고리즘 수행 속도가 획기적으로 빨라집니다.

PIM 기술에는 Processing-Near-Memory, PRAM, ReRAM, MRAM, Phase-Changed Memory, Flash Memory 등 매우 다양한 기술이 있습니다. 메모리에 사용되는 소재도 멤리스터Memristor와 같은

새로운 물질을 사용해 전력 소모는 낮추고 처리 속도는 높이는 기술 연구가 진행되고 있습니다. 한편 멤리스터는 뉴로모픽Neromrphic 기술에서도 많이 사용됩니다.

한국은 메모리 반도체에서 세계적 기술을 가지고 있어서 국가차원에서 PIM 기반 인공지능 반도체 개발에 박차를 가하고 있습니다.

뉴로모픽 칩(Neuromorphic Chip)

기존 반도체 칩의 계산 방식이 0과 1의 디지털 방식이었다면, 뉴로모픽 칩은 아날로그와 디지털을 같이 통합해 계산하며 본격적으로 사람 뇌의 신경계 구조와 유사하게 구성되어 있습니다. 사람 뇌가 대용량 데이터를 처리할 때 소비되는 에너지는 매우 적습니다. 예를 들어 슈퍼컴퓨터가 에너지를 약 28MW 소비하는 대신, 사람의 뇌가 동작하는 데는 약 0.00007%에 해당하는 20W 정도만 있으면 됩니다. 그만큼 사람 뇌는 학습과 연산을 매우 효율적으로 하는데, 이러한 장점을 반도체 칩에서 개발하기 위해 기본적인 반도체 설계 방식과는 완전히 다른 개념을 적용한 것이 뉴로모픽 칩입니다.

사람 뇌에는 뉴런이 약 1천억 개 있으며, 각 뉴런은 신경 접합부인 시냅스로 연결되어 있습니다. 수많은 뉴런이 시냅스에 전달되는 화학물질 또는 전기 신호에 따라 작동하면서 정보를 처리하게 되어 있습니다. 이러한 개념을 소프트웨어 알고리즘으로 개발한 것이 신경회로망이고, 최근에는 이러한 개념을 반도체 기술에까지 적용해 뉴로모픽 컴퓨팅 기술이 등장했습니다.

생명체의 뇌에서 뉴런과 시냅스가 상호작용하면서 작동하는 원리를 적용하기 위해 멤리스터라는 전자 소자를 개발했습니다. 이는 대규모 프로세스를 멤리스터로 연결해 마치 생명체의 뇌세포가 정보를 처리하고 기억하듯 만든 것입니다. 멤리스터 소자를 이용해 현재는 약 1㎠당 100억 개 정도 멤리스터가 트랜지스터를 연결해 뉴로모픽 칩 시냅스를 개발하는 중이고, 이 기술이 발전하면 뇌의 성능에 한층 더 가까운 컴퓨터 시스템을 만들 수 있게 됩니다.

뉴로모픽 칩은 인공지능에서 널리 사용되는 신경회로망 기술이 사람 뇌의 동작을 흉내 내어 개발된 것처럼, 반도체 칩도 사람 뇌의 신경계 구조에서 착안해 설계하고 개발하려고 한 것입니다. 이는 이제 막 떠오르는 기술로 상용화까지는 10년 정도 걸릴 것으로 예상하지만, 이미 초기 시제품에서 우수한 성능을 보여주었습니다. 대용량 정보를 바탕으로 기계학습을 빨리 진행하는 대신 전력 소모는 극히 적은 수준에 머무릅니다. 한국에서는 카이스트, 포항공대, 연세대 등 여러 대학에서 이 분야에 대한 연구를 활발히 진행하고 있으며 삼성전자, 현대자동차에서도 이 기술에 관심을 가지고 개발에 박차를 가하고 있습니다.

뉴로모픽 칩 기술이 추구하는 것은 기존 반도체보다 1천 배 빠르면서 전력소비는 1천 배 낮은 수준입니다. 특히 이 칩은 인간 뇌세포와 신경계 구조와 구조가 유사해서 학습시키는 형태에 따라 냄새도 감지할 수 있습니다. 사람이 후각 신경에 들어오는 물질의 자극 신호에 따라 냄새를 구분하는 것처럼 뉴로모픽 칩 내부의 신경회로를 각각 다른 물질에 반응하도록 학습시키면 센서에 감지되는 물질에 따라 반도체 칩이 냄새도 구분할 수 있습니다.

인공지능 기술 초기에는 이론적 연구에서 시작되어 사람 지능에 버금가는 지적 능력을 보여주는 알고리즘들이 개발되었습니다. 이제는 적은 전력 소비로 초고속 계산을 할 수 있는 AI 반도체 개발로 이어지고 있습니다. 알고리즘 성능이 조금씩 발전하면서 인공지능이 활용되자 사람들은 인공지능 반도체를 이용해 좀더 복잡하고 큰 문제를 해결하려고 대규모 데이터를 처리하거나 엄청난 계산을 수행하고 있습니다.

하지만 기존의 컴퓨터 기술로는 한계가 있어서 이를 극복하기 위해 다양한 반도체 기술을 개발하고 있습니다. 소프트웨어 알고리즘이 사람의 생각하는 방식에서 아이디어를 얻어 개발되어온 것처럼, 하드웨어인 반도체도 사람의 뇌 신경계와 시냅스의 작동 원리에서 아이디어를 얻어 개발되고 있습니다.

이렇듯 인공지능 반도체는 여러 분야의 기술이 융복합되어 발전하고 있습니다. 이미 수많은 아이디어와 기술이 개발되었으며, 좀더 높은 성능을 얻기 위해 여러 분야에서 혁신을 통한 새로운 아이디어가 출현할 것입니다. 미래 인공지능 반도체에 거는 기대가 커질수록 이 분야는 반도체 기술뿐만 아니라 물리, 수학, 컴퓨터 과학, 바이오 과학, 의학, 뇌 과학 등 다양한 분야의 전문가들이 서로 협력해 기술을 개발합니다.

인공생명과 인공지능의 차이점

자연에서 배운 원리를 바탕으로
인공적인 생명을 가진 컴퓨터가 탄생할까?

인공지능이 지능, 인식, 추론 등에 초점을 두고 발전한다면, 인공생명은 생명체(반드시 사람일 필요는 없음)의 행동에 초점을 두고 발전하는 기술입니다.

여기에서 '인공생명(Artificial Life 또는 ALife)'은 크게 2가지로 구분하는데, 하나는 화학물질을 합성해서 마치 살아 있는 생명체처럼 복제와 성장을 하게 하는 기술이고, 다른 하나는 생명체의 행동에서 아이디어를 얻어 기계 또는 컴퓨터가 생명체와 같은 행동을 하는 것입니다. 여기에서는 인공지능과 관련 있는 두 번째 정의의 인공생명에 대해 설명하겠습니다.

구체적으로 인공생명을 설명하기 전에 먼저 '생명Life'이 무엇인지 알아보겠습니다. 지구상에 존재하는 수많은 생명체의 공통적 특징을 고려해서 생명을 '스스로 복제와 성장을 하는 것'이라고 할 수 있겠지만, 이것만으로는 부족합니다. 왜냐하면 현미경으로 보면 소금

결정체도 시간이 갈수록 성장과 복제를 하고 눈 입자도 기온이 낮아지면 비슷하게 스스로 성장하기 때문입니다. 하지만 우리는 소금과 눈을 생명이라고 하지는 않습니다. 생명체의 핵심 특징은 DNA(유전자 본체)를 가지고 복제와 성장을 하는 것입니다. DNA가 있다는 것은 유전자 정보, 즉 생명체의 외형적 특징과 내부적 특징을 정의하는 다양한 정보가 다음 세대로 전달된다는 것입니다. 우리가 우주에서 DNA 구성에 필요한 화학물질의 존재 여부를 탐사하는 것도 생명체의 존재 가능성을 알기 위해서입니다.

이런 관점에서 보면 앞에서 설명한 진화·유전자 알고리즘은 인공생명의 한 분야라고 할 수 있습니다. DNA 내부의 유전 정보가 복제되어 다음 세대로 전달되는 과정에서 아이디어를 얻어 프로그래밍하는 기술이기 때문입니다. 인공생명은 다양한 생명체의 행동을 관찰하고 아이디어를 시스템(기계 또는 컴퓨터)으로 개발하는 것으로, 바이오·생명과학, 생물학, 지질학, 물리학, 수학, 컴퓨터 과학 등 다양한 분야의 학문이 필요합니다.

지구상의 생명체들은 수억 년 동안 주변 환경에 적응하면서 성장하고 있습니다. 연구자들이 이러한 생명체의 놀라운 현상이나 행동을 관찰하면서 시스템으로 구현한 것이 인공생명으로, 이는 사람의 인식·추론 등을 흉내 내어 시스템을 개발하는 인공지능과는 다소 차이가 있습니다.

인공생명에도 다음과 같은 여러 가지 분야가 연구·개발되고 있습니다.

▪ 에이전트 시스템 ▪

에이전트Agent는 어떤 과제를 일정한 수준의 독자적 권한을 가지고 스스로 실행하는 시스템입니다. 즉 특정 문제를 해결하는 프로그램 모듈이라고 보면 됩니다. **그림 5-35**과 같이 에이전트 모듈에 어떤 입력값이 들어가면 해당 문제를 에이전트가 해결해서 결과를 출력값으로 제공합니다.

에이전트의 특성은 아래와 같이 다양하게 구성됩니다.

- 해결하고자 하는 문제가 단순하면 에이전트가 수행하는 권한이나 자율성도 상대적으로 단순해질 수 있습니다.
- 특정 문제만 해결하는 에이전트를 여러 개 사용할 수 있습니다. 예를 들어 에이전트-A는 A 특성 문제만 해결하고, 에이전트-B는 B 특성 문제만 해결합니다.
- 시스템이 여러 에이전트로 구성되어 있을 경우 각 에이전트는 자신이 해결할 수 있는

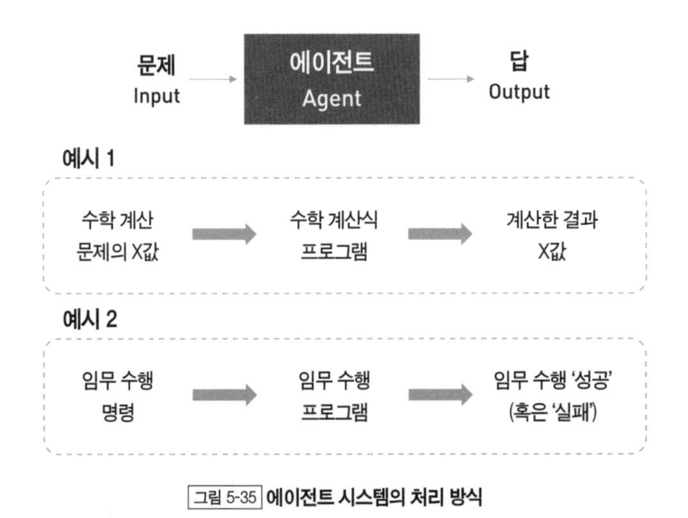

그림 5-35 **에이전트 시스템의 처리 방식**

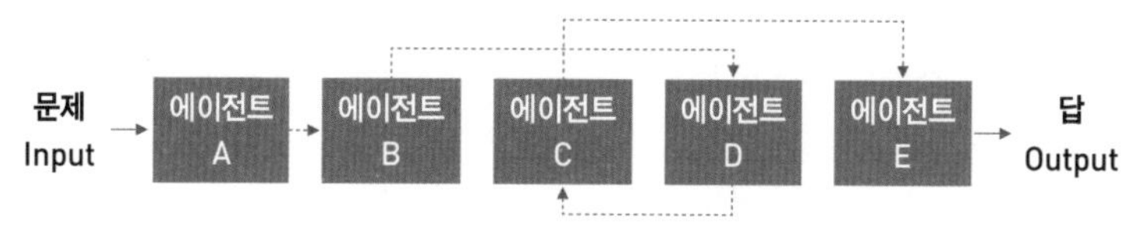

그림 5-36 **다중 에이전트의 업무 처리 방식**

문제만 해결하고 다음 단계 에이전트에 연락해서 그 이후 문제를 해결하게 합니다. 각 에이전트에는 자신이 어떤 문제를 해결해야 하고 어떤 에이전트에 연락해서 이후 문제를 해결하면 되는지 정보가 입력되어 있습니다.

- **그림** 5-36은 에이전트들 사이의 협력 네트워크 예시를 표현한 것입니다. 에이전트-A에 수행할 문제가 들어오면, 필요한 역할을 수행한 다음 에이전트-B에 연락합니다. 에이전트-B는 역시 자신이 해결할 수 있는 것만 풀고 에이전트-C에 연락하며, 동일하게 에이전트-D는 역할 수행을 하고 마지막으로 에이전트-E에 연락합니다. 최종적으로 에이전트-E는 앞서 여러 에이전트가 해결한 결과값에 자신의 결과를 취합해서 해답을 제시하거나 임무 수행 성공 또는 실패라는 신호를 아웃풋으로 제공합니다.

이러한 시스템의 특징은 매우 복잡한 기능을 하는 하나의 대형 지능형 시스템을 설계하는 대신, 단순하지만 다양한 역할을 수행하는 소규모 시스템의 모임으로 시스템을 구성한다는 것입니다. **그림** 5-37처럼 개별 에이전트 시스템은 상대적으로 지능 수준이 낮기 때문에 자기에게 주어진 단순 업무만 처리하고 다른 에이전트에 나머지 과제를 넘겨줍니다. 실제 이 시스템을 적용할 때 에이전트 개수를 수백 개에서 수만 개까지 구성할 수 있습니다. 각 에이전트가 협력하면서 스스로 문제를 해결해나가는데, 집단 전체적으로는 놀라울 정

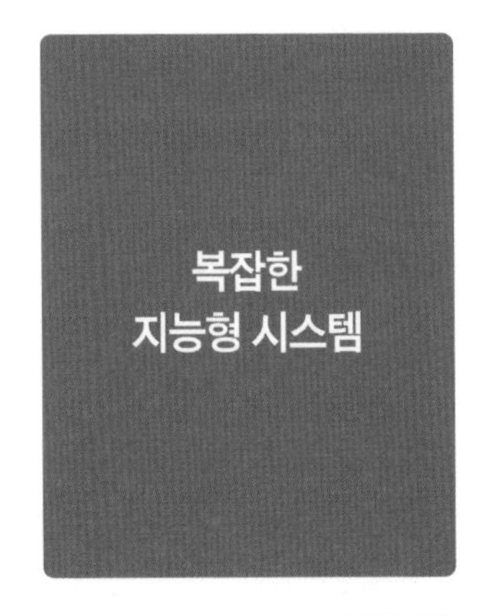

그림 5-37 다중 에이전트의 집단 지능

도의 지능을 보여주는 경우가 있습니다.

이런 모습은 자연 생태계에서도 어렵지 않게 볼 수 있습니다. 예를 들어 개미나 꿀벌은 단위 생명체의 지능 수준은 낮을 수 있으나 전체 집단이 보여주는 행동은 놀라울 정도로 지능적으로 주변 환경이나 자극에 반응하면서 생존하는 것을 볼 수 있습니다. 인공지능의 신경회로망 시스템도 개별 뉴런의 작동은 매우 간단합니다. 하지만 이러한 뉴런 수천 개에서 수만 개가 서로 정보를 주고받으면서 실행하면 놀라울 정도의 지능적인 모습을 보여줄 수 있습니다.

▪ 자기 조직화 ▪

자기 조직화Self-organization는 시스템이 스스로 자신의 구조를 재구성하는 능력을 말합니다. 자연 생태계에서도 이러한 능력을 보이는 생명체들이 있습니다. 그림 5-38(A)의 새 무리, 그림 5-38(B)의 벌떼처럼 집단

그림 5-38 자연에서 관찰할 수 있는 생명체의 자기 조직화 형태
©Santa Fe Institute, ©Agrarheute, ©Petmd

에서부터 그림 5-38(C)와 같이 신체 꼬리가 절단되었을 경우 스스로 이를 복원하는 능력을 가진 도마뱀 등 여러 경우가 있습니다.

자연에는 다양한 형태로 지능적 행동을 보이는 생명체들이 있으며, 과학자들은 이들을 관찰해 인공지능 기술을 계속 발전시키려고 합니다. 자연 생태계에서 찾아볼 수 있는 이러한 현상에서 아이디어를 얻어 컴퓨터 시스템에서 구현하려는 연구·개발이 진행되고 있습니다. 앞서 설명한 멀티 에이전트 시스템에서 필요한 경우에만 에이전트를 컴퓨터 메모리에 생성하게 프로그래밍할 수 있습니다.

어떤 문제를 해결하기 위해 사람이 에이전트의 숫자를 정의하는 것이 아니라 컴퓨터가 실행하면서 스스로 필요한 에이전트를 생성하고, 업무를 마친 에이전트는 자동 삭제하면서 전체 과제를 처리할 수 있습니다. 즉, 프로그램 스스로 자신의 내부 구성요소를 스스로 변형하면서 문제를 해결해나가는 것으로, 이를 자기 조직화라고도 합니다. 아직 초기 단계이긴 하지만 로봇이 스스로 자신을 재구성할 수 있도록 하는 연구와 주변 환경에 따라 스스로 집단의 모습을 바꾸어가는 연구도 진행되고 있습니다.

자기 조직화 중에서 일부 기술이 개발되어 현재 사용되고 있는 분야는 셀프 힐링Self-healing인데, 이는 시스템이 스스로 문제를 감지하고 해결하기 위해 내부 구조를 변경해서 문제를 극복(치유)하는 기술입니다. 주로 복잡한 통신 네트워크나 전력망인 스마트 그리드에 적용됩니다. 예를 들어 통신 네트워크 중 특정 부분에 장애가 발생하면 네트워크가 스스로 진단해서 문제 원인을 찾아내 해결하기 위한 대안을 만들어낸 다음, 다른 장비를 가동하거나 통신 경로를 우회해서 네트워크가 정상적으로 작동하게 하는 것입니다. 네트워크가 수많은 장비와 선로로 연결되어 있고 전력망도 비슷한 경우인데, 앞서 설명한 멀티 에이전트도 비슷한 개념입니다.

▪스웜▪

스웜SWARM은 이미 활발하게 사용되는 기술로, 기본 개념은 앞서 설명한 멀티 에이전트 또는 자기 조직화와 연관이 있습니다. 집단을 이루며 행동하는 스웜이 현재 드론에서 사용하는 기술인데, 해저 무인 수색기 등에서도 사용됩니다. 자연 생태계에서 아이디어를 얻어 수많은 로봇이 하나의 목적을 위해 서로 교류하면서 상호 조율된 집단 행동을 하는 연구를 하고 있습니다.

그림 5-39(A)는 소형 로봇들이 집단으로 이동하는 것으로, 로봇 집단이 서로 협력하면서 지적인 능력을 보여줍니다. 언덕을 넘을 때 뒤에 있는 로봇이 앞에 있는 로봇을 자율적으로 밀어주고, 에너지가 소진된 로봇은 주변 동료 로봇이 접근해서 자율적으로 충전하는 등

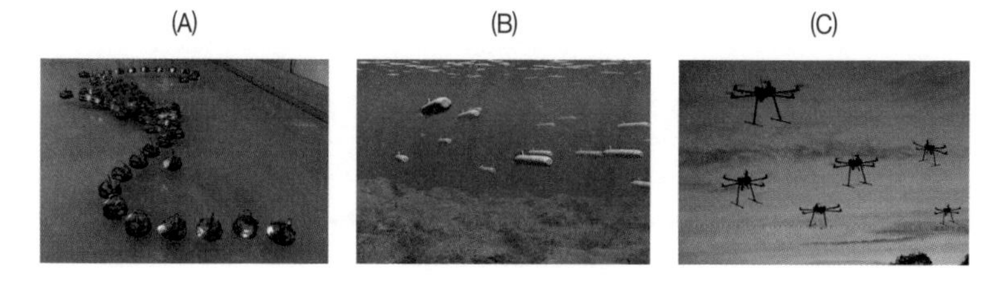

그림 5-39 SWARM 사례
©Centrum Wiskunde&Informatica, ©Autonomous Media, ©Endeavor Business Media

집단 내부에서 자율적인 행동이 일어나도록 하는 연구가 진행되고 있습니다. 유사한 개념이 국방 분야에서 활용되는데, 미국 육군에서는 무인 수송차량 수십 대가 선두 무인 차량의 인솔 아래 전장의 험난한 지형지물을 스스로 피해가면서 목적지까지 이동하는 시스템을 개발 중입니다.

그림 5-39(B)는 해저에 무인 로봇 수십 대가 집단을 이루며 자율적으로 움직이는 것을 테스트하고 있습니다. 해저 탐사, 재난 구조 등 방대한 해저를 수색할 때 무인 잠수정 수십 대가 집단을 이루어 서로 협력해가면서 임무를 수행하게 하는 것입니다.

그림 5-39 관련 유튜브 영상

그림 5-39(C)는 드론 수십 대가 대열을 유지하면서 일정 지역을 날아가는 모습인데, 방대한 지역에 대한 감시·수색 등에 활용할 수 있고, 국방 분야에서는 드론 수십 대가 집단으로 적을 공격하는 임무를 수행할 수도 있습니다. 각 드론이 일정 수준의 지능을 가지게 되면 드론 집단, 즉 스웜은 매우 지능적으로 주어진 임무를 수행할 수

있는데, 이를 집단지능SWARM Intelligence이라고 합니다.

앞서 설명한 진화·유전자 알고리즘도 인공생명의 한 형태라고 할 수 있고, 신경회로망도 자연 생태계에서 아이디어를 착안한 것입니다. 이외에 인공생명에 대해 다양한 연구가 진행중이고, 자연 생명체에는 아이디어가 무궁무진해서 앞으로 지속적으로 인공생명의 새로운 기술이 연구되고 개발될 것입니다.

▪곤충 드론▪

곤충은 아주 비좁은 꽃 사이나 풀 사이를 자유롭게 비행하며 물체에 살짝 부딪혀도 효율적으로 비행 자세를 회복합니다. 이처럼 비좁은 공간에서도 날 수 있고, 완만한 충격에도 자세를 회복하는 초소형 드론 개발이 진행되고 있습니다.

드론 크기가 작아질수록 모터 크기 또한 작아지는데, 그럴수록 모터의 회전 성능이 현저히 떨어집니다. 따라서 초소형 드론에는 완전히 다른 동력이 필요한데, 2021년 3월에 MIT에서 그림 5-41처럼 나

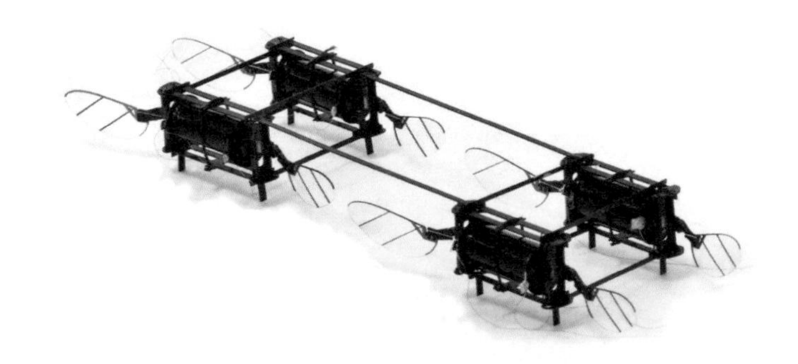

그림 5-40 곤충처럼 유연하게 비행할 수 있는 초소형 드론 ©Boston Globe Media Partners

노 탄소 튜브로 코팅된 얇은 고무 실린더를 활용한 초소형 드론을 개발했습니다. 고무 실린더에 전기를 보내면 수축하는데 이 힘을 이용해 날개를 움직일 수 있는 동력을 얻습니다. 이 고무 실린더는 1초에 약 500번 수축과 팽창을 반복할 수 있고, 전체 초소형 드론의 무게는 600g 정도입니다.

그림 5-40 관련 유튜브 영상

고무 실린더와 같은 유연한 물질을 이용하는 이유는 좁은 공간을 비행하는 드론은 수시로 주변과 부딪칠 수 있으므로 이때 충격을 견딜 수 있는 유연한 구조를 가지고 있어야 하기 때문입니다. 기존 드론은 무겁고 단단한 소재를 이용해서 충격에 약합니다.

현재 연구팀은 잠자리 비행에서 아이디어를 얻어 날개 4개로 날 수 있는 초소형 드론을 개발했습니다. 다양한 센서와 머신러닝 기능을 이용해 자율 비행을 하면서 좁은 공간의 수색, 기계 검사, 농작물의 인공 수분까지 하는 것이 이 드론의 목표입니다.

- 인공지능과 같이 살아갈 미래의 우리 삶은 어떤 모습일까?
- 사람이 되고자 하는 인공지능도 이제 윤리를 지켜야 할까?
- 국가 간의 치열한 인공지능 경쟁, 우리의 위치는?

PART 6

우리와 동반자가 된 인공지능

우리 생활의 동반자, 인공지능

인공지능과 같이 살아갈 미래사회.
삶을 편리하게, 하지만 때로는 불편하게.

■ 인공지능, 일상으로 스며들다 ■

어느덧 인공지능은 우리 생활의 여러 분야에서 자리 잡고 있습니다. 일상이 시작되는 아침부터 잠자리에 드는 저녁까지 많은 일이 인공지능으로 이루어집니다. 그중에는 아주 똑똑한 인공지능이 있는가 하면, 단순한 일만 하는 인공지능도 있습니다. 앞서 다양한 인공지능 기술을 설명하면서 해당 기술의 활용 사례를 많이 제시했지만, 이 장에서는 인공지능이 우리의 미래 생활에서 어떻게 활용될 수 있는지 가상 인물 '수아'의 일상에서 간단히 살펴보고자 합니다.

수아는 아침에 AI 스피커가 들려주는 은은한 음악을 들으며 잠에서 깨어납니다. 잠시 누워서 꿈속에서 빠져나오려고 숨 고르기를 하는 동안 AI 스피커는 들릴 듯 말 듯한 낮은 소리에서 조금씩 볼륨을 높입니다. AI 스피커는 수아가 주로 듣는 음악의 종류, 아티스트, 시간대별 취향까지 모두 학습되어 있어

곡을 지정하지 않아도 스스로 수아 취향에 맞는 음악을 선곡해 들려줍니다. AI 스피커는 수아가 아침에 주로 듣는 음악과 오후나 밤에 각각 어떤 음악을 좋아하는지 알고 있습니다. 이어서 낮은 소리로 오늘의 미세먼지 농도와 날씨를 알려줍니다. 수아가 최근에 수시로 미세먼지를 검색하자 AI 스피커는 수아의 최근 관심 사항을 학습했습니다. 최근 들어 수아가 BTS 관련 정보 검색을 뜸하게 하는 것을 알고 AI 스피커는 지난밤 해외 순회 공연중인 BTS 관련 소식은 전달하지 않기로 했습니다.

보통은 수아가 아침을 먹으며 오늘의 주요 일정을 물어보는데, 오늘은 별말이 없어서 AI 스피커도 일정은 이야기하지 않기로 합니다. 불필요하게 주인님을 귀찮게 하지 않으려는 겁니다.

집을 나서려는데, 우유 유통기한이 많이 지나서 우유를 사야 한다고 냉장고가 수아 핸드폰으로 문자를 보냅니다. 그러면서 근처 여러 마트 중 우유를 특별 할인하는 매장 정보와 매일 우유를 얼마 이상은 마셔야 칼슘 섭취로 건강에 도움이 된다는 추가 정보도 문자로 보냅니다. 최근 들어 수아가 우유를 자주 꺼내지 않은 것을 감지한 냉장고 AI 기능이 수아 건강을 위해 잔소리를 하는 것입니다. 주인이 원치 않을 것 같은 불필요한 간섭은 하지 않지만, 필요한 잔소리는 하는 똑똑한 기능이 내장되어 있기 때문입니다.

아침 출근을 하려고 차에 시동을 거니 차량 AI내비게이션이 오늘은 다른 길로 해서 회사로 가라고 합니다. 보통 출근할 때 다니는 길이 현재는 막히지 않지만, 다른 도로에서 발생한 교통사고로 앞으로 9분 후 차량이 많이 몰릴 거라고 예측해줍니다. 그래서 다른 길로 우회하면 평상시보다 3분 정도 더 걸릴 거라고 예측도 해줍니다. 차량 AI는 수아가 보통 어떤 경로로 회사에 출근하는지 학습되어 있고, 조금 전 교통통제 센터로부터 주변 교통 상황을 수집해 가장 알맞은 다른 경로를 계산한 것입니다.

서둘러 차를 출발시킨 수아는 차에서 무선 단말기로 오늘 일정과 이메일을 체크합니다. 간밤에 여러 군데서 이메일이 왔는데, 그중 좋아하는 브랜드의 재킷을 할인 판매한다는 메일이 들어와 있습니다. 회사 업무 이메일은 당연히 들어오지만 매일 수십 건씩 들어오던 홍보·스팸 이메일은 어느 순간 현저히 줄어들었습니다. 수아가 체크하는 이메일 유형을 학습한 AI 시스템이 관련 없는 이메일은 모두 스팸처리하기 때문입니다.

메일을 다시 회사 업무 이메일, 친구들 이메일, 은행 계좌 이메일 등 꼭 필요한 이메일을 자동 분류해서 저장해주는 똑똑한 AI 이메일 시스템입니다. 그런데 어떻게 자신이 좋아하는 브랜드의 재킷 할인 광고 메일이 이메일 박스에 들어와 있는지 의아했습니다.

곰곰이 생각해보니, 최근 수아가 재킷을 구매할까 해서 인터넷으로 여기저기 검색한 것을 AI 시스템이 감지하고 관련 이메일을 스팸처리하지 않았다는 생각에 미소를 지었습니다. '음, AI가 이렇게 똑똑할 줄이야. 기특하군.'

오늘의 주요 업무는 회사에서 추진하는 사업에 참여하기 위해 여러 회사에서 제출한 제안서를 평가하는 일입니다. 5군데 회사에서 제안서가 들어왔는데, 각 제안서가 200~230페이지나 된다고 합니다. 선배들 말로는 옛날에는 며칠 동안 밤새워 제안서를 다 읽고 평가했다고 하는데, 수아에게는 신기한 이야기입니다. '요즘 누가 그 많은 제안서를 읽지?'

보고서 분석 AI 시스템에 5개 보고서 파일을 넣고 평가하니 2개 회사의 보고서 내용이 83% 정확히 일치한다고 합니다. 서로 제안서 내용을 보고 베끼고 가격만 달리 적어서 제출한 것이라 2개 회사 제안은 탈락! 남은 3개 회사의 제안서를 AI 시스템으로 핵심 내용을 5페이지로 요약하게 했습니다. 이 5페이지의 내용은 정독하면서 중요 내용을 이해하고, 필요하면 요약문과 본제안서 내용을 서로 참조하면서 평가를 했습니다. 최종 1개 회사를 선정하는 추천 메일을 상사에게 보내고 나니 어느새 오후 6시가 다 되어 퇴근을 서두릅니다. 옛날 같았으면 일주일 걸릴 작업을 하루 만에 마쳤습니다.

퇴근하려고 차에 타니 아침에 우유 사라고 했던 메시지가 차량 대시보드 화면에 나타납니다. 아침에 AI 냉장고가 핸드폰으로 보낸 문자 정보가 이제 차량 시스템과 연동되어 알려주는 것입니다. "아! 또 잔소리…." 일단 집으로 가기 전에 슈퍼마켓으로 목적지를 입력하고 차를 출발했습니다. 그리고 눈을 감으면서 '내일부터는 차에 담요를 가져다놓아야겠다'고 생각합니다.

요즘 도로를 달리는 차에는 대부분 자율주행 기능이 있고, 차들도 서로 통신하면서 각자 속도, 목적지, 운행 방향은 물론 언제 차선을 변경할지, 좌회전할지 등 모든 정보를 앞뒤 좌우 차량과 공유합니다. 그래서 요즈음 아주 사소한 접촉사고조차 거의 일어나지 않아 AI 덕분에 사고가 90% 줄고 교통 흐름은 40% 더 좋아졌다고 합니다. 수아는 퇴근할 때 아예 차에서 잠깐 눈을 붙이려고 합니다. 집에 도착할 때쯤 차량 AI가 깨울 테니까요.

저녁을 먹고 잠시 쉬면서 지난 주말 친구들과 야외 카페에서 찍은 사진 몇 장을 페이스북에 게시했습니다. 중학교 친구들인데 졸업 후 꽤 시간이 지났지만 아직도 연락이 되는 몇몇 친구와 가끔 맛집 탐방, 카페 탐방 등으로 즐거운 시간을 보냅니다. 친구들 사진을 몇 장 올렸더니 페이스북 AI 시스템이 사진 속 친구들 얼굴을 인식해서 친구 맺기 요청을 보내왔습니다. 갈수록 온라인 친구들이 늘어나서 흐뭇했습니다.

이번 주말에 무얼 할까 생각하면서 컴퓨터로 이것저것 검색하는데, 갑자기 이번 주말에는 운동을 하라고 메시지가 왔습니다. '아니, 컴퓨터가 이런 메시지를 왜 나에게?' 생각해보니 평소에 항상 핸드폰을 가지고 다녀서 핸드폰 AI가 바이오리듬뿐만 아니라 운동량도 모니터링하는데, 최근 거의 운동한 적이 없다는 것을 알고 운동을 추천한 것입니다.

그런데 그 메시지를 컴퓨터로 전송해서 수아가 주말에 할 일을 고민하고 있다고 인식한 AI시스템이 운동을 추천한 것이었습니다. 아마 수아가 이 메시지를 무시하면 내일 차 타고 출근할 때 AI가 또 잔소리할 것 같습니다. 갈수록 게을러져

운동을 적당히 하고 넘어가려 했는데, 딱 걸렸다는 생각이 들었습니다.

인공지능이 여러 가지로 편리하기도 하지만 때론 잔소리도 심하다는 생각에 귀찮게 하는 일부 AI 기능을 꺼둘까 하다가 포기했습니다. 수아 주변에 있는 AI가 이를 감지해 부모님에게 메시지를 보내 이를 것 같았기 때문입니다. AI는 편리하기도 하지만 귀찮기도 하다는 생각을 하면서 잠자리에 들었습니다. AI 스피커가 알아서 은은한 음악을 들려주며 자동으로 조명을 줄였고 수아는 꿈나라로 갔습니다.

인공지능의 궁극적 목적은 인간 수준의 지능을 가진 시스템을 이용해 삶의 수준을 높이고, 윤택한 삶을 살아가는 것입니다. 그래서 사람이 하기 힘든 일을 대신할 수 있는 인공지능 기술이 많이 개발되어 삶을 편히 살 수 있게 해줍니다. 반면 인공지능이 건강한 삶을 위해 영양분 있는 음식을 골고루 섭취하라거나, 정기적으로 운동을 하라고 추천하는 것은 게으른 사람들에게는 귀찮은 일입니다. 더구나 범죄자들에게는 인공지능의 감시 기능과 범죄 탐지 기술은 매우 불편한 것입니다. 그래도 인공지능의 목적은 개인의 편리한 삶을 위해 좀더 건강한 사회를 유지하면서 많은 사람이 윤택하게 살 수 있게 하는 것입니다.

▪하나씩 등장하게 될 인공지능 기술들▪

앞서 수아의 하루 일과에서 설명한 다양한 인공지능 기능을 개발하는 데 필요한 기술은 이미 연구·개발 단계에서 아이디어로 나와 있습니다. 그중 일부는 연구가 끝나서 개발되어 있고, 현재 서비스되는 것도 있습니다. 앞서 간단하게 설명한 기술혁신 과정처럼 연구·개발 단계의 아이디어가 기술화되려면 또 다른 노력이 필요하고, 좋은 기술이 실제 제품이나 서비스로 나오려면 중요한 결정이 필요합니다. 이는 해당 인공지능 기술을 가지고 제품이나 서비스를 만드는 기업에서는 수익이 충분히 발생할 수 있느냐에 달려 있습니다.

앞서 설명한 머신러닝이나 딥러닝 사례에서처럼 기계학습에만 수백억 원이 투자되기 때문에 이를 제품이나 서비스로 제공했을 때 투자 이상의 수익이 발생해야만 기업이 상품화를 결정합니다. 그래서 현재 기술적으로는 아주 뛰어난 인공지능 시스템이 많지만 투자 대비 수익 관점에서 제품으로 출시되지 않은 기술도 많습니다.

하지만 컴퓨터 기술이나 다른 기술들이 빠른 속도로 발전하면서 성능은 좋아지고, 가격은 갈수록 낮아지고 있습니다. 현재 잠재되어 있는 많은 인공지능 기술도 언젠가는 제품이나 서비스로 우리 삶에 들어올 것입니다.

우리의 미래 삶이 인공지능에 의해 어떻게 변화될지는 많은 영화나 드라마에서 소개하고 있고 이들 중 여러 분야에 대한 연구가 진행되고 있습니다. 그리고 많은 사람에게 그 인공지능 기술이 필요하면 어떤 기업이 해당 제품을 만들어 제공할 것입니다. 현재 기업들도 인공지능 기술을 확보하고 인공지능을 활용해 어떤 제품이나 서비스를 제공할지에 대한 아이디어 발굴에 경쟁적으로 뛰어들고 있습니다.

인공지능 윤리, 무엇을 고민해야 할까?

어디까지 인공지능에 윤리의식을 강요할 수 있을까?
그리고 과연 누구의 책임일까?

인공지능 시스템의 성능이 날로 발전해 우리 생활의 많은 분야에서 활용되면서 떠오르는 주제가 '과연 인공지능 시스템에도 사람처럼 지켜야 하는 윤리가 있는가'입니다. 인공지능 시스템이 인간사회로 들어와 사람처럼 스스로 판단하고 행동하면서 '사람이 지키는 윤리와 비슷한 인공지능 윤리가 필요하지 않느냐'는 질문이 나오고 있습니다.

일반적으로 '윤리'는 타인에게 불쾌감이나 피해를 주지 않고 공동체와 사회의 안정을 지키기 위해 따라야 하는 규범이나 질서를 의미합니다. 그래서 사람이 지켜야 하는 윤리나 규칙을 어기면 이에 대한 비난을 받거나 심하면 책임을 져야 하는데, 만약 인공지능이 인간사회의 안정을 해치거나 피해를 줄 경우엔 누가 책임을 지는가 하는 문제가 발생합니다.

2017년 미국에서 한밤중에 가로등이 없는 캄캄한 4차선 도로를 자전거를 끌고 건너던 사람이 자율주행차에 받혀 사망하는 사고가 발생했습니다. 이때 자율주행차는 볼보라는 회사에서 만든 차량이고, 우버라는 회사가 이 차를 구매해 자율주행 택시 서비스를 하려고 야간 시범 운전중이었으며, 운전석에는 운전자가 탑승중이었습니다. 하지만 자율주행 기능이 켜진 상태여서 운전자가 운전하지는 않았습니다. 이런 경우 과연 누구에게 사고 책임이 있는지 논란이 있었습니다. 야간에 도로를 횡단한 보행자 책임인지, 자율주행차를 만든 볼보 책임인지, 자율주행차를 소유한 우버 책임인지, 운전석에 앉아 있던 운전자 책임인지, 아니면 당시 차량을 운전하던 인공지능 책임인지에 대한 논란이었습니다.

사고 당시 인공지능 시스템이 차량 주변 상황을 인식하고 목적지에 가기 위한 속도와 방향을 제어했기 때문에 책임 소재에 논란이 많았습니다. 이 사고는 조사 끝에 운전석에 앉아 있던 운전자 책임으로 재판이 진행중입니다. (당시 차량에 있던 운전자의 임무는 비록 차량의 인공지능 시스템이 자율주행을 했지만, 비상시에는 즉각 핸들과 브레이크를 조작해서 사고를 방지할 수 있게 전방을 주시하며 핸들 근처에서 손을 준비하는 것이었습니다. 하지만 사고 당시 운전자는 뉴스를 보느라 핸드폰을 계속 주시해서 돌발 상황에 신속하게 대응하지 못한 것으로 밝혀졌습니다.) 자동차 소유 회사 우버는 철저한 준비 없이 시범 운전을 했다는 점에서 큰 비판을 받았고, 자동차 제조사 볼보는 자율주행에 필요한 다양한 안전장치를 차량 내부에 탑재하여 판매했기 때문에 큰 비난은 면했습니다.

▪ 인공지능 윤리 ▪

인공지능이 여러 가지로 편리하지만, 동시에 잘못된 동작을 할 경우에는 문제를 일으킬 수 있음을 인식하고 현재 많은 국가에서 이에 대한 다양한 정책과 규제를 마련하려고 합니다. 그중 하나가 인공지능 윤리Artificial Intelligence Ethics입니다. 이는 그림 6-1과 같이 크게 2가지가 논의되고 있습니다.

인공지능 시스템을 연구·개발하는 사람들의 책임

규칙기반의 시스템은 사람의 지식을 구체적인 컴퓨터 프로그램으로 작성해서 실행하기 때문에 시스템의 행동을 어느 정도 예측할 수 있습니다. 이런 경우는 연구·개발 또는 설계 단계부터 명확히 어떤 임무를 어떻게 실행해야 하고, 어떤 행동은 절대로 해서는 안 되는지 사람이 지정할 수 있습니다. 그리고 규칙기반 시스템은 개발 후에도 엄격한 테스트를 거쳐 원래 목적한 역할을 잘 수행하고, 어떤 경우에도 위험한 동작을 하지 않도록 확인한 후 제품으로 출시할 수 있습니다. 따라서 규칙기반 시스템의 경우는 안전한 인공지능 시스

그림 6-1 인공지능 윤리의 2가지 종류

템이 개발되도록 개발자들에게 다양한 기준과 규칙·윤리규정을 준수하게 하며, 만약 문제가 일어나면 개발자에게 책임을 물을 수 있습니다.

그러나 머신러닝 또는 신경회로망 같은 딥러닝은 학습한 대로 행동하고 시스템 내부 구조가 복잡하기 때문에 사람이 컴퓨터가 어떻게 판단하고 결정하는지 이해하기는 어렵습니다. 따라서 머신러닝은 잘못된 데이터로 학습했을 경우 인공지능 시스템이 예상치 못한 결과를 제시할 수도 있습니다. 물론 머신러닝도 엄격하게 테스트하지만, 일어날 수 있는 모든 경우의 상황을 빠짐없이 테스트하는 것은 불가능합니다. 그래서 머신러닝은 예외상황이나 위급한 상황에 대응할 수 있는 별도 시스템이 같이 장착되어 안전한 동작을 하도록 개발되고 있습니다. 하지만 아무리 완벽하게 테스트하더라도 상상할 수 없는 돌발 상황은 항상 있게 마련이고, 학습된 머신러닝에 학습하지 않은 입력을 제공하면 예상치 못한 행동을 할 수도 있어서 컴퓨터가 어떤 판단을 할지 예측하는 것은 매우 어려운 일입니다.

예를 들어 마이크로소프트나 IBM에서 만든 얼굴 인식 시스템이 한때 백인 얼굴 인식률이 유색인 인종보다 높게 나타난 적이 있으며, 음성인식에서도 흑인 음성인식률이 백인보다 낮게 나타난 경우도 있었습니다. 그 원인을 면밀히 분석해본 결과 학습에 사용된 대규모 데이터에서 특정 인종의 사례가 월등히 많았기 때문에 머신러닝 시스템이 특정 인종에만 편향되어 우수한 결과를 제시하게 된 것입니다. 비록 개발자들이 일부러 학습 데이터를 편향되게 준비한 것은 아니지만, 인종차별을 엄격히 금지하는 국가에서는 이를 매우 심각한 문제로 받아들였습니다. 이러한 문제를 사전에 최소화하고 인공지능 윤리를 강조하고자 시스템을 개발하는 사람들이 준수해야 하는 원칙, 윤리의식 등의 체계는 갈수록 강화되고 있습니다.

인공지능 자체에 윤리를 적용하는 문제

이는 매우 복잡하고 예민한 문제로 시스템에 윤리기준을 적용하려면 과연 인공지능이 '자유의지'가 있는지 생각해보아야 합니다. '자유의지'는 여러 가지 선택 사항 중 스스로 판단하고 결정해서 특정 사항을 선택하는 것을 말합니다. 사람은 자유의지로 어떤 결정을 한 후 그 결과에 자부심, 희망, 죄책감, 좌절감 등 다양한 의식을 가지게 되는데 이러한 의식이 향후 자유의지에 따른 결정에 영향을 주게 됩니다.

그런데 과연 미래의 인공지능 시스템이 이렇게 자유의지와 더불어 다양한 의식 또는 감정을 가지는 것이 과연 가능할까요? 학자들 사이에서는 이런 논쟁이 벌어지며, 최근에는 사람에게 적용하는 윤리 기준을 인공물(인공지능, 컴퓨터 등)에 동일하게 적용하는 것은 무리가 있고 인공물의 특성에 맞게 별도 윤리 기준을 만들어야 한다는 주장도 나오고 있습니다. 이는 앞으로 많은 연구와 토의가 필요한 문제입니다.

현재 뛰어난 성능을 보이는 인공지능 시스템이 일부 있기는 하지만, 아직은 인공지능이 사람과 같은 '의식'을 가지고 있다고 보기는 어렵습니다. 하지만 향후 기술이 발달해 수조 개의 인공 뉴런으로 구성된 신경회로망이 엄청난 규모의 데이터를 학습하면 어떤 행동을 할지 아무도 알 수 없습니다. 인공지능 스스로 '의식'을 가지고 자부심이나 죄책감 같은 감정을 느끼는 수준이 되어 옳고 그름을 스스로 판단하고 행동하는 단계가 오면 인공지능 시스템도 따라야 하는 윤리와 법률을 정할 수 있고, 잘못된 행동이나 문제를 일으키면 인공지능에 법률적 책임을 물을 수도 있습니다.

그런데 인공지능이 이런 수준이 된다면 인공지능에 어떤 '권리'를 부여할 것인가 하는 문제를 생각해야 합니다. '권리'와 '책임'은 같이 고려되기 때문에 우리가 인공지능에 책임을 지게 하려면 이에 상응하는 권리를 인정해야 하는 상황이 됩니다. 앞서 설명한 것처럼, 인공지능도 '의식'을 가지는 수준이 되면 스스로 권리를 주장할 수 있고, 이렇게 되면 인공지능은 사람과 동등한 위치가 될 수도 있습니다.

인공지능 시스템이 이때까지 인간이 발명한 다른 시스템과 달리 자율적으로 작동하는 특성 때문에 큰 기대와 동시에 우려를 낳는 것도 사실이며, 우려의 관점에서 다양한 윤리나 규제를 정의하자는 목소리가 갈수록 커지고 있습니다. 한편 바이오, 생명공학, 기타 첨단 기술을 개발하는 사람들은 이미 오래전부터 엄격한 윤리의식과 다양한 규제를 적용해 첨단 기술의 결과물이 절대 사람이나 사회질서에 위험이 되지 않도록 하고 있습니다. 많은 국가에서 인공지능 개발자에게 첨단 기술 개발자와 동일한 관점에서 엄격한 윤리의식과 규제를 적용하려고 합니다.

인공지능 윤리는 오래전부터 연구되어왔습니다. 앞서 5장에서 설명한 '로봇의 3대 원칙'은 1942년 소개되었는데, 비슷한 원칙이 인공지능에 적용되기도 합니다. 이외에도 1970년대에는 인공지능이 똑똑할지는 몰라도 인간에 대한 공감 능력이 떨어지기 때문에 사람과 공감 능력이 중요한 직업에서는 로봇이 사람을 대체해서는 안 된다는 연구도 진행된 적이 있습니다. 하지만 지금은 로봇이나 인공지능의 기술이 훨씬 발전했고 인간사회도 많이 변했기 때문에 좀더 체계적인 인공지능 윤리가 필요하게 되었습니다.

그동안 많은 연구자가 인공지능 윤리를 논의했는데, 2019년에는 스위스 취리히연방공과대학ETH 연구자들이 **그림 6-2**와 같이 인공지능 윤리의 원칙을 크게 11가지로 정리했습니다. 이외에도 인공지능 윤리에 대한 다양한 연구가 진행되고 있지만 과연 미래 인공지능의 궁

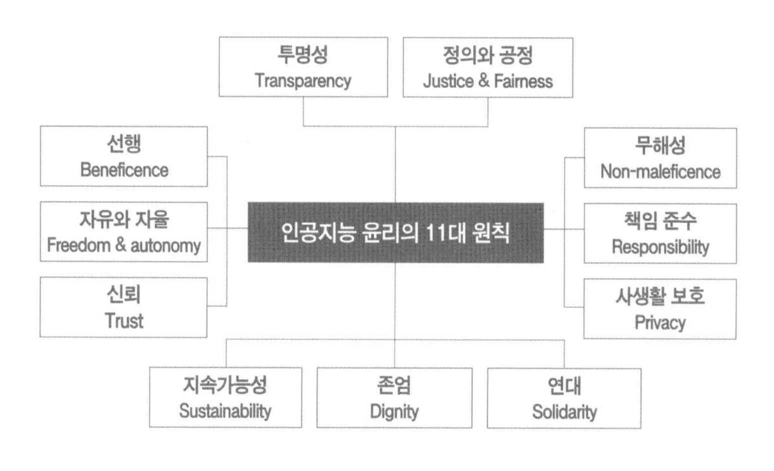

그림 6-2 **인공지능 윤리의 11대 원칙**

극적 성능이 어디까지 발전할지 예측하기가 어렵습니다. 기술혁신의 평가지표로 사용되는 특허출원을 보면 인공지능 특허가 본격적으로 증가한 것은 최근 3~4년이고, 인공지능 발전에 큰 걸림돌이 되는 고성능 컴퓨터와 대용량 데이터 수집 기술 또한 눈부시게 발전하고 있습니다. 따라서 과연 인공지능이 사람과 같은 의식과 감정을 갖는 수준에 도달할지에 대해서는 학자들 사이에서도 논란이 많습니다.

인공지능 윤리는 인공지능 시스템을 점진적으로 우리 사회가 받아들이기 위해 무엇을 고민하고 준비해야 하는지 정하는 것입니다. **그림 6-3**은 현재 우리가 인공지능 윤리와 관련해 던지는 질문입니다. 이 질문들 중 일부는 인공지능을 개발하고 운영하는 사람들에게 적용할 윤리이고, 일부는 인공지능 시스템 자체에 적용할 내용입니다.

예시 질문에도 나온 것처럼 사람의 생활을 윤택하게 해야 하는 인공지능 때문에 오히려 일자리를 잃는 상황이 되면 이를 어떻게 받아들여야 하는지 문제가 될 수 있습니다. 하지만 연구에 따르면 인공지능에 의해 없어지는 일자리가 있는 반면 새롭게 생겨나는 일자리가 있을 수 있습니다. 역사적으로 산업혁명과 새로운 기술의 도입으로 사회가 큰 변화를 거치면 사라지는 일자리가 있었던 반면 새로 탄생한 일자리도 있었습니다. 미래에는 자동 반복되는 단순 작업보다는 창의적인 일이 더 유망한 이유가 여기에 있습니다.

또 다른 예로 현재 머신러닝 학습에 전력이 많이 소모되는데 이를 탄소배출량으로 환산하면 심각한 수준이 됩니다. 앞으로 본격적으

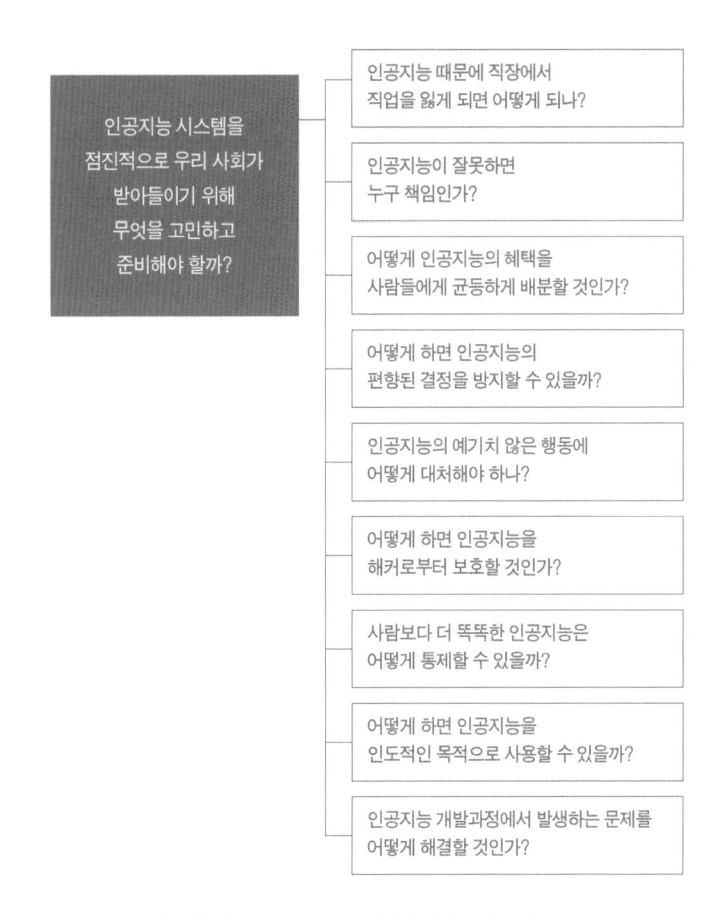

그림 6-3 **인공지능 윤리와 관련해 던질 수 있는 질문들**

로 인공지능 시스템 개발에 필요한 머신러닝을 시작하면 전력이 엄청나게 소모될 테고, 이때 배출되는 탄소가 환경을 위협할 거라고 우려됩니다. 비록 저전력 반도체를 개발하고 있지만 이를 상용화하는 데는 시간이 필요합니다. 사람의 삶을 윤택하게 하려고 개발하는 인공지능이 개발과정에서 오히려 환경파괴의 원인이 될 수 있다는 것은 역설적인 문제입니다.

국가별 인공지능 기술 혁신 전략

이제 국가의 전략이 된 인공지능,
치열한 기술 경쟁과 우리의 위치는?

인공지능 기술에 대한 국가 간의 경쟁 또한 매우 치열합니다. 인공지능과 같은 첨단 기술의 역량을 평가할 때 특허 정보를 많이 이용하기도 합니다.

특허는 연구·개발 또는 혁신 과정을 거쳐 개발한 독창적이고 창의적인 아이디어에 대한 법적 권리를 인정받는 것입니다. 특허는 다양한 속성을 지녀서 단순히 양적인 규모의 평가뿐만 아니라 기술혁신의 질적 수준까지 분석해서 기술력을 객관적으로 평가할 수 있는데, 최근에는 정량적 수준보다는 정성적 수준을 더 중요하게 여기고 있습니다.

■ 세계 각국의 인공지능 기술 경쟁 ■

2010~2019년 사이에 국가별로 출원한 인공지능 기술 발명 수를 보면, 한국은 중국, 미국, 일본에 이어 전 세계 4위입니다.* 하지

만 1, 2위와 격차가 커서 중국은 한국의 14.4배, 미국은 3.9배의 발명 수를 보여주어 4위라는 순위가 무색합니다. 더구나 질적인 수준을 평가하면 한국은 순위가 뒤로 더 밀리는 상황입니다. 결국 현재 인공지능 기술은 중국과 미국이 절대적 위치를 차지하고 있고, 질적 수준을 고려하면 실질적으로 미국이 절대적인 기술적 우위를 차지하고 있습니다.

중국

중국은 엄청난 규모의 발명 수를 자랑하지만, 국내 특허 출원에만 집중된 비율이 96%에 이릅니다. 이는 해외에서 인정받을 수 있는 기술 특허 비율은 4% 남짓에 불과함을 의미하는 것으로, 그동안 중국 내수 시장 중심으로 인공지능 기술혁신이 이루어졌음을 보여줍니다. 특허의 질적 수준을 평가하는 지표를 분석해보면 상대적으로 낮은 성과를 보입니다. 결국 양적으로는 엄청난 규모의 인공지능 기술을 보유한 것으로 나타나지만 개별 기술의 경쟁력은 해외 시장에서 인정받기에는 아직 한계가 있다는 것입니다.

중국은 대학이나 연구소에서 진행된 상당한 규모의 인공지능 연구와 기술 지식이 산업계로 충분히 이전되지 못했고, 중국 기업들은 내수 시장의 호황에서 매출 증대에 급급하여 자체 연구·개발을 통한 기술 개발보다는 해외(특히 미국)로부터 인공지능 부품을 수입해

* "글로벌 AI 혁신경쟁: "현재와 미래", KAIST 혁신전략정책연구소, 2021.

완성품을 만들어 판매하는 데 더 열을 올리고 있었습니다. 이러한 구조는 최근 미국-중국 갈등으로 미국의 핵심 기술·부품 수입이 제한되면서 심각한 타격을 받게 되었습니다.

하지만 중국은 인공지능 기술에서 세계적인 주도권을 잡기 위해 2017년에 신세대 인공지능 개발계획New Generation Artificial Intelligence Development plan을 발표했으며, 인공지능을 그랜드 비전Grand Vision for China의 주요 항목으로 삼을 정도로 대대적인 투자를 하고 있습니다.

미국

미국은 인공지능 발명 수에서 중국의 약 27% 수준이지만 질적인 수준에서는 세계 최고를 자랑합니다. 미국이 보유한 인공지능 기술은 자국 시장뿐만 아니라 전 세계 다양한 시장으로 진출하고 있습니다. 특히 미국의 장점은 대학-연구소-기업의 기술 생태계가 잘 구성되어 있으며, 인공지능의 첨단 기업도 많다는 것입니다. 인공지능 기술 기반의 매력적인 생태계를 제공하기에 우수한 AI 인재들을 전 세계로부터 끊임없이 흡수하고 있는 것입니다.

우수한 인재를 다양한 국가에서 확보하는 것이 미국의 인공지능 기술 성장에 중요한 원동력이 됩니다. 미국은 초기부터 대학의 우수한 연구결과가 다양한 벤처 창업으로 산업화되었고, 기업의 기술 요구가 다시 대학 연구를 자극하는 선순환 구조를 보이면서 인공지능 기술이 발전해왔습니다. 이 순환구조 과정에서 국방고등연구계획국DARPA: Defense Advanced Research Projects Agency 같은 정부연구소가 매우 중요한 역할을 수행하고 있습니다.

미국도 미국의 AI 계획The American AI Initiative, 국가 AI R&D 전략 계획 National AI R&D Strategic Plan 등 다양한 국가적 전략을 가지고 인공지능 기술 경쟁력을 높이려 노력하고 있고, 첨단 기술 개발에 필요한 규제 해소, 관련 지원 법령 제정 및 연구·개발에 대한 다양한 권고안을 제시하고 있습니다. 특히 미국은 대학-연구소-기업의 자율적 협력을 적극 권장해 세계적 수준의 인공지능 기술 개발을 유도하며, 이를 위해 다양한 지원을 아끼지 않고 있습니다.

일본

일본은 발명 수에서는 한국과 비슷한 규모이지만 수치적으로는 세계 3위의 인공지능 발명 보유국입니다. 다만 한국보다는 해외 특허출원 비율이 상대적으로 높아서 해외에서 인정받는 기술이 많은 편입니다. 일본도 인공지능 기술전략Artificial Intelligence Technology Strategy 등 국가 차원의 전략을 가지고 있으며, 교육개혁을 통한 AI 인재 육성, 연구·개발 강화, 산업기반 정비, AI를 위한 데이터 정비, AI 기반의 디지털 정부 구현 및 국제 협력 등 다양한 프로그램을 진행합니다.

일본은 정보통신 기반의 Society 4.0에서 인공지능 기반의 Soceity 5.0을 지향하며 로봇, 5G와 같은 초고속 통신으로 국민 생활의 편리함과 더불어 안전, 복지 등 다양한 요소에 첨단 기술이 연계되는 미래사회의 비전을 제시하고 있습니다.

한국

한국도 인공지능 기술의 강국으로 발돋움하기 위해 다양한 노력을 기울이고 있습니다. 2018년에 수립한 전략에 따르면 향후 5년간 약 2.2조 원을 투자해 인공지능 생태계를 구축하고 AI 인재를 양성할 수 있는 특성화 대학원 설립을 추진하는 등 야심찬 계획을 세우고 있습니다. 인공지능 기술을 육성하기 위해 정부 중심으로 다양한 프로젝트를 발주해 대국민 서비스뿐만 아니라 공공안전, 의료, 국방 분야의 지능화에 박차를 가하고자 합니다.

앞서 설명한 대로 한국은 인공지능 기술 발명 수 규모에서 전 세계 4위이지만, 발명 기술의 질적 성과에서는 세계적 수준과 다소 거리가 있습니다. 그리고 발명의 해외 진출 비율 또한 낮아서 해외에서 인정받는 인공지능 기술은 제한적인 상황입니다. 최근 한국개발연구원KDI에서 발표한 보고서에 따르면 아직 인공지능의 생태계가 성공적으로 만들어지고 있다고 보기엔 한계가 있습니다. 국가 간 인공지능 기술력 확보 경쟁이 치열한 만큼 더 주도면밀한 전략과 실질적으로 도움이 되는 성과를 만들어내는 것이 시급합니다.

이외에도 다양한 국가에서 독자적인 인공지능 전략을 가지고 국가 기술 경쟁력을 강화하려고 노력합니다. 특허 분석을 해보면 캐나다는 전체적으로 보유한 기술 규모는 작지만, 질적 수준은 매우 높은 편입니다. 캐나다 또한 범캐나다 AI 전략Pan-Canadian AI Strategy에 따라 우수한 AI 인재를 양성하고 AI 윤리, 정책 등 다양한 프로그램으로 인공지능을 적극적으로 활용할 수 있는 산업 생태계를 구성하는 것을 목표로 합니다.

영국도 2018년 인공지능 부분 딜AI Sector Deal이라는 국가적 전략을 가지고 정부연구소와 대학의 연구·개발 역량을 강화하고, AI 인재 육성과 데이터 활용의 윤리 문제에 대해서는 세계적 영향력을 미칠 수 있는 수준으로 발돋움하려고 합니다. 독일은 인공지능 연구에 프랑스와 협력을 강화하고, 연구결과가 산업계로 이전되는 것을 강조합니다. 그리고 지역 클러스터를 구성하고 인공지능 기술력으로 주변의 중소기업을 지원하도록 합니다.

▪국가 간 인공지능 기술 경쟁은 생태계 구축 경쟁▪

이상에서 살펴본 것과 같이 대부분 국가가 나름대로 인공지능 기술 발전 전략을 가지고 있으며, 인재 육성과 확보, 연구·개발 역량 강화, 인공지능 기술을 활용하는 생태계 구성을 위해 대대적으로 투자하고 있습니다. 국가 간 기술력은 결국 누가 먼저 인공지능 기술을 적극적으로 활용하는 생태계를 성공적으로 구축하느냐가 관건이 될 것입니다.

유럽, 아시아에 본사를 두고 있는 세계적 기업들도 인공지능 기술 혁신의 상당 부분을 미국에 있는 지사 또는 연구·개발 센터에서 진행합니다. 미국의 인공지능 기술혁신이 세계적 수준이다보니 이를 활용하기 위해 전 세계 많은 기업이 미국에 연구·개발 또는 혁신 센터를 설립하려고 합니다.

이러한 현상은 미국에 인공지능과 관련해 매력적인 조건의 직장들이 많이 생기게 하고 더불어 전 세계 우수한 AI 인재들이 미국으로 몰리게 합니다. 미국의 세계적 대학들에서 우수한 인공지능 인재를 양성하고 있고, 높은 연구 역량을 활용하기 위해 수많은 연구·개발 자금이 대학으로 몰리는 것도 현실입니다. 이런 점에서 보면 미국은 인공지능 기술을 활용할 수 있는 생태계를 다른 나라에 비해 성공적으로 구축한 셈입니다.

이러한 생태계를 구축하기 위해 캐나다, 영국, 독일 등도 적극적으로 나서고 있습니다. 중국은 엄청난 규모의 내수 시장과 정부의 대대적 지원으로 생태계 구축에 나서고 있고, 세계적 수준의 스타급 인공지능 인재를 스카우트하고 있습니다. 하지만 중국이 해외에서 인정받는 기술 수준의 산업 생태계를 구축할 수 있을지는 지켜볼 필요가 있습니다.

세계 무역전쟁의 전개를 보면 과거에는 관세, 무역 쿼터로 경쟁하던 것에서 최근에는 기술 수출 금지 등 경쟁 양상이 바뀌고 있습니다. 미국-중국의 갈등도 과거 트럼프 정부 시절의 경쟁과 현재 바이든 정부의 경쟁 구도는 사뭇 다르게 나타나고 있습니다. 이제 세계는 본격적으로 기술 경쟁으로 치닫고 있고 기술 수출 금지, 핵심 부품 수출 금지에 이어 연구·개발 협력에서는 경쟁국과 첨예하게 대립하고 있습니다. 과거 한국-일본의 갈등 상황을 고려해보면 한국도 이런 세계적 경쟁 추세에서 그렇게 자유스러운 상황은 아닙니다.

한국도 이런 관점에서 경쟁력 있는 생태계를 구축하는 것이 시급합니다. 인공지능 특화 대학원을 설립하기는 했지만 아직 졸업생이 배출되지 않았으며, 대학은 인공지능의 세계적 연구 수준에 비해 기술 발명 수준이 아직 미흡한 단계입니다. 게다가 일부 우수한 인재들이 첨단 인공기술혁신에 도전하고자 해외로 진출하는 상황이라 한국의 인공지능 기술 역량을 고도화하는 과정이 어떻게 진행되는지 면밀하게 분석하며 정책과 전략을 실행할 필요가 있습니다.

QUESTION

- 인공지능은 미래사회 변화에 어떤 역할을 할까?
- 인공지능 시대에 어떤 직업이 유망할까?
- 우리가 어떻게 미래 인공지능 시대를 주도할까?

PART 7

인공지능의 미래

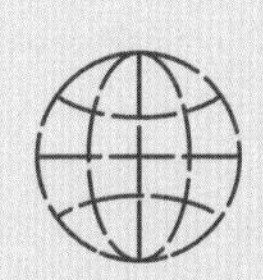

인공지능은
디지털 혁신의 원동력

다양한 기술과 산업의 혁신을 가속하는 인공지능,
이제는 선택이 아니라 필수.

IoT, 반도체, 5G, 바이오 테크 등 수많은 첨단 기술이 있는데도 왜 인공지능 기술에 대한 기대가 유난히 클까요? 인공지능 기술이 사회 전반에 걸쳐 다양한 영향력을 미칠 수 있고, 이제까지 우리가 생각하지 못했던 많은 일을 가능하게 해주기 때문입니다.

▪ 인공지능으로 사회 변화가 일어나다 ▪

인공지능의 여러 세부 기술은 그동안 가능하지 않았던 많은 것을 실생활에서 접하게 해줍니다. 예를 들어 자연어 처리 기술은 누구든 인터넷에서 간단한 기계 번역으로 여러 국가 언어를 번역해 이해할 수 있게 해주고, 핸드폰에 설치된 앱을 통해 음성인식으로 간단한 번역이나 통역을 해줍니다. 자동차의 다양한 센서 기술은 자율주행에 필요한 기초적 기능을 제공해 운전자들이 편리하고 안전하게 이동하게 해줍니다. 병원의 의료 영상 이미지 판독에 활용되는 인공지능 기술은 전문적인 의사 수준으로 정확하게 질환을 분석합니다. 이런 기능들은 20년 전만 해도 아주 기초적인 수준이어서 실생활에서 사용할 수 없었지만, 지금은 널리 사용되면서 사람들에게 도움을 주고 있습니다.

이처럼 인공지능 기술의 도움으로 우리 생활이 좀더 편해지고, 정확한 분석으로 신뢰할 수 있는 사회로 가고 있습니다. 인공지능에 대한 연구는 오랫동안 진행되어왔지만 연구결과가 기술화하기 시작한 것은 최근입니다. 인공지능 기술을 이용한 제품이나 서비스는 아직 초기 단계라고 할 수 있지만, 앞으로 인공지능 기술은 계속해서 발전할 테고, 이를 활용해 세상에 소개될 제품이나 서비스는 무궁무진할 것입니다.

하지만 인공지능 기술로 나타날 수 있는 위험과 걱정도 있어 사회 변화에 부정적 영향을 줄 수 있습니다. 인공지능이 독자적으로 판단하고 행동해서 인간의 통제를 벗어나면 과연 어떤 사회적 현상이 일어날지 많은 논의가 진행중입니다. 인공지능 기술이 발전해서 사람 역할을 대신할 수 있다는 것은 그만큼 사람들이 일자리를 잃게 될 수도 있다는 의미입니다. 그리고 시스템이 스스로 판단하고 행동하다가 사람에게 피해를 줄 경우, 어떻게 이를 예방하고 누가 책임지는가 하는 문제도 있습니다.

그래서 인공지능에도 윤리를 적용하자는 AI 윤리가 나타나기 시작했는데, 실제로 일부 국가에서는 이를 법으로 제정하고 만약 위반하면 벌금을 부과하거나 처벌하는 규정을 만들고 있습니다. 이는 인공지능 기술을 자신만의 이익을 위해 마음대로 이용해 사회에 부정적 영향을 미치는 것을 미리 방지하려는 것입니다. 인공지능 기술 자체의 성능이 워낙 뛰어나 미래 디지털 사회에 긍정적 영향을 줄 수도 있지만, 잘못 사용하면 사람들이 피해를 보는 부정적 결과를 낼 수 있습니다. 따라서 인공지능 기술을 연구하고 개발하는 목적을 먼저 명확하게 하고, 인공지능을 미래 디지털 사회에서 사람들의 삶을 편리하고 윤택하게 하는 데 활용해야 합니다.

▪ 다른 기술의 발전에 기여하는 인공지능 ▪

새로운 기술은 **그림 7-1**과 같은 개방형 혁신Open Innovation 과정을 거쳐 발전해왔습니다. 기존에 존재했던 기술은 다른 기술에서 참신한 아이디어를 참고하거나 접목(융복합)해 좀더 발전된 기술 또는 제품으로 탄생하게 됩니다. 인공지능은 이 과정에서 기존 기술을 한 단계 더 발전시키는 데 큰 역할을 합니다.

최근 인공지능의 특허 출원을 분석해보면 인공지능 기술이 어떤

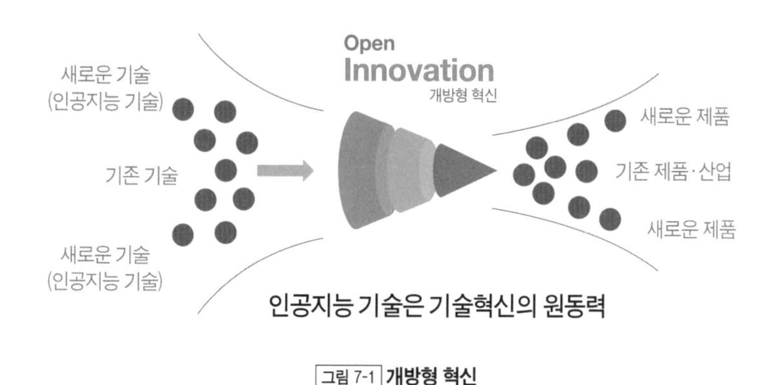

그림 7-1 **개방형 혁신**

기술이나 산업 발전에 영향을 주는지 알 수 있습니다. 기술 간 융복합이 인공지능만큼 활발하게 일어나는 경우는 드물며 다른 기술에 대한 영향력이 커서 산업 전반의 발전에 크게 기여하고 있습니다.

인공지능 기술은 반도체 설계에 사용되는데, 반도체 회사들이 좀 더 많은 회로를 작은 반도체 기판에 제작하는 데 도움을 줍니다. 기존의 반도체 설계 기술로는 반도체 집적도 수준이 거의 한계에 도달한 상황이지만, 인공지능 기술을 도입하면 사람이 할 수 있는 능력보다 훨씬 뛰어난 반도체 회로를 설계해서 성능이 우수한 반도체를 생산하는 것이 가능합니다.

과거에도 사람이 다양한 컴퓨터 계산으로 반도체를 설계해왔으나 인공지능 기술은 과거의 계산 기술보다 월등히 높은 수준으로 설계할 수 있습니다. 인공지능 기술의 도움으로 반도체 제품의 성능이 한 단계 더 발전하는 계기가 되었고, 반도체를 사용하는 다양한 제품의 성능도 발전해 실생활에서 편리하게 사용하게 되었습니다.

또 다른 분야는 복잡한 생산 과정을 거쳐 제품을 만드는 화학산업을 예로 들 수 있습니다. 화학산업은 이미 공장 자동화 등 여러 가지 신기술로 화학제품을 생산하고 있었습니다. 일부 제품은 생산 과정의 미세한 온도·압력 등을 조절하는 기술이 필요한데, 인공지능을 이용하면 기존 기술보다 월등히 우수하게 생산 과정을 제어할 수 있습니다. 이렇게 되면 기존의 화학제품보다 훨씬 순도가 높은 고급 화학물질을 생산해낼 수 있고, 그만큼 좋은 제품을 소비자에게 제공할 수 있습니다.

그동안 많은 컴퓨터 기술이 산업 현장에서 이미 사용되었지만 인공지능 기술은 설계나 생산 기술을 한 단계 더 높은 수준으로 발전시켜 품질이 우수한 제품이 생산되도록 도와줍니다. 인공지능을 도입한 기업은 다른 기업에 비해 제품이나 서비스의 경쟁력을 더 키울 수 있어서 더 많은 매출을 올릴 수 있고, 더 많은 사람을 고용할 기회도 생깁니다. 이러한 이유로 많은 기업에서 인공지능 기술을 적용하려고 노력합니다.

전력 산업에도 인공지능이 활발하게 도입되고 있습니다. 스마트 그리드 개념은 오래전부터 있었지만, 가정이나 공장에서 사용하는 복잡한 전력 체계가 단순히 데이터를 수집하고 모니터링하는 수준으로 관리되어왔고, 전력 수요 예측도 통계적 방식으로 해왔습니다. 하지만 전력 망이 갈수록 복잡해지면서 기존의 기술로는 효율적으로 관리하는 데 한계가 있었습니다. 이제는 인공지능 기술이 도입되면서 다양한 센서로부터 전력 흐름 등을 감지하고 지역별·주간별·계절별 데이터를 학습한 인공지능 기술을 도입해 전체 전력 망을 모니터링하고 관리합니다. 인공지능의 도입으로 스마트 그리드가 말 그대로 똑똑해지고 있습니다.

금융기관에서는 인공지능 기술을 활용해 고객들의 대출에 필요한 신용평가를 좀더 정확하게 하고, 혹시 불법적으로 하고 있을 자금 세탁이나 금융 사기를 감지하기도 합니다. 최근에는 은행 고객들의 서비스 만족도를 조사하기 위해 과거의 설문조사 방식에서 벗어나 상담하는 고객 표정을 카메라로 인식해서 고객의 감정을 감지하는 기술도 개발되었습니다.

특히 신약개발에서 인공지능이 큰 기여를 하고 있습니다. 아직도 치료제가 나오지 않은 질환에 필요한 새로운 약을 계속 개발해야 하는데, 문제는 여기에 15~20년이 걸리고 비용도 거의 1조 원 가까이 듭니다. 제조된 약으로 사람의 생명이나 건강에 피해를 주지 않기 위해 엄격한 연구·개발·임상 단계를 거쳐야 하기 때문입니다. 제약사들은 질병 치료에 가장 효과적인 화학물질을 찾아내 효능 좋은 약을 만들려고 합니다. 그런데 이 세상에 존재하는 화학물질의 종류가 엄청나게 많기 때문에 사람이 이를 모두 점검해 연구를 진행하기에는 너무 많은 노력과 시간이 필요합니다. 최근 제약사들은 인공지능 기술을 이용해 여러 화학물질을 검색하고 특정 질환에 가장 적합할 것 같은 후보 물질을 찾고 있습니다.

이처럼 인공지능 기술은 다른 기술들과 융복합되면서 기존의 기술을 한 단계 발전시키고 있습니다. 이러한 현상은 앞서 설명한 예시 이외에도 통신산업, 항공산업, 유통산업, 농축산업, 식품산업 등 전 산업에 걸쳐 일어나고 있습니다. 이렇듯 인공지능 기술의 파급력은 엄청나게 크다고 할 수 있습니다.

4차 산업, IoT 등에서도 인공지능은 중요한 역할을 하는데, 4차 산업 또는 IoT 등의 기술은 이미 오래전부터 발전해오던 기술과 기타 다른 기술을 접목하면서 만들어진 개념입니다. 그런데 인공지능은 최근 들어 활용되기 시작했지만 기술 특성이 워낙 뛰어나 여러 신기술 가운데 단연 눈에 띕니다.

그림 7-2 **전 산업에서 기술혁신의 원동력이 되는 인공지능**

세상에는 첨단기술이 많습니다. 하지만 그중에서 유독 인공지능 기술에 대한 관심이 전 산업에 걸쳐 일어나는 것은 이 기술의 영향력이 **그림 7-2**에서처럼 크기 때문입니다.

앞서 살펴본 것과 같이 많은 국가에서 인공지능 기술에 대한 전략을 세우고 대대적으로 투자하는 것도 단지 인공지능 산업을 육성하고자 하는 것이 아니라 전 산업에 걸쳐 기술 경쟁력을 세계적 수준으로 높이려는 것입니다. AI 인재에 대한 경쟁이 치열한 것도 인재 양성 속도보다 전 산업에 걸쳐 인공지능을 활용할 수 있는 인재에 대한 수요가 엄청나게 크기 때문입니다.

인공지능 시대의 유망직업

사라져가는 직업, 새롭게 생기는 직업.
인공지능 시대를 준비하는 나의 미래 선택은?

인공지능 기술은 여러 가지 뛰어난 기능을 제공하고 다양한 역할을 수행할 수 있어서 앞으로 사회에 큰 변화를 이끌어갈 잠재력을 가지고 있습니다. 오래전부터 다양한 기술이 있었지만 똑똑한 인공지능 기술은 사람의 업무 상당 부분을 지원하고 그동안 경험하지 못했던 새로운 서비스도 접할 수 있게 해줄 것입니다.

인공지능 기술이 과연 어느 수준까지 발전할지, 어떤 도움을 받고 경험하게 될지 상상의 나래를 펼 수는 있지만, 어느 누구도 자신 있게 이 기술을 예측할 수 없습니다. 인공지능 기술은 수많은 잠재력을 보여주지만 기술적으로 한계가 많기 때문입니다. 따라서 인공지능을 어떻게 활용할지는 미래를 준비하면서 하나씩 만들어가야 합니다.

오래전부터 사람들은 인공지능으로 어떤 직업이 없어지고, 어떤 직업이 떠오를지에 관심이 많았습니다. 인공지능의 영향을 받을 직업은 2010년대 초반부터 학술적 연구로 결과가 발표되었고, 언론에서도 기사화했습니다. 당시 연구는 인공지능이 미래 사람의 여러 직업을 대체할 거라는 부정적 내용이 많았습니다. 그 결과 일부 언론에서 미래사회에는 마치 사람들이 인공지능에 의해 직업을 잃을 거라는 불필요하게 부정적인 내용으로 과장 보도했습니다.

인공지능 기술혁신이 본격적으로 이루어진 것은 2010년 중반부터이며, 아직까지도 인공지능 사회가 본격적으로 시작되지는 않았습니다. 2010년 초반에는 많은 사람이 미래 인공지능이 어떤 기술로 구성될지 정확한 이해 없이 막연히 부정적 의견만 제시한 경우가 많았습니다.

물론 일부 분야의 직업이 사라질 수도 있지만, 구체적인 인공지능 기술이 나타나고 어떻게 활용되는지 사례가 나오면서 많은 직업이 없어질 거라는 추측은 시간이 갈수록 설득력이 떨어지고 있습니다. 오히려 인공지능에 의해 사라지는 직업도 있지만, 새롭게 나타나는 직업도 많을 거라는 의견이 나오고 있습니다.

▪ 신기술 출현과 직업 세계의 변화 ▪

많은 학자가 역사적으로 인류 사회에 혁신적 기술이 도입되었을 때 과연 직업의 세계에 어떤 일이 일어났는지 연구했습니다. 그 결과 1800년대 초에는 미국 인구의 90%가 농업에 종사했습니다. 산업혁명으로 다양한 신기술이 도입되면서 산업 변화가 일어난 1900년대 초에는 미국 인구의 40%만 농업에 종사했고, 나머지 60%는 기계,

운송, 유통, 전기 등 새로운 직업에 종사했습니다. 2000년대 초반 미국에서 농업에 종사하는 인구는 2%에 불과했고, 나머지 98%는 1800년대와 1900년대에는 존재하지 않았던 인터넷 관련 직업, 서비스 산업, 정보통신산업에 종사했습니다. 1800년대 초반 전 세계 인구가 약 9.9억 명에서 1900년 초반에는 약 16.5억 명, 2000년 초반에는 약 60억 명인 것을 고려하면 새로운 기술이 도입되면서 엄청나게 많은 직업이 생겨났다는 것을 알 수 있습니다.

1800년대 미국이 농업·목축 중심 사회일 때는 가축의 힘으로 땅을 갈고, 말이나 마차가 교통 수단이었습니다. 1800년대 중후반부터 기계가 발달하면서 농기계를 도입해 농업 생산성이 높아지자 많은 농부가 필요 없게 되었습니다. 실제로 많은 사람이 농촌을 떠나 도시로 이동했고, 도시에서는 새로운 일들이 그들을 기다렸습니다. 농업에 필요한 사람이 급격하게 줄어드는 반면 철도, 자동차, 전기와 이를 생산하는 많은 공장에서 그동안 없었던 직업들이 생겨났습니다. 국가 차원에서 교육 시스템도 같이 발전하면서 많은 사람에게 새로운 사회에서 필요한 부분에 맞는 교육을 제공했습니다.

비슷한 현상이 1900년대 초부터 산업 발전이 점차 가속화한 1950년대 이후에도 발생했습니다. 기존의 기계 중심 산업에서 자동차, 항공기, 반도체, 통신, 금융, 언론 등 1900년대 초에는 상상도 하지 못했던 기술이 쏟아져 나오면서 그만큼 많은 기업이 설립되고 많은 직업이 생겨났습니다. 20세기 후반부터 정보통신, 인터넷 등이 급격히 발전하면서 과거에는 존재하지 않았던 새로운 산업과 기업들, 일

그림 7-3 깃발 든 사람 뒤를 따라가는 자동차(1890년대) ©Oceansplasticleanup

자리가 창출되었습니다.

예를 들어 1998년 설립된 구글에는 현재 전 세계적으로 13만 명 이상이 근무합니다. 금융, 쇼핑, 여행, 교육, 컴퓨터, 통신 등 수많은 기업이 탄생하고 성장하는 데 구글의 큰 도움을 받고 있습니다. 기업이 성장한다는 것은 그만큼 일자리가 많이 만들어진다는 뜻입니다. 구글 같은 인터넷 검색엔진 서비스는 1970년대에는 상상도 못 한 것이지만, 이 기술로 현재 새로운 일자리가 수백만 개 탄생했습니다.

기술은 사람이 하는 일을 좀더 편하고 빠르고 정확하게 하도록 해줍니다. 이러한 장점 때문에 기술혁신이 이루어지고 기존의 많은 업무가 기계로 대체되지만, 새로운 직업들도 생겨납니다. 따라서 새로운 기술 때문에 직업이 없어져 일자리를 잃게 된다고 단순하게 이야기할 수는 없으며, 새로운 기술의 출현으로 직업의 세계는 지속적으로 '변화'하고 있다고 하는 것이 맞습니다.

새로운 기술로 일자리가 위협받게 되면 이에 대한 반대 운동이나 저항이 일어나게 됩니다. 최초로 자동차가 소개된 1800년대에는 일자리 위협을 받게 된 마부들이 나서서 자동차 도입을 적극 반대했습니다. 영국에서는 연소 엔진을 장착한 차량은 최소 3명을 고용해야 하며, 운행중에 한 사람은 반드시 차량의 55m 앞에서 붉은 깃발을 들고 가야 하고, 자동차는 붉은 깃발을 들고 걸어가는 사람을 앞지르지 못하고 뒤를 천천히 따라가야 한다는 법까지 제정되었습니다(**그림** 7-3). 하지만 시간이 지나면서 결국 마차는 사라졌고, 길은 자동차로 채워졌습니다. 이때 자동차 산업의 발달로 자동차 관련 기계 부품 생산 공장이 많이 세워지면서 사라진 마부 수보다 훨씬 많은 일자리가 생겼습니다.

이제 우리는 인공지능이라는 첨단 기술을 맞이하게 됩니다. 인공지능 기술이 어느 수준까지 발전하며 어떻게 활용될지에 대해서는 논란이 많습니다. 일부는 너무 부풀려 미래를 예측하는 반면, 너무 부정적으로 예측하는 경우도 있습니다.

인공지능을 구분하는 기준은 여러 가지가 있지만, 그 활용 범위에 따라 크게 Specialized AI와 General AI로 구분할 수 있습니다. Specialized AI는 물체 인식, 자연어 처리와 같이 제한된 범위에서 뛰어난 성능을 내는 기술입니다. 얼굴을 인식하거나 의료 사진에서 질환을 찾아내거나 물체를 인식하는 인공지능으로, 일부는 사람보다 뛰어난 성능을 보여줍니다. 이세돌 9단과 바둑 대국을 한 알파고 등도 사람의 실력을 뛰어넘는 성능을 보여주었습니다.

하지만 Specialized AI의 한계는 원래 용도로 사용하는 범위를 벗어나면 성능이 형편없이 떨어진다는 것입니다. 의료 영상에서 환자 암세포를 인식하는 인공지능을 사람 얼굴 인식에는 사용할 수 없고, 바둑 대국에 학습된 알파고를 체스 경기에 사용할 수는 없습니다. 만약 적용 분야를 바꾸려면 처음부터 다시 기계학습을 시켜야 합니다. Specialized AI는 많은 영역에서 결국 사람이 인공지능 결과물을 가지고 최종 판단과 행동을 하게 되기 때문에 인공지능이 독자적으로 업무를 한다고 보기는 어렵습니다.

사람처럼 감정이나 의식을 가지고 생각하며, 다양한 문제에 대해 스스로 판단하고 결정하는 인공지능을 General AI라고 합니다. 현재 General AI 수준은 많은 연구가 진행중이지만, 아직 실생활에서 접할 수 있는 시스템은 없습니다.

컴퓨터 기술이 빠르게 발전하고 있지만 의식, 감정, 생각 등은 고도의 지능 수준으로 개발하는 것이 복잡하기 때문에 학자들은 다양한 분야에서 사람처럼 자아의식과 감정이 있고, 생각하고 판단할 수 있는 General AI 시스템을 단기간에 개발하는 것이 불가능하다고 지적합니다. General AI 수준에서는 사람의 도움 없이 스스로 판단하고 업무를 수행할 수 있습니다. 미래 인공지능이 사람의 통제를 벗어나거나 독자적으로 행동해 사람에게 피해를 줄 수 있다는 것은 대부분 General AI를 가리키는 것입니다.

그동안 일부 Specialized AI의 뛰어난 성능에 매료된 사람들이 미래에 사람 수준의 General AI가 개발될 듯이 이야기하고, 언론에서 이를 보도해서 과연 사람이 설 자리는 어디인가 하는 우려를 낳게 했습니다. 연구단계에서 가능했다고 해서 반드시 상용화되는 시스템이나 서비스가 나오는 것은 아닙니다. 그동안 수많은 첨단 기술의 연구가 빛을 보지 못하고 사라졌으며, General AI 개발이 과연 가능한지에 대해서는 전문가 누구도 확신 있게 논리적 근거를 제시하지 못하고 있습니다.

▪ 미래 세대는 먹고살려면 어떤 준비를 해야 할까? ▪

어떠한 직업이 사라지고 어떠한 직업이 유망한지를 논하기 전에 인공지능이 잘할 수 있는 영역과 잘하기 힘든 영역의 특성을 먼저 파악하는 것이 중요합니다. 인공지능은 앞으로 다음과 같은 특성을 가진 일자리에서 계속 그 역할을 발전시켜나갈 것입니다.

- 자동화: 단순하거나 반복적으로 이루어지는 업무는 인공지능 시스템이 많은 분야에서 자동화하여 수행할 것입니다. (공장 단순 생산직, 소매 판매업, 기록 관리자, 단순 반복 업무자, 텔레마케터 등)
- 탐지: 다양한 데이터를 분석하여 물체를 인식하거나 판독하는 분야에서 다양하게 활용될 것입니다. (의료 영상 판독자, 상용차 운전자, 매장 계산원 등)
- 자연어 처리: 다양한 언어의 번역, 문서 요약 정리 등에서 활발하게 사용될 것입니다. (번역가, 스포츠 기자 등)

새로운 기술의 도입으로 사라질 업무를 예측하기는 쉽지만 신기술 때문에 미래에 나타날 직업을 예측하기는 쉬운 일이 아닙니다. 인공지능 시스템이 수행하기 어려운 영역도 있는데 주로 창의적인 일, 반복되지 않는 복잡한 일, 사람과 공감하는 일 등의 영역입니다. 현재 인공지능의 미래 유망 직업이라고 하면 일반적으로 컴퓨터 관련 프로그램 개발자, 데이터 과학자 등을 이야기할 수 있습니다. 물론 인공지능 개발이 여러 분야에서 필요해지면 컴퓨터 기술 전문가가 많이 필요해지는 것은 사실이지만, 새로운 직업도 많이 생겨날 수 있습니다. General AI가 아닌 Specialized AI가 활성화하면 그동안 상상하지 못했던 새로운 직업이 생겨날 것입니다.

Specialized AI가 활성화하면 인공지능이 인간을 대체한다는 개념이 아니라 인간과 인공지능이 함께한다는 개념으로 바뀔 것입니다. 인공지능의 도움으로 인간의 역할이 더 중요해지고 효율적으로 될 것이며, 그동안 상상하지 못했던 일들을 인공지능의 도움으로 하는 새로운 직업이 나타날 것입니다.

현재 미래 유망한 직업으로 심리상담사, 물리치료사, 간호사, 변호사, 과학자, 경영자, 마케터 등 여러 직업을 열거할 수 있는데, 이들은 인공지능이 수행하기 힘든 영역입니다. 병원에서 로봇이 환자 시중을 들 수는 있지만, 전문가들은 환자와 감정적으로 공감하지 못하는 로봇은 단지 홍보용으로 활용될 뿐이며 궁극적으로 환자를 돌보는 데는 한계가 있다고 봅니다.

많은 사람이 미래를 예측하고 싶어합니다. 유명한 격언 중 "미래를 예측하는 확실한 방법은 여러분이 미래를 만들어가면 된다"는 말이 있습니다. 남이 미래를 어떻게 만드는지 기다리지 말고, 직접 나서서 창의적인 아이디어로 미래 세상을 만들어가라는 뜻입니다. 미래를 준비하려면 한 분야의 전문 지식보다 다양한 분야의 지식과 경험을 기반으로 창의적인 아이디어를 만들어내는 훈련을 해야 합니다. 주변 사물을 관찰하면서 새롭게 필요한 분야가 무엇인지 찾아내는 실력이 필요합니다. "필요는 발명의 어머니"라는 말이 있듯이 우리 삶을 편리하고 윤택하게 해주는 것이 무엇인지 찾아내는 일부터 시작하는 것입니다.

미래에는 인공지능이 본격적으로 우리 삶에 활용되기 시작할 것이며, 직업의 세계도 매우 다양해질 테고, 필요한 경험이나 지식의 유형도 지금보다 훨씬 다양해질 것입니다. 항상 호기심을 가지고 새로운 지식과 정보를 습득하는 실력을 키워가는 것이 미래를 준비하는 확실한 방법입니다.

인공지능의 미래는 우리가 결정

미래의 인공지능은 인간에게 도움이 될까,
아니면 인간을 지배하려 들까?

앞서 살펴본 것처럼 여러 인공지능 기술이 다양한 분야에서 활용되고 있고, 지금도 인간 지능을 모방한 새로운 기술이 꾸준히 연구·개발되고 있습니다. 최근 컴퓨터 성능의 급속한 발전으로 과거에는 시도조차 할 수 없었던 복잡한 소프트웨어의 구현과 대용량 데이터 처리가 가능해지면서 인공지능의 성능이 날로 발전하고 있습니다. 전 세계 수많은 연구자와 개발자가 인공지능 분야에 뛰어들고 있으며, 중국은 기술개발을 통해 향후 자국의 인공지능 시장 규모를 160조 원 규모로 만들겠다는 야심찬 목표를 발표하는 등 많은 국가와 기업이 천문학적인 비용을 투자하며 인공지능 기술 고도화에 매진하고 있습니다.

자동화 시스템과 달리 인공지능(또는 자율 동작 시스템)의 특징은 환경에 따라 동작에 다소 차이가 있을 수 있지만 이를 예측하기는 쉽지 않다는 것입니다. 인간도 같은 환경이나 조건에 대해 반응하는 것이 사람이나 시간에 따라 미묘한 차이가 있는 것과 유사합니다.

인간의 생각(추론)에 따라 반응이 조금씩 다를 수 있는 것처럼 인공지능 시스템 또한 미묘한 동작 차이를 보일 수 있습니다. 이런 불확실성 때문에 일부에서는 인공지능 시스템을 우려하기도 하고 그 성능이 워낙 뛰어나기 때문에 잘못 개발되거나 운영되는 경우 피해가 심각할 수도 있습니다.

인공지능 기술은 인간 지능 수준에 근접하거나 그 수준을 뛰어넘기 위해 끊임없이 발전할 테고, 지능을 가지는 시스템이 되고자 개발될 것입니다. 이러한 상황에서 미래에 인간과 인공지능이 서로 어떤 관계로 발전할지 논란이 많습니다. 즉, 인공지능 시스템이 인간 사회에서 어떤 역할을 수행하고, 어떻게 역할 분담을 하게 되며, 어떤 분야에서 인간이 인공지능 시스템에 의지하게 될지 등 수많은 질문이 있을 수 있습니다.

이런 궁금증으로 미래 인공지능 시스템에 대해 긍정적인 기대와 함께 혹시 인간이 인공지능의 지배를 받지 않을까 하는 우려와 걱정이 있는 것도 사실입니다. 특히 많은 영화나 공상과학 소설에서 인공지능 시스템이 인간을 지배하고 공격하는 시나리오를 소개함으로써 이러한 걱정은 날로 증가하고 있습니다.

▪ 인공지능 시스템의 미래는? ▪

인공지능 기술은 끊임없이 발전할 테고, 일부 기능에서는 인간에 버금가는 성능을 가진 시스템이 출현하는 것도 이제는 충분히 가능하게 되었습니다. 인공지능 시스템의 미래 모습에 대해 궁금한 부분은 크게 2가지로 나눌 수 있습니다.

첫째는 과연 시스템의 지능 수준이 어디까지 도달할 수 있는가, 인간이 이를 어떻게 활용할 수 있는가 하는 것입니다. 이에 대한 해답은 앞에서 주요 기술별로 간단히 살펴보았습니다.

둘째는 미래에 인공지능 시스템이 인류에게 어떤 존재가 될 것이냐는 본질적인 질문이 될 수 있습니다. 기술은 표면적으로는 인간 생활에 도움이 되고 자연 환경을 파괴하지 않는 긍정적인 방향으로 발전해갈 것입니다. 하지만 그 이면에는 혹시 인공지능 시스템으로 인간이 피해를 보거나 심지어 기계의 지배를 받지 않을까 하는 우려도 있습니다.

여기서는 두 번째 본질적인 질문을 더 살펴보고자 합니다. 근본적으로 인공지능 시스템을 설계하고 개발하는 주체는 인간이고, 어떻게 활용하는지 결정하는 것도 인간입니다. 즉, 우리 스스로 미래에 인간과 인공지능 시스템의 관계를 정의할 수 있습니다. 하지만 이렇게 하려면 몇 가지 고려해야 할 사항이 있습니다.

▪ 인공지능 시스템 설계·개발에서 고려할 사항 ▪

인공지능 시스템을 설계하고 개발하는 주체는 인간입니다. 일부 공상과학 영화에서 미래에는 인공지능 시스템이 또 다른 인공지능 시스템 개발을 주도하는 경우도 보여주는데, 전혀 불가능한 이야기라고 할 수는 없습니다. 따라서 만약 누군가 인공지능 시스템이 인간을 지배하고 군림하도록 하는 시스템을 개발한다면 이 역시 가능한 이야기입니다.

인공지능 시스템이 인간에게 혜택을 주고 자연 환경을 훼손하지 않게 작동하도록 초기 단계에서 목적을 명확히 정의해야 합니다. 구체적으로 무슨 용도로 사용하기 위해 인공지능 시스템을 개발하고, 어떤 분야에서 어떻게 활용할지를 확실히 해야 합니다. 그리고 인간이나 자연 환경에 유해를 가할 수 없게 설계하고 목적 범위 이외 영역에서는 동작하지 않도록 다양한 내부 시스템 보호 장치를 구현하면 안정적인 인공지능 시스템을 개발할 수 있습니다.

시스템 설계·개발 단계부터 인간에게 유해할 수 있는 기능을 넣지 못하게 정의하고, 발생 가능한 모든 위험 변수를 고려하여 적절한 보호 장치를 구축해야 합니다. 고성능 인공지능 시스템일수록 동작이 복잡하기 때문에 정상 범위를 벗어날 수 있는 모든 위험 요소를 고려하는 것은 쉬운 일이 아닙니다. 하지만 모든 동작의 경우를 도출하고 테스트할 수 있는 다양한 소프트웨어와 기술이 이미 존재합니다.

인공지능 시스템 개발 과정에서 시뮬레이션을 통해 충분히 테스트하는 것도 가능합니다. 인공지능만큼이나 복잡한 시스템은 얼마든지 있으며, 이를 설계하고 개발할 때 인간이나 환경에 위험하지 않도록 하는 기술은 많이 발전되어왔습니다. 물론 이러한 기술들 또한 앞으로 계속 발전할 것입니다.

경우에 따라서는 인공지능 시스템이 중요한 동작을 하기 전에 인간으로부터 필요한 명령을 받아서 수행하도록 설계하고 개발할 수도 있습니다. 이렇게 되면 인공지능 시스템은 동작 중에 반드시 인간으로부터 필요한 확인과 명령을 받아서 수행함으로써 최종 행동의 불확실성 수준을 낮추거나 위험 요소를 미리 제거할 수 있습니다.

아무리 인공지능의 성능이 인간을 뛰어넘는 수준이라 하더라도 그 활용 범위를 인간에게 긍정적인 혜택을 주도록 개발한다면 큰 문제가 되지 않습니다. 결국 인공지능 시스템의 운명을 결정하는 것은 인간입니다.

인공지능 기술이 인간 능력을 뛰어넘는다는 것과 인공지능 시스템이 인간을 지배한다는 것은 다른 이야기입니다. 인공지능 기술 성능이 일부 분야에서 인간 능력을 뛰어넘을 수 있지만, 뛰어난 성능을 활용하여 인공지능 시스템이 인간에게 피해를 주지 않게 설계하고 개발하는 것도 결국 인간입니다. 이러한 이유 때문에 인공지능 시스템 연구·개발자들의 책임이 갈수록 강조되고 있습니다.

이러한 추세에 따라 인공지능뿐만 아니라 첨단기술 연구자 또는 개발자들에게 일정 수준의 윤리규범 및 준수할 법규 체계에 대한 교육이 강조되고 있습니다. 첨단기술이 잘못 사용되거나 악용될 경우 인간 또는 환경에 심각한 피해를 줄 수 있기 때문에 이를 사전에 방지하기 위해 반드시 일정 규범 이내에서 연구와 기술 개발이 이루어지도록 하기 위함입니다. 만약 이를 위반한다면 해당 연구자 또는 개발자들에게 법률적 책임을 지우는 체계가 점차 확산되고 있습니다.

최근에는 인공지능 시스템을 위하여 AI 윤리까지 제정되는데, 이는 인공지능 시스템이 인간의 존엄성을 존중하도록 설계되고 개발되어야 한다는 원칙을 다시 한번 강조하고자 함입니다. IBM은 인공지능 시스템이 신뢰할 수 있고 투명하게 개발되어야 한다는 원칙을 전체 직원에게 강조하고 관련된 다양한 제반 장치(원칙, 규제, 기술, 데이터 등)를 정비하고 있습니다. 미국과 유럽 등 일부 국가에서는 국가 차원에서 AI 윤리 체계를 수립하여 자국의 연구·개발자들에게 이를 준수하도록 강조하고 있습니다.

▪ 인공지능 시스템 운영에서 고려할 사항 ▪

개발이 완료된 인공지능 시스템은 다양한 분야에서 운영될 것입니다. 시스템을 운영할 때도 설계·개발 단계에서 정의한 목적과 범위에서 벗어나지 않고, 입력되는 데이터를 인위적으로 조작하여 인공지능 시스템이 착각하게 하거나 시스템 내부의 보호 체계를 우회하여 의도적으로 오작동하게 유도하는 등 개인의 이기적·불법적 목적으로 활용되지 않도록 원칙과 규제를 준수해야 합니다.

인공지능 시스템을 개발할 때 여러 보호 장치를 고려한 것처럼 시스템을 운영할 때도 인공지능과 적절한 상호 교류로 시스템이 정상 작동할 수 있도록 할 필요가 있습니다. 예를 들어 중요하거나 위험한 동작을 하기 전에 반드시 인간의 확인 명령 후 실행하게 하거나, 중요 동작 처리 후에는 인간에게 실행 결과를 보고하고 다음 동작을 진행하게 운영하는 것입니다.

인간과 인공지능 시스템이 서로 원활히 정보를 교류하기 하기 위해 다양한 HCI Human Computer Interface 기술이 인공지능의 한 분야로 연구·개발되고 있습니다. 요즘은 인공지능 시스템이 적절하게 운영되는지 모니터링하는 또 다른 인공지능 시스템을 연계하기도 합니다.

나아가 인공지능 시스템의 운영 권한과 책임을 명확히 하는 것도 강조되고 있습니다. 오직 권한을 가진 사람만 시스템과 명령을 할 수 있고, 만약 운영 실수로 인공지능 시스템이 문제를 일으켰을 경우 명령을 잘못 전달한 인간 사용자에게 책임을 묻는 규제 등도 만들어지고 있습니다.

이처럼 인공지능 시스템이 미래 인간사회에 긍정적인 목적으로 인간의 삶을 더 윤택하고 풍요롭게 하기 위한 다양한 솔루션, 원칙, 체계들이 정립되고 있으며, 많은 국가에서 필요한 법적 규제를 강화하고 있습니다.

▪ 투명하고 신뢰할 수 있는 정보 ▪

본질적으로 인공지능 시스템의 역할을 정의하고 개발·운영하는 것이 인간임에 따라 관련 연구자와 개발자의 윤리의식과 품성이 매우 중요합니다. 아무리 뛰어난 기술이라도 개인의 이기적 목적, 남에게 피해를 주려는 목적 또는 범죄 목적으로 사용한다면 그 피해는 상상을 초월할 수 있습니다. 이는 물리적·금전적 피해뿐만 아니라 인공지능 시스템에 대한 신뢰를 떨어뜨려 선의의 목적으로 사용하고자 할 때 피해를 줄 수 있습니다. 기술을 잘못 사용하면 영화에서처럼 인간을 지배하는 인공지능의 출현도 충분히 가능한 상황이 되었습니다.

앞서 언급한 것처럼 인공지능같이 첨단기술을 연구하거나 개발하는 사람들에게는 특히 수준 높은 윤리의식과 인간과 환경을 중시하는 품성이 요구됩니다. 이미 인공지능 기술의 오남용으로 사회적 문제를 일으킨 사례가 있었습니다. 이는 오로지 인기를 얻고 돈을 벌기 위해 혈안이 된 개발자들의 잘못된 윤리의식과 왜곡된 인격의 문제로 벌어지는 일입니다. 오남용된 인공지능 기술의 위험이 증가함에 따라 설계하고 개발하는 사람의 책임이 강조되는 이유가 여기에 있습니다.

인간이 가져야 할 기본적 규범에 대해서는 이미 많은 교육을 받아 왔고 주변에 피해를 주면 안 된다는 것은 누구나 아는 보편적 윤리의식입니다. 자신의 연구결과물이 어떤 불상사를 일으킬지 사전에 검토하지 못했다는 것은 결국 본인이 무지하고 설계 기술이 떨어진다는 의미도 됩니다.

시스템을 개발할 때 어떤 위험요소를 가질 수 있는지 가능성을 미리 검토하고 필요한 테스트를 하는 기법은 이미 오래전부터 있었고, 본인의 의지만 있으면 인공지능 시스템에 보호 장치를 충분히 설치할 수 있습니다. 앞으로 인공지능 시스템이 문제를 일으킬 경우 설계·개발자는 사회적 비난과 책임을 면하기 어렵습니다.

인공지능 시스템은 수준이 날로 발전하면서 앞으로 우리 생활 깊숙이 여러 분야에서 활용될 것입니다. 인간은 자주 활용하는 물건에 대해 일정 수준의 교감을 형성합니다. 그래서 오래된 물건을 버릴 경우 미묘한 감정을 느끼기도 합니다. 인공지능 시스템은 단순히 물건이 아니라 지능을 가진 사물처럼 작동하면서 인간과 수많은 상호작용을 하게 될 테고, 이러한 시간이 길어질수록 서로 일정 수준의 유대감이 형성될 수 있습니다. 이미 일본의 경우 노인들을 돌보는 휴머노이드Humanoid 로봇이나 애완용 로봇 개들이 인간의 정서 안정에 도움이 된다는 연구결과도 있습니다.

앞으로 개발되는 인공지능 시스템이 인간과 원만하게 공존하려면 선한 역할을 수행하도록 하는 것이 매우 중요합니다. 따라서 그런 시스템을 설계하고 개발하는 사람은 좋은 품성, 인류애, 인문학적 소양을 기반으로 한 윤리의식과 인간이나 환경에 대한 책임의식 등이 필요하고, 인공지능이 인간 삶의 수준을 높이고 다양한 혜택을 주는 관계로 발전하게 하는 것은 결국 인간의 책임이고 권한입니다.

▪보편적 인류 가치를 실현할 인공지능▪

우리는 지금까지 인공지능 기술이 얼마나 큰 영향력을 가졌는지, 이것이 산업 발전 또는 제품·서비스 발전으로 이어져 궁극적으로 인류의 삶을 얼마나 윤택하게 할지 살펴보았습니다. 그러나 실제 국가간 인공지능 기술 경쟁을 보면 과연 인류가 보편적으로 혜택을 골고루 누릴 수 있을지에 대한 우려가 생깁니다.

2010~2019년 10년간 발표된 전 세계 인공지능 발명 10대 국가에 따르면 전 세계 발명 수의 약 92%를 이 10대 국가가 차지했습니다. 반면에 이들 10대 국가의 총 GDP는 전 세계 GDP의 약 42%를 차지합니다. 결국 인공지능 기술의 혁신은 현재 일부 국가에 편중되었

음을 알 수 있습니다.

앞서 살펴본 것처럼 많은 국가가 인공지능 기술로 산업 경쟁력을 증대하기 위해 치열하게 경쟁하고 있습니다. 하지만 인공지능 기술력이 없는 상당수 국가는 이러한 혁신 경쟁에서 뒤처지게 되고, 결국 미래에 적지 않은 인류가 인공지능 기술 혜택을 제대로 받기 어려울 수도 있습니다. 앞서가는 국가에서 제품이나 서비스를 수입하는 방안밖에 없는 국가는 결국 그만큼 비싼 비용을 지불해야 그 혜택을 누릴 것입니다. 인류의 삶을 윤택하게 하려고 개발하는 인공지능 기술이 역설적으로 국가 간 경제력 격차를 가속하고 더불어 인류 간 빈부격차를 더 크게 만드는 데 기여하는 것이 현실입니다.

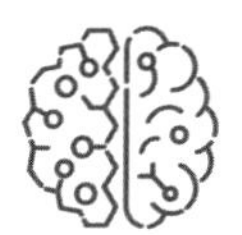

독자 여러분의 소중한 원고를 기다립니다

메이트북스는 독자 여러분의 소중한 원고를 기다리고 있습니다. 집필을 끝냈거나 집필중인 원고가 있으신 분은 khg0109@hanmail.net으로 원고의 간단한 기획의도와 개요, 연락처 등과 함께 보내주시면 최대한 빨리 검토한 후에 연락드리겠습니다. 머뭇거리지 마시고 언제라도 메이트북스의 문을 두드리시면 반갑게 맞이하겠습니다.

메이트북스 SNS는 보물창고입니다

메이트북스 홈페이지 matebooks.co.kr

홈페이지에 회원가입을 하시면 신속한 도서정보 및 출간도서에는 없는 미공개 원고를 보실 수 있습니다.

메이트북스 유튜브 bit.ly/2qXrcUb

활발하게 업로드되는 저자의 인터뷰, 책 소개 동영상을 통해 책에서는 접할 수 없었던 입체적인 정보들을 경험하실 수 있습니다.

메이트북스 블로그 blog.naver.com/1n1media

1분 전문가 칼럼, 화제의 책, 화제의 동영상 등 독자 여러분을 위해 다양한 콘텐츠를 매일 올리고 있습니다.

메이트북스 네이버 포스트 post.naver.com/1n1media

도서 내용을 재구성해 만든 블로그형, 카드뉴스형 포스트를 통해 유익하고 통찰력 있는 정보들을 경험하실 수 있습니다.

STEP 1. 네이버 검색창 옆의 카메라 모양 아이콘을 누르세요. STEP 2. 스마트렌즈를 통해 각 QR코드를 스캔하시면 됩니다.
STEP 3. 팝업창을 누르시면 메이트북스의 SNS가 나옵니다.